名师工作室成果文库

基于学科本质的
生物学教学

苏明学 著

JIYU XUEKE BENZHI DE
SHENGWUXUE JIAOXUE

光明日报出版社

图书在版编目（CIP）数据

基于学科本质的生物学教学 / 苏明学著 . -- 北京：光明日报出版社，2019.12

（名师工作室成果文库）

ISBN 978 - 7 - 5194 - 4577 - 5

Ⅰ.①基… Ⅱ.①苏… Ⅲ.①生物课—教学研究—中学 Ⅳ.①G633.912

中国版本图书馆 CIP 数据核字（2019）第 298070 号

基于学科本质的生物学教学

JIYU XUEKE BENZHI DE SHENGWUXUE JIAOXUE

著　者：苏明学

责任编辑：李月娥　　　　　　　　责任校对：刘舒婷
封面设计：中联学林　　　　　　　责任印制：曹　净

出版发行：光明日报出版社

地　　址：北京市西城区永安路 106 号，100050

电　　话：010 - 63139890（咨询），010 - 63131930（邮购）

传　　真：010 - 63131930

网　　址：http://book.gmw.cn

E - mail：liyuee@gmw.cn

法律顾问：北京德恒律师事务所龚柳方律师

印　　刷：三河市华东印刷有限公司

装　　订：三河市华东印刷有限公司

本书如有破损、缺页、装订错误，请与本社联系调换，电话：010 - 63131930

开　　本：170mm×240mm

字　　数：296 千字　　　　　　　印　张：17

版　　次：2019 年 12 月第 1 版　　印　次：2019 年 12 月第 1 次印刷

书　　号：ISBN 978 - 7 - 5194 - 4577 - 5

定　　价：58.00 元

为增长学生的智慧而教（前言）

光阴荏苒，白驹过隙，不知不觉已在这三尺讲台上耕耘了30余年。从最初那个焦虑成绩、热衷训练、关注知识的职业新手，成长为一名关注成长、师生对话、以研促教、治学严谨的特级教师，我在中学生物学教育这片天地里不断探索，苦苦追寻，终于明白了一个道理：为增长学生的智慧而教！

一、甘为学生的良师益友

华东师范大学周彬教授在《课堂解码》一书中对教师这样定位："如果教师的教学以激发学生的学习兴趣为目的，着眼于学生的长远发展，将德育教育融入教学，他是一个教育者；如果教师看重的是眼前的知识点，他仅仅是一个教学者；如果他只看重眼前的得分，反复训练，他最多是一个训练者。"这段话不断敲打着我的内心深处，我是一个教育者吗？要成为一个真正的教育者，应该如何找寻方向？"立德树人"不是一句空话，它应该扎根于生物学教学这片沃土之中，并在那里开花结果。因此，我不断寻找生物学教学与德育教育的渗透点，力求做到德育教育"润物细无声"。

生物学是一门自然科学，作为一名生物学教育工作者，我配当科学界在课堂上的代表吗？学者未必是良师，但良师首先是学者。德国教育家雅斯贝尔曾深刻地指出："最好的研究者才是最优良的教师。只有这样的研究者才能带领学生接触真正的科学过程，乃至科学精神……"作为一名师范类学校毕业的学生，求学过程所经历的科学实践非常有限，因此，要想成为真正的良师，必须进行专业阅读，以接受科学过程的滋养和熏陶。自2002年调入北京以来，我自学了《科学元典：基因论》《生命科学名著：细胞生物学精要》《破译生命密码：诺贝尔奖和遗传学》《身体七巧板：诺贝尔奖和生命调节》等专业教材，从中认识科学知识的产生过程和科学知识的结构，领悟科学探索的性质及其在科学教育中的核心作用，从而更好地利用科学探究的技能和方法来指导学生的学习。

如果说"良师"的作用主要体现在教学中，那么"益友"的作用则不限于此。作为一名教育者，课堂教学不仅仅是传授知识，还有思想的点化、精神的成长、能量的传递、情感的共鸣等。

二、追求生物学教育的价值

中学生物学教学到底要教给学生什么？学生高中毕业5年、10年或更长时间，生物学教育所留下的烙印还有多深？中学生物学有哪些特殊的教育价值？这是每位中学生物学教育工作者必须思考并且需要做出回答的，因为它关系到中学生物学教育的价值追求，关乎人才培养的规格等。上述问题源自学生的困惑："我怎么感觉生物这门课像是文科，需要记忆的东西太多……"学生为什么会有这样的感受？如果我们的教学仅仅浮于具体的事实、琐碎的知识点上，说事明理不能做到入木三分，没有引导学生透过现象看本质，建立相应的核心概念，领悟其中的生命观念，学生自然会觉得生物学只是大量知识的简单凝聚，学习方式也就只能靠死记硬背、机械记忆了。如果从"学科加工"的角度来看生物学教学，课程是加工的原料，学生是加工的对象，产品则是学生的生物学核心素养。生物教师进行学科加工能力的高低和"产品"质量的优劣，取决于教师能否深谙和洞悉"生命本质"和"学科本质"。

（一）对"生命本质"的认识

对"生命本质"的认识决定着教师的教学高度。生命的本质是什么？我通过学习朱正威先生的相关论述，结合自己的思考，认为生命的本质主要体现在以下4个方面：（1）生命活动在于生物大分子的运动及相互作用；（2）生命活动是物质、能量、信息三位一体的变化和统一；（3）不同层次的生命系统都具有开放性、自主性、适应性等基本属性；（4）生命世界是一个复杂的网络，不同的生物之间既相互联系又相互制约。

生物学教学应该通过对相关生物学事实的分析，建立相应的概念，揭示"生命的本质"，以求得深刻的理解，从而实现"为理解而教"的教学目标。

（二）对"学科本质"的认识

对"学科本质"的认识决定着教师的教学境界。生物学作为一门自然科学，不仅是一个结论丰富的知识体系，也包括人类认识生命现象及其规律的一些特有的思维方式和探究过程。因此，生物学的学科本质应该包含以下4个维度：（1）它是一个概念体系；（2）它是一套探究的方法；（3）它是一种思维方式；（4）它要与技术、社会相互作用。

事实上，任何一个知识点都包含事实、概念、方法、价值4个层面的知识。而在现行的生物学教材中事实与概念是显性的，方法只涉及了一部分，而方法背后的策略、思想、价值总体上出于内隐或缺失状态。也就是说，我们教给学生的是残缺不全的知识，因而知识不能有效地转化为能力。

（三）我的教育主张

基于对"生命本质"和"学科本质"的认识，提出教育主张：引领学生沐浴生命科学的理性光辉！并从4个方面进行了有益的探索。

（1）培养学生理性的思维方式。主要是基于证据进行逻辑推理、科学解释和科学论证。其中，科学解释既是教学手段也是评价手段，它能提高学生的学习兴趣，有助于增强建构结构与功能相适应的生物学观点。科学论证是科学实践的核心，鼓励学生参与论证，不仅可以帮助学生构建科学知识，同时也提供了学生体会科学实践、理解科学本质，进而发展科学素养和论证能力的机会，而这些素养和能力对于将来的社会公民而言是极其重要的。

（2）培育学生理性的精神气质。理性是自然科学的灵魂，是人性的底蕴。在生物学教育活动中，深入发掘知识蕴含的精神资源，着力培育学生客观求实的科学态度和理性求真、批判创新的科学精神。

（3）提高学生的科学探究技能。充分发挥经典实验的教育功能，让学生像科学家那样思考，学习生物学研究中的科学思想与一般方法；创造条件，开设一些探究实验，让学生"在做中学"，从中发展科学探究技能。

（4）引领学生欣赏生物学的理性美。生物学教育是可以让学生审视美、鉴赏美的。如同艺术追求的是和谐美，生物科学则重在理性美，这种理性美集中表现在它的统一美和严密美。

（四）我的教学境界

基于对生物学学科本质的认识，我逐渐形成了这样的教学境界："领悟价值与意义→揭示思想与方法→发现事实与概念"。即生物学教学应该首先要揭示知识的价值和意义，并借此驱动学生运用（或学习科学家的）研究策略和方法，对相关事实和现象进行分析、综合、比较、分类，或演绎推理，或归纳概括，或模型构建，最终发现相应的概念、原理、规律等概念性知识。知识、方法、思想是互为表里、密切相关的。其中，方法是实施思想的技术手段，思想则是应对方法的精神实质和理论基础。要想真正掌握研究方法，必须引导学生揭示研究方法背后的思维方式，即科学思想。因此，生物学教学的理想境界应该是用科学思想去统领和驾驭研究方法，剖析知识的产生过程，揭示概念的本质属性，领悟概念的价值与意义，促进知识的迁移应用。总之，为增长学生的智慧而教，应该成为每一位教师教学工作的核心目标。

三、学术研究促进专业发展

学术是教学之本。多年来，我坚持专业阅读，从中汲取营养。对高中生物学教材的重、难章节进行了深入钻研和探讨。自 1996 年在《中学生物教学》首次发表教研文章以来，至今已有 40 余篇教研文章发表在《生物学通报》《生物学教学》等核心期刊上。其中，《引领学生沐浴生命科学的理性光辉》获北京市第七届"京研杯"教育教学成果一等奖；《基因的分离定律的教学分析与设计》一文被《生物学通报》评为全国中学生物学课程改革 10 年优秀教学论文（按被引率、下载率评）。借"光明日报出版社资助中小学名师工作室出版计划"之东风，将发表的系列文章在"基于学科本质的生物学教学"之主题下，编辑成书，算是对自己教育教学生涯的阶段性总结。需要提及的是，在本书的教学案例中，有以下老师贡献了她们的优质课例：中国人民大学附属中学吕继华（"免疫调节专题复习"）；中国人民大学附属中学朝阳学校王晓宏（"细胞代谢——提高光合产量的途径之一"）；北京理工大学附属中学张红艳；（"土壤中分解尿素细菌的分离与计数"）；北京理工大学附属中学王文婷（"还原经典实验路径 建构科学思维模式"）。感谢上面 4 位青年教师的智慧奉献！感谢北京理工大学附属中学任志瑜校长、赵欣书记对我的赏识、器重与支持！还要特别感谢我国著名生物学教育专家、北京四中特级教师郑春和先生对我专业发展的指导和帮助！

"路漫漫其修远兮，吾将上下而求索。"在专业发展的道路上，我将再接再厉，力争登上险峰，俯瞰那无限风光！

2019 年 4 月 10 日

目 录
CONTENTS

第一章

中学生物学教育的价值追求

中学生物学教学到底要教给学生什么？学生高中毕业 5 年、10 年或更久，生物学教育烙印所留下的还有多深？中学生物学有哪些特殊的教育价值？这是每位中学生物学教育工作者必须思考并且需要做出回答的，因为这关系到中学生物学教育的价值追求，关乎人才培养的规格等。

之所以提出上述问题，是因为来自学生的困惑引发了我的思考。"老师，我怎么感觉生物这门课像是文科，需要记忆的东西太多……"这是我刚接手的高三年级部分学生的倾诉。学生为什么会有这样的感受？如果我们的教学仅仅浮于具体的事实、琐碎的知识点上，说事明理不能做到入木三分，没有引导学生透过现象看本质，以建立相应的核心概念，领悟其中的生命观念，学生自然会觉得生物学只是大量知识的简单凝聚，学习方式也就只能靠死记硬背、机械记忆了。

如果从"学科加工"的角度来看生物学教学，教材等课程资源是加工的原料，学生是加工的对象，产品则是学生的生物学核心素养。生物学教师进行学科加工能力的高低和"产品"质量的优劣，取决于教师能否深谙和洞悉"学科素养""学科本质""生命本质""认知规律"及这之中的相互关系。

第一节　对"核心素养"的认识决定着教学方向

学科核心素养是学科本质和教育价值的综合体现。

什么是学科本质？"学科本质即一门学科的根本属性，主要从以下几个方面体现出来。一是学科的研究对象和基本问题；二是核心的学科概念与范畴；三是基本的学科方法与思想，其核心是学科思维方式；四是核心的学科价值与精神。据此，我们可以将体现学科本质的教学内容识别为一个包含价值与精神

（内层）、方法与思想（中层）、问题与概念（外层）的三层结构。"① 那么，生物学的学科本质是什么？生物学是一门以实验为基础的、研究生命现象和生命活动规律的自然科学，它是农业科学、医药科学、环境科学及其他科学和技术的基础。自然科学具有四个维度的理科属性：科学是一个知识体系；科学是一个探究过程；科学是一种思维方式；科学要与技术、社会相互作用。生物学作为一门自然科学理应具有上述属性，这与生物学学科核心素养的四个层面（生命观念、科学思维、科学探究和社会责任）高度契合。由此可见，学科本质是学科核心素养的基因和内核，基于学科本质的教学是走向核心素养的必然要求。但目前我们的生物学教学，大多浮于学科表层，止于学科现象，并未深入学科中层和内层，致使生物学教育功能部分丧失。其实，英国社会教育家贝尔纳早在 1939 年出版的《科学的社会功能》一书中就提出，科学的教育目的在于提供已经从自然界获得的系统知识基础，并且有效地传授过去和将来用以探索及检验这种知识的方法。诚然，如果学生不了解知识是怎么获得的，不能够以某种方式亲自参与科学过程，其也就无法充分了解现有科学知识的全貌。现在的"科学教育"正是在后一方面缺失的最为明显。因此，现代科学教育力图把知识传授与科学探索过程结合起来，主张学生像科学家那样探索和思考。

什么是学科的教育价值？它是指学科独特的育人价值和功能。华东师范大学叶澜教授曾有过精辟的论述：

每个学科对学生的发展价值，除了一个领域的知识外，从更深的层次看，至少还可以为学生认识、阐述、感受、体悟、改变这个自己活在其中并与其不断互动着的、丰富多彩的世界（包括自然、社会、人，生活、职业、家庭、自我、他人、群体、实践、交往、反思、学习、探究、创造，等等）和形成、实现自己的意愿，提供不同的路径和独特的视角，发现的方法和思维的策略，特有的运算符号和逻辑；提供一种唯有在这个学科的学习中才可能获得的经历和体验；提供独特的学科美的发现、欣赏和表达能力。②

中学生物学特有的教育价值是什么？首先是让学生形成学科思想。学科思

---

① 李松林. 深度教学的四个实践着力点：兼论推进课堂教学纵深改革的实质与方向 [J]. 教育理论与实践, 2014 (31).

② 叶澜. 重建课堂教学价值观 [J]. 教育研究, 2003 (5).

想是在生物学知识的认知、生物学思维的形成和生物学方法的掌握过程中形成的对生物学的宏观把握及对其精神实质的领悟。生物学的学科思想最核心的是进化思想和生态学思想。

其中进化思想的主要内容包括：生物不是由神创造的，现存的包括人类在内的所有生物都是由原始的共同祖先不断进化而来的，所有生物之间都有着或远或近的亲缘关系；进化的原因主要解释为以自然选择学说为核心的现代生物进化理论；进化的结果表现为分子进化、细胞进化、物种的进化、生态系统的进化（生物多样性的形成），也表现为生物对环境的适应；进化的方向是多元的，进化的结果是不完美的（适应的相对性），不一定是对环境的适应能力更强，而是占领更多的生态位，更加充分地利用地球上的资源和空间。① 进化思想不仅体现在高中生物必修 2《遗传与进化》中"生物的进化"主题内容中，还体现在细胞、个体、种群、群落、生态系统等各个生命系统中。

而生态学思想是基于生态学理论基础上对生命活动的认识。生命科学是研究生命现象和生命活动规律的科学，生命系统各个层次都生活在一定的环境中，生命的存在依赖环境，生命活动的结果又影响环境，生命系统与环境之间既相互适应又相互影响。环境与生命系统之间的相互影响存在两种类型，即系统内部的环境因素与生命系统之间的相互影响、生命系统外部的环境因素与生命系统之间的相互影响。②

生物学思想是生物学思维的结晶，生物学知识可能过时，但生物学思想却会对学生的思维产生深刻而持久的影响，为他们认识生命现象和解决生物问题打开思维的通道。生物学思想是前人对生物学知识发生过程的提炼、抽象、概括和升华，是对生物学规律的理性认识，并支配生物学的实践探索活动。因此，深入挖掘教材中的思想方法因素，结合教学适时渗透，使学生深刻领悟其深邃的内涵，在继承前人的前提下实现创新。

如果说概念原理体系是学科的"肌体"，那么科学思想就是学科的"灵魂"，两者有机结合才能体现一门学科的整体内涵和思想。从这个意义上说，在讲解生物学知识时，引进生物学思想，尽量揭示出"知识"背后的知识，可以提升生物学课程的教育价值③。

---

① 赵占良. 试论中学生物学的学科本质 [J]. 中学生物教学, 2016 (1—2).
② 蒋选荣. 例析高中生物学课程必修模块中学科思想的梳理 [J]. 生物学通报, 2016 (1).
③ 赵法茂. 生物学中的学科思想及其教学意义 [J]. 泰山学院学报, 2010 (6).

要通过生物学课程的学习，让学生深刻体会科学的基本特点是以怀疑作为审视的出发点，以实证作为判断的尺度，以逻辑作为论辩的武器。科学是一个动态的过程，在不断地怀疑和求证、争论和修正中向前发展。

如何培育学生的学科核心素养是当前高中生物教学的重点，而教师对学科核心素养的认识程度，决定着教学方向。只有基于学科本质和学科教育价值的教学才能将学科核心素养落到实处。指向学科核心素养的教学，呼唤从学科教学转向学科教育。

【课例分析】水通道蛋白的发现——科学思维与科学探究的融合

科学思维是指能够基于生物学事实和证据运用归纳与概括、演绎与推理、模型与建模、质疑与论证等方法，探讨、阐释生命现象及规律，审视或论证生物学社会议题。

"科学探究"是指能够发现现实世界中的生物学问题，针对特定的生物学现象，进行观察、提问、实验设计、方案实施以及结果的交流与讨论的能力。"大胆地假设、小心地求证"是科学探究过程的浓缩形式，体现了科学探究的精髓。

科学探究过程离不开科学思维。做出假设既需要直觉思维迸发灵感，也需要科学思维进行逻辑推理。假设的求证阶段实质上是收集证据，运用逻辑和数学进行综合、分析、类比、推理，对生物学问题做出科学分析和价值判断的科学思维过程。因此，科学思维和科学探究互为倚重，科学思维是科学探究的重要内涵，科学探究是科学思维的实证过程。

既然科学思维与科学探究有着如此密切的关系，那么，在课堂教学中应该如何将二者融为一体进行训练和培养呢？下面结合"水通道蛋白"的发现过程予以说明。普通高中课程标准实验教科书生物必修1（人民教育出版社）以哺乳动物的红细胞为例，分析了动物细胞吸水和失水的原理——渗透作用，进而提出探究课题：成熟的植物细胞吸水和失水的原理是否与动物细胞相同？通过"质壁分离及其复原实验"证实了"原生质层相当于一层半透膜"这一假设。教材在本章最后以"科学前沿"栏目简介了2003年诺贝尔化学奖——通道蛋白，但对研究过程未做说明。笔者认为，水通道蛋白的发现过程具有丰富的教育价值，不仅可以帮助学生更新水分子仅以自由扩散方式进出细胞的旧有概念、领悟科学的本质在于质疑和求真、科学是一个动态的概念体系，而且还可以让学生学习科学家的思维方式和研究方法，从而增长他们的智慧。教学设计可以"故事线"的形式娓娓道来，但要聚焦假设的提出及其求证过程，因为只有当学生参与了假设的提出和验证这两个环节，真正意义上的科学探究才得以产生。

20 世纪 20 年代，随着对细胞膜结构的认识，人们普遍认为水是以简单扩散（自由扩散）的方式通过磷脂双分子层，然而水的简单扩散理论不能解释一些生理现象，例如，尿在浓缩时水的转运及有些细胞水转运能被通道蛋白阻断剂抑制等。于是，科学家推测：细胞膜上可能存在着水分子转运的特殊通道，即水通道假说。由此可见，假设不是主观臆断，亦非盲目猜测，而是根据已有的知识、占有的信息，对未知的现象做出的假定性解释。推测之后后则是小心地求证过程。1988 年阿格雷（P. Agre）在分离红细胞膜上 Rh 多肽（32kD）时同时得到了分子量稍小的 28kD 蛋白。因这两种蛋白的一些理化性质相似，故认为 28kD 蛋白是 Rh 多肽的裂解物。但随后的实验表明这两种蛋白质在结构上没有同源性。莫非 28kD 蛋白就是要寻找的水通道蛋白？科学家选取非洲爪蟾卵母细胞作为实验材料，进行了对照实验，如图 1－1 所示。教师可以设计下列问题促使学生深入思考：①为什么选取非洲爪蟾卵母细胞为实验材料？②实验组与对照组为什么均要放在低渗溶液中观察？实验结果能否证实 28kD 蛋白为一种水通道蛋白？③求证假设是非常严谨的，若 28kD 蛋白能够转运水分子，将其嵌入人工脂质体，再放入低渗溶液中，试预期实验结果？对照组应如何处理？

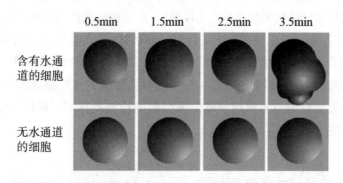

图 1－1　非洲爪蟾卵母细胞注入 28kD 蛋白的 cRNA 和等量溶剂的水转运变化图

【课例分析】主动运输——实验探究与概念建构的对接

科学探究不仅是科学家认识自然界的方式，而且也是学生积极主动地获取生物科学知识、领悟科学研究思想与方法的有效方法。新课标提出了"核心素养为宗旨、内容聚焦大概念、教学过程重实践、学业评价促发展"4 项基本理念。其中，"内容聚焦大概念"是为了精简容量、突出重点，确保学生有相对充裕的时间主动学习，从而深刻理解和应用重要的生物学概念，发展生物学学科核心素养；"教学过程重实践"则是强调学生学习的过程是主动参与的过程，让学生积极参与动手和动脑的活动，通过探究性学习活动或完成工程学任务，加深对生物学概念的理解，提升应用知识的能力。对学生而言，科学探究是一种积极主动的学习方式。不论学生是参与完整的探究活动，还是参与探究活动的某些环节，教师都要关注学生的实际获得，尤其要强调科学探究与概念建构之间的有效对接。下面以"主动运输"为教学案例详细阐明。

普通高中课程标准实验教科书生物必修1（人民教育出版社）通过列举水生植物丽藻细胞液与池水的多种离子浓度比等事实，归纳出主动运输的概念。即从低浓度一侧运输到高浓度一侧，需要载体蛋白的协助，同时还需要消耗细胞内化学反应所释放的能量，并辅以主动运输示意图（模型）。这种内容组织形式虽然采用了归纳与概况、模型与建模等科学思维形式，但学生仍然对主动运输的概念存有困惑。例如：主动运输真的需要载体蛋白协助吗？需要消耗细胞代谢产生能量吗？科学崇尚实证，要想真正建立起主动运输的概念，就需要引导学生通过实验探究获取充足的证据。教学组织如下。

首先，由呈现离子逆浓度梯度跨膜运输的事实提出需要进一步探究的问题：离子跨膜运输需要载体蛋白的协助吗？离子跨膜运输需要能量的支持吗？进而，介绍必要的信息以明确实验原理：①$H_2PO_2^-$在细胞内浓度是细胞外浓度的1万多倍；②$HgCl_2$是可以阻断细胞能量利用的抑制剂；③与幼嫩的组织相比，成熟组织的能量合成更为活跃。提供实验材料与器具：胡萝卜、H_2PO_4、蒸馏水、$HgCl_2$溶液、蛋白质抑制剂、刀片、锥形瓶等。要求学生先独立的设计实验方案，包括设置实验组与对照组，确定因变量的检测指标等，再展开交流评价、修正完善方案（见图1-2）。

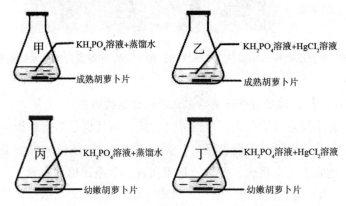

图1-2 探究主动运输是否需要能量支持的实验方案

其次，由呈现的实验结果如图 1 - 3 所示，引导学生进行观察与推理：甲组与乙组相比较，数据差异显著，可据此推测……哪些数据还可以表明胡萝卜细胞吸收磷酸盐需要能量的支持？由于该实验涉及 2 个自变量：胡萝卜片的成熟程度和是否添加氯化汞溶液，因此能够很好地训练学生设计多组实验方案和分析实验数据的能力，使其领悟单一变量原则是实验设计和实验分析时必须恪守的基本原则。

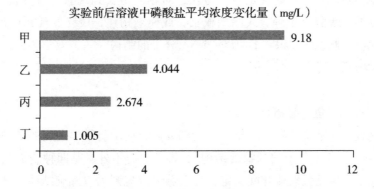

图 1 - 3 探究主动运输是否需要能量支持的实验结果

另外，若要探究主动运输是否需要载体蛋白的参与，应如何设计实验方案？经过静心思考，相互交流，学生一致认为理想的实验方案为以上述实验的甲组为对照组，实验组以适量的蛋白质抑制剂替代蒸馏水，测定 2 组实验前后溶液中磷酸盐的变化量。若胡萝卜细胞吸收磷酸盐需要载体蛋白的协助，则实验组的磷酸盐的变化量为零，而对照组的数据与上述实验中的甲组相同。最后，教师展示研究人员的实验方案及结果（见表 1 - 1），并据此分析、推理得出结论：胡萝卜细胞吸收磷酸盐离子需要载体蛋白的协助。

表 1 - 1 探究主动运输是否需要载体蛋白协助的实验方案及结果

组别	选材部位	氯化汞溶液	蛋白质抑制剂	实验前后磷酸盐变化量
甲	成熟组织	无	有	0
乙	成熟组织	一定量	有	0
丙	幼嫩组织	无	有	0
丁	幼嫩组织	一定量	有	0

第二节　对"学科本质"的认识决定着教学境界

【课例分析】DNA 分子的结构

任何一个重要的知识点都包含事实与概念、方法与思想、价值与意义等层面的知识，生物学教学首先应该要揭示知识的价值和意义，并借此驱动学生运用（或学习科学家的）研究策略和方法，对相关事实和现象进行分析、综合、比较、分类，或演绎推理，或归纳概括，或模型构建，最终发现相应的概念、原理、规律等概念性知识。下面以"DNA 分子的结构"一节教学为例，说明生物学教学的三重境界。

一、授人以鱼：教概念

有些教师或是受"知识本位"观念的支配，或是受教学进度的限制，上课伊始就直扑"DNA 分子的双螺旋结构"，讲解内容不外必是四种脱氧核苷酸以及它们如何连接成脱氧核苷酸长链，最后缠绕成规则的双螺旋结构。其中，习惯重点讲解碱基互补配对原则，并配备同步检测题。整节课应试色彩浓厚，充斥着赤裸裸的所谓"干货"的教学，没有价值和意义的揭示，也没有思想和方法的渗透。这样的教学学生听起来索然无味，对于知识只能是被动地接受。

二、授人以渔：教方法

有些教师把教学重心放在构建物理模型上，带领学生用简易的 4 种脱氧核苷酸模具，按照碱基互补配对原则连接起来，构建起一个个小巧的双螺旋结构模型。重视动手操作能力的培养和训练固然好，但缺乏理性的思考。构建模型是进行生物学研究的一种重要方法，要知道沃森和克里克不是在盲目的拼接摆弄，而是有着明确的指导思想和事实依据的。我们需要培养的是构建模型的科学思想和方法，而不是做模型的工匠！

三、授人以喻：教思想

事实上，沃森和克里克一开始就意识到建构 DNA 分子结构模型的重大意义，即只有明晰了 DNA 分子的结构，才能揭示 DNA 分子的基本功能：如何贮存丰富多样的遗传信息、如何进行自我复制、如何指导蛋白质的合成。因此，他们在建构 DNA 分子模型时已有明确的指导思想，即结构决定功能，功能反映结构。由此，他们运用 DNA 分子的 X 射线衍射图谱和 DNA 分子生化分析结果（A 的总量与 T 总量相等；G 的总量与 C 总量相等），通过理性思考、动手操作，最终建立起结构和功能完美统一的双螺旋模型。整个工作闪耀着夺目的科学理性的光彩。

学科本质是相对于学科现象而言的。学科现象是指处于学科表层的事实与概念，而学科本质则是指事实与概念背后的学科思想与方法、学科价值与精神，它位于学科的中层和内层。学科核心素养来自学科知识，严格说来，实际上它来自学科知识内含的学科思想方法。因此，基于学科本质的教学就是基于学科思想方法的教学，而学科思想方法的核心是学科思维，所以基于学科本质的教学也就是基于学科思维的教学。① 笔者提倡生物学教学境界应是：提倡领悟价值与意义、揭示方法与思想、发现事实与概念。教师据此层层深入来组织教学活动，学生的收获就不仅仅是概念的获得，还有思维的磨炼、智慧的增长、价值的认同、精神的生长。

第三节　对"生命本质"的认识，决定着教学高度

【课例分析】生态系统的营养结构——食物链与食物网

笔者曾观摩过《生态系统的营养结构——食物链与食物网》一节常规课，是由一位拥有 30 年教龄的老教师执教的。这位教师先是呈现了一副草原生态系统的复杂食物网图片，然后让学生观察、统计该草原究竟有多少条食物链。若学生报数不对，则继续辨认、统计。教师没有对该部分内容进行提炼、升华，而是把大量教学时间用于上述学生活动。从表面来看，这样的教学活动好像突出了学生的主体地位，但实际上，教师的站位很低，其没有带领学生揭示复杂食物网背后的知识，即生命的本质特征。该节课的教学落点应该是，让学生领悟食物网是自然界普遍存在的现象，从而反映物种和物种之间的营养关系。生产者与消费者之间既相互矛盾，又相互依存。不论是生产者还是消费者，其中某一种群数量突然变化，必将牵动整个食物网。人类是食物网中的一员，不是高贵的物种，物种之间是平等的。食物网是生态系统长期进化过程中形成的。

---

① 余文森. 核心素养导向的课堂教学［M］. 上海：上海教育出版社，2017：145.

人为地除去某个环节，将使生态平衡失调，甚至导致生态系统崩溃。由此可见，教师对生命本质的认识，决定着他（她）的教学高度。

在很多外行人看来，生物学无非是花虫草兽的集合，根本没有什么道理可言。甚至，有些生物教师也时常感叹生物学知识琐碎无序，不像物理化学那样有章法。而在深谙生物学之道的科学家和教育专家眼里，生物学这门既古老而又年轻的科学，却处处洋溢着生命的律动，弥漫着理性的光辉。

一、生命活动在于生物大分子的运动及相互作用

尽管在元素水平上，生物界与非生物界具有统一性，没有生命所特有的元素。但是在分子水平上，蛋白质、DNA、RNA 等大分子是生命所特有的，故称之为生物大分子。[1] 正是由于生物大分子的运动及其相互作用，遗传信息才能从 DNA 流向 RNA 再到蛋白质，细胞的生命活动才能展现出来；遗传信息从 DNA 流向 DNA，生命才得以延续。

二、生命活动是物质、能量、信息三位一体的运动和变化

生命活动的顺利进行，离不开物质、能量和信息。其中，物质不仅是构建细胞等生命系统的"结构材料"，也是能量和信息的重要载体；能量是推动生命活动的动力，而信息则是调控生命活动以适应内外环境变化不可或缺的信号分子。从细胞的增殖、分化、凋亡等生命活动，到生物个体的生长、发育、繁殖，再到生态系统的生存、发展、成熟，无不依赖于物质、能量和信息三位一体的运动和变化。

三、不同结构层次的生命系统具有共同的属性

细胞、组织、器官、系统、个体、种群、群落、生态系统乃至生物圈均属于不同结构层次的生命系统。不同尺度下的生命系统具有不同的结构，不同的结构执行不同的功能，但不同层次的生命系统又都具有共同的属性。

（一）开放性

任何生命系统都时刻与所处的环境进行物质、能量和信息交换（见图 1 - 4），以维持自身的有序状态和正常的生命活动。

---

[1]　朱正威. 我和中学生物科学教育［M］. 北京：北京教育出版社，2000：37—44.

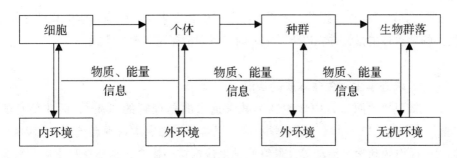

图1-4　生命系统的开放性

（二）适应性（稳态）

既然生命系统均具有开放性，并表现为不断地与周围环境进行物质交换、能量转换，通过信息传递进行反馈调节以实现稳态。可见，稳态是生命系统的基本特征，信息传递和反馈调节则是实现稳态的两个重要过程。生命的适应性在于生命系统具有自动调节的能力，使之随机应变来适应周围环境的变化，以保持相对稳定的状态，即稳态。

（三）自主性

生命的自主性表现在生命系统的新陈代谢是自我完成的。它不断从外界环境摄取物质和能量，用以构造自己；同时，又不断分解自身的成分，释放能量，并将分解产物排出体外。这种自我完成的新陈代谢，即自我更新，一旦停止，生命也就随之结束。不过，生命的自主性也表现在 DNA 分子的自我复制和细胞的自我更新等。

总之，各个层次的生命系统都具有开放性、适应性（稳态）、自主性等基本属性，而生命系统稳态的维持无一例外地依靠系统内部的负反馈调节机制。

四、生命世界是一个复杂的网络，不同生物既相互联系又相互制约

任何一种生物都不是孤立存在的，而是与其他生物通过能量流动、物质循环、信息传递构成一个复杂的网络，其中任何一个种群数量的消长都会通过这个网络波及其他生物。人类并非属于高贵的物种，只是这个网络中的一个环节，与其他物种是平等的。

第四节　教育主张——引领学生沐浴生命科学的理性光辉

既然生物学是一门自然科学，属于理科类课程，那么生物学教学就应该

"还原"其理科属性。据此，笔者提出了"引领学生沐浴生命科学的理性光辉"的生物学教育主张，并在以下几个方面进行理论探讨和教学实践。

一、增进学生对生命本质的认识

就知识教学而言，中学生物学教学追求的是理解的"质"，而非信息的"量"。即遵循"少而精"的教学原则，以学科思想和学科观点统领教学内容，通过问题引领和学生活动等，最终使学生建构核心概念，领悟学科本质。因为零散的事实、信息不仅容易被淡忘，而且也不具有迁移应用价值，而在诸多事实基础上建构的核心概念，提炼的学科思想和学科观点则具有强大的统摄性和广阔的迁移力。正是学科思想、学科观点和核心概念才使得生物学形散而神聚，它们是生物学的灵魂。进化论思想和生态学思想，二者相互交融构成了生物学特有的学科思想。

二、培养学生理性的思维方式

理性思维最突出的特征是重视证据和逻辑，它包括科学解释、科学推理和科学论证。

科学解释是理论针对特定情境或特定现象下对"为什么"这个问题做出准确且规范的回答。科学解释既是教学手段也是评价手段，它能提高学生的学习兴趣，有助于增强建构结构与功能相适应的生物学观点，其中证据对于增强科学解释的有效性非常重要。

科学推理包括归纳推理和演绎推理，其中，假设、实验和证据是科学推理系统的三个核心要素。

从科学实践来看，科学应该就是论证，科学论证是科学实践的核心。[1] 在过去很长一段时间内，论证并未在科学教育领域受到足够重视。论证的缺失使得科学成为一堆需要记忆的知识，教师的任务就是将这堆知识进行分析和降解，学生学习的目标就是记住这堆知识。而在类似的教学活动中，学生习得的知识往往是表面和浅层次的，他们无法真正理解科学的本质，更不能发展科学思维。在知识快速更迭的时代，学生仅仅掌握书本上的一些陈旧的知识是无法应对将来的、未知的世界的。鼓励学生参与论证，不仅可以帮助学生构建科学知识，同时也给学生提供了体会科学实践、理解科学本质进而发展科学素养和论证能

---

[1]　谢群，苏咏梅. 论证——科学教育的本质 [J]. 生物学通报，2016 (3).

力的机会，这些素养和能力对于将来的社会公民而言很有价值。

三、培育学生理性的精神气质

理性是自然科学的灵魂，是人性的底蕴。在生物科学教育活动中，不仅要向学生传授知识，培养能力，还应该发掘蕴含的精神资源，培养学生理性的精神气质，帮助学生养成客观求实的科学态度和形成理性求真、批判创新的科学精神。

四、提高学生科学探究的技能

按照《普通高中生物课程标准（实验）》"课程目标"中对"能力"的要求，应着重发展学生的科学探究能力。那么，发展学生科学探究能力的基本路径是什么呢？笔者认为有两条路径可以选择：一是充分挖掘生物科学史中的经典实验的教学功能；二是践行"在做中学"的国际理科教育的共识，让学生从事部分或全程的科学探究活动，以训练他们的科学探究技能。

经典实验是科学家在探索生命奥妙的历程中所做的富有创新性工作。生命科学史上，每一个重大发现、每一个新的突破，都凝聚着科学家辛勤的汗水、智慧的结晶。经典实验具有如下教学功能：首先，追溯生物学概念、原理、规律衍生的轨迹，从而达到深刻的理解；其次，领悟科学家如何提出问题，寻找证据，不断深入解决问题的思路和方法，从而理解科学探究的本质；再者，展现科学家求实创新、不畏权威和艰难的探索过程，培育学生的科学精神和科学态度。因此，经典实验教学能够将知识、能力和情感态度与价值观三维课程目标有机地结合起来，从而全面提升学生的科学素养。

五、引领学生欣赏生物科学理性之美

生物科学教育是可以让学生审视美、鉴赏美的。如同艺术追求和谐美，生物科学则在于理性美，且这种理性美集中表现在它的统一美和严密美。德国的植物学家施莱登和动物学家施旺联合创立的细胞学说，揭示了生物体结构的统一性；20世纪60年代著名细胞生物学家瑞思（H. Ris）将种类繁多的细胞划分为原核细胞和真核细胞两大类型，使得庞杂的细胞世界立刻变得那么整洁和统一；达尔文创立的进化论能够统一生物学的各个研究领域；遗传密码的破译，使得缤纷多彩的生命在分子水平上得到了完美的统一……这些科学史实无不揭示着生物学的统一美。小小的细胞却能进行如此复杂的生命活动，奥妙全在于其严整有序的结构。囊泡及囊泡的运输是内膜系统的"无臂延伸"，其过程就像

航运一样，"船体"本身就是内膜系统的一部分。它们在码头上装货、离岸、起锚、远航；在胞质的海洋中把特定的货物运向指定的彼岸；到岸后抛锚停靠，卸货清仓；船体又融回内膜，与原来的存在形式一样。科学发现过程同样充斥着严密美。例如，混沌的遗传现象，由于孟德尔的精确——以数学统计为基础、孟德尔的坚韧——历时8年的杂交试验、孟德尔的假设——可见的性状为不可见的遗传因子控制、孟德尔的验证——不可见的因子又变为可见的性状，而真相大白，而这其中思维的精巧、推理的缜密、实证的严谨，充分展示了生物科学的理性美。

总之，生物学作为一门自然科学，它不仅是一个有着逻辑关系的知识体系，而且还有一套独特的思维方式和探究方法，蕴涵着丰富的精神资源和美学价值。中学生物学教师应该努力开启教学智慧，引领学生沐浴生命科学的理性光辉。

第五节　生命的本质——生命系统的稳态及其调节

细胞、个体、种群、群落、生态系统等均属于不同层次的生命系统。生命系统具有开放性，稳态是生命系统的基本特征。本书主要通过剖析不同层次生命系统稳态的表现形式及其内部调控机制，从而深入理解生命的本质，而这对于指导个人健康生活、合理利用生物资源，以及进行景观规划和生态恢复等，都具有重要的理论和实践意义。

一、稳态概念的提出及其发展

稳态最初称为"内稳态"，意指内环境的稳态。1857年法国著名生理学家贝尔纳（C. Bernard, 1813—1878）首次提出了内环境的概念，认为动物生活需要两个环境，即机体细胞生活的内环境和整个有机体生活的外环境。内环境的稳定是独立自由的生命的条件。其理论依据来自贝尔纳的一项实验结果。贝尔纳发现，当用含糖类丰富的食物喂养狗时，肝静脉中含有大量的糖类；可仅以肉类喂狗时，尽管肠中没有糖类，但在肝静脉中依然有很多糖类。这个现象与当时流行的"动物所需糖分只能来自食物"的理论相悖，并引发了贝尔纳的沉思：难道肝脏能够将蛋白质或脂类转化成动物所需的糖类？而后其经实验证实，当血糖含量增高时，肝脏可以将血糖转化为糖原储存起来；而当血糖含量降低时，肝脏又可以把储存的糖原分解为葡萄糖，释放到血液中来补充血糖；当动物长时间得不到糖类供应时，肝脏还可以把蛋白质、脂质等通过糖原异生作用转化为动物所需的糖类物质。

1926 年，美国的生理学家坎农（W. B. Cannon，1871—1945）进行了一项交感神经与肾上腺系统功能的研究。结果发现，当交感神经兴奋时，会促使肾上腺髓质分泌肾上腺素，而激素分泌水平的信息又会反作用于神经系统。这样，交感神经与肾上腺之间就构成双向性联系，使得这个系统的输出结果——激素的浓度维持着动态平衡。受此生理现象的启发，坎农提出了稳态（homeostasis）的概念，即内环境并非像贝尔纳所认为的那样处于一种静止的、固定不变的状态，而是处于一种可变、可动的稳定状态。内环境的任何变化，都会引起机体自动调节组织和器官的活动，产生一些反应来减少内环境的变化，使之限制在狭小的范围内，而机体的自动调节主要依靠神经系统和内分泌系统的相互作用来实现。

随着生物科学的发展，人们发现免疫系统不仅具有防卫功能，还具有监控清除功能，参与内环境稳态的调节和维持。这样，三大调节系统（神经系统、免疫系统、内分泌系统）通过共同的"语言"——信息分子，相互影响、相互联系，形成了一个完整的调节网络，共同维持机体的稳态。

现在，稳态的概念已经越出了贝尔纳和坎农当时所讲的个体范围，细胞、种群、群落、生态系统在没有激烈的外界因素的影响下，也都是相对稳定的。可见，在生命系统的各个层次上，都普遍存在着稳态现象。稳态已成为生物科学的一大核心概念。

二、稳态的表现形式及调节机制

不同层次的生命系统，虽然稳态的表现形式各不相同，但都是依靠系统内部特定的机制来维持自身的动态平衡。

（一）细胞水平稳态的调节

细胞是最基本的生命系统。细胞生命活动所需要的氧气、葡萄糖、氨基酸等营养物质能够被源源不断地输送到细胞内，代谢废物能够及时排出细胞外。但是，如果进入细胞的营养物质和一些其他物质（尤其是离子）过多则又会损伤细胞。因此当细胞内某种物质的含量过高时，就会及时被清除到细胞外。这种维持细胞内部环境平衡的过程就是稳态，其维持机制依赖于细胞膜的选择透过性。

当细胞中 ATP 供过于求时，ATP 与 ATP 合成酶的特定部位结合而改变酶的形状，使得活性部位不适于接纳底物分子而使反应减慢或中断；当 ATP 供不应求时，ATP 就从 ATP 合成酶结合部位上脱落下来，酶的活性部位得以恢复，使得反应加快或启动。这种代谢反应为其产物所抑制的现象，称为负反馈，是调节细胞代谢的主要机制。在真核细胞的细胞质基质中，存在一个泛素依赖性蛋白质降解途径，对那些催化限速反应的关键酶类，以及那些错误折叠、变性或不正常的蛋白质进行选择性降解。① 这样，新的蛋白质不断合成，旧的或有功能缺损蛋白质不断降解，使得细胞中的蛋白质含量保持相对稳定。另外，细胞质基质对细胞的 PH 值具有缓冲作用，为各种中间代谢反应的进行提供了适宜的微环境，也为各种细胞器等正常结构的维持提供了所需要的离子环境。

当细胞内有多余的或衰老的细胞器时，溶酶体会与之结合并利用消化酶将其消化降解，以维持细胞器的正常数量及功能。降解产物可参与新的细胞器的再建，从而实现营养物质的循环利用。

总之，无论内部或外部条件如何变化，所有活细胞都必须维持内部环境的动态平衡，而细胞的生存取决于它维持自身动态平衡的能力。

（二）个体水平稳态的调节

细胞是生物体结构和功能的基本单位。整个机体的生命活动以细胞的正常代谢为前提，而细胞的正常代谢又以机体的内稳态为保障。由此可见，不同层次的生命系统是层层相依，紧密相连的。从个体水平分析，组成人体和高等动物体的各个器官、系统协调活动，共同维持内环境的各种化学成分及其渗透压、PH 值、温度等理化性质在一个狭小的范围内波动，从而为体内细胞的正常代谢营造一个良好的环境条件。下面以体温调节和渗透调节为例，揭示内稳态的调节机制。

1. 体温平衡的调节

人和其他恒温动物通过调节产热与散热来维持稳定的体温。感受温度变化的感受器分为两类：外周温度感受器和中枢性温度敏感神经元。外周温度感受器包括温觉感受器和冷觉感受器，主要分布在皮肤、黏膜、内脏、肌肉及大静脉周围等处。其中，皮肤温度感受器可感受皮肤的温度变化，并引起温度感觉。中枢性温度敏感神经元又可分为热敏神经元和冷敏神经元，主要

---

① 韩贻仁. 分子细胞生物［M］. 北京：科学出版社，2001：495—496.

分布在下丘脑、脊髓、延髓、脑干网状结构及大脑皮层运动区等处，它们对局部温度变化非常敏感，当局部温度变化大约0.1℃时，便可引起放电频率发生改变。

通过对动物脑分段切割实验证明，参与体温调节的神经中枢主要位于下丘脑。在视前区—下丘脑前部（PO/AH）中有个调定点，有其自身规定的数值（如36.7℃）。如果体温偏离此规定数值，则由反馈检测器侦测到这一偏差信息并将其输送到控制系统，然后通过调整受控系统的活动来维持体温的恒定（见图1-5）。

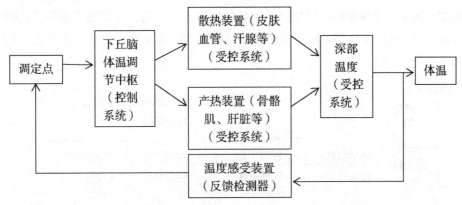

图1-5　体温调节自动控制示意图（仿自北京医科大学《人体生理学》）

在体温调节自动控制中，如果PO/AH局部温度恰是36.7℃，则热敏神经元和冷敏神经元的放电频率保持平衡；当局部温度高于37.5℃时，冷敏神经元放电频率减少，热敏神经元放电频率增多，结果使散热增多，产热减少，导致体温逐渐回落至36.7℃；反之，当局部温度在35.8℃以下时，热敏神经元放电频率降低，而冷敏神经元放电频率增加，导致产热增加，散热减少，体温逐渐回升至36.7℃。

调定点学说不仅科学地阐明了体温平衡的调节机制，而且能够很好地解释临床上的发热现象。发热是由于细菌毒素等致热原的作用，使调定点上移，机体在高水平上进行体温调节的结果。如调定点从37℃升高到39℃时，首先出现寒战等产热反应，直到体温升高至与新的调定点相适应时才转为散热反应。只要致热因素不消除，产热与散热两个过程就继续在此新的水平上保持平衡。阿司匹林等之所以能够解热，就在于它们能降低体温调节中的调定点，从而使体温下降。

由上述分析可知，恒温动物体温之所以保持相对稳定的原因，是因为机体存在一种反馈调节机制，能够及时地把体核温度与调定点的偏差信息输送到控制系统，通过控制系统的分析综合，再将整合后的信息通过神经—体液发送到受控系统，以调节受控系统的反应强度。

反馈调节系统是一个闭合回路，即控制部分发出信息指示受控部分发生活动，受控部分则发出反馈信息返回到控制部分，使控制部分能根据反馈信息来改变自己的活动，从而对受控部分的活动进行调节（见图1-5）。如果反馈信息的作用与控制信息的作用方向相反，可纠正或减低控制信息的效应，称为负反馈；如果反馈信息的作用与控制信息的作用方向相同，可促进或加强受控部分的活动，称为正反馈。负反馈使系统维持稳态，而正反馈使系统更加偏离稳态（见图1-6）。

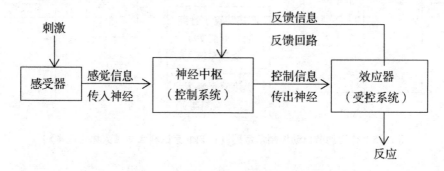

图1-6 机体功能的反馈调节示意图

2. 渗透平衡的调节

维持内环境的稳定首先要保证体内有适量的水分和无机盐。肾脏作为重要的渗透调节器官，能够维持体内适当的水含量和体液中钠、钾、氯、钙、氢等离子的适当浓度，从而维持体液具有一定的渗透浓度。水和无机盐含量的调节过程较为复杂，下面仅以抗利尿激素（ADH）调节集合管对水的重吸收过程来说明其负反馈调节机制（见图1-7）。

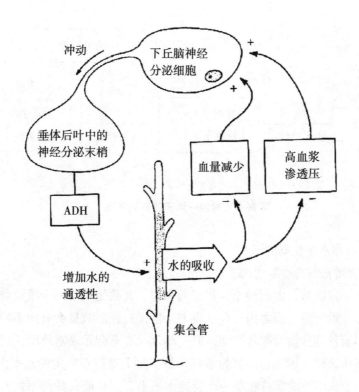

图 1 - 7　抗利尿激素的调节（引自 Eckert，1983）

　　水被集合管重吸收的速率取决于集合管上皮细胞对水的通透性，而下丘脑神经分泌细胞合成的、由垂体后叶释放的 ADH 则能增强集合管的水通透性。因此，调节 ADH 的释放就能控制尿排除的水量。当血浆渗透压升高或血量减少时，下丘脑中的渗透压敏感神经元（属于神经分泌细胞）兴奋性增强，发放冲动的频率增加，引起垂体后叶增加 ADH 的释放，从而使更多的水分被集合管重吸收回到血浆。随着血浆中水分的增加，血浆渗透压逐渐下降至正常水平，作为反馈信息又使得渗透压敏感神经元发放冲动频率降低，从而减少 ADH 的释放量。

　　许多激素的分泌直接或间接地受神经系统的控制，实际上激素的分泌是神经调节的一部分，是反射弧传出通路上的一个分支和延伸（见图 1 - 8）。因此，人和动物体的各项生命活动常常同时受神经和体液的双重调节。正是通过这两种调节方式的协调配合，才使得各器官、系统的活动协调一致，内环境的稳态才得以维持，细胞的各项生命活动才能正常进行，机体才能适应环境的不断变化。

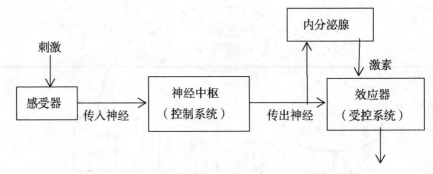

图 1 - 8　神经—体液调节示意图

（三）群体水平稳态的调节

1. 种群增长的密度制约调节

生活在一定区域，由同种个体构成的种群，其数量具有两个重要特征。一是波动性，在每一段时间之内（年、季节、世代）种群数量会有所不同；二是稳定性，尽管种群数量有这种波动，但大部分种群不会无限制地增长或无限制地下降而发生灭绝。因此，种群数量在某种程度上维持在特定的水平上。[①] 事实上，种群数量不可能保持在某一个特定水平上，而只能在种群平衡密度附近上下波动，这主要依赖于种群的密度制约调节。

当种群开始增长时，由于空间、资源相对充足，来自种内竞争的压力可以忽略不计，种群近似于指数增长。随着种群数量 N 的增加，可利用的空间和资源（K－N）逐渐减少，拥挤效应等环境阻力逐渐加大，种群增长率的可实现程度（K－N）/K 逐渐降低。当 N→K 时，（K－N）/K→0，剩余空间和资源最小，阻力最大，增长率 $dN/dt = rN[(K-N)/K]$→0。最终，种群的增长表现出一条向环境容纳量（K）逼近的 S 型增长曲线（见图 1-9）。因此，有限环境中的种群增长明显地受密度制约，种群密度对种群增长率起着抑制性的反馈调节作用。

---

① 李振基，陈小麟，等. 生态学［M］. 北京：科学出版社，2007：120.

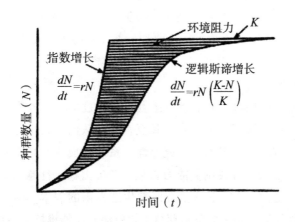

图1-9 种群逻辑斯谛增长与指数增长的曲线（引自李振基等，《生态学》）

当种群数量的增长超过环境容纳量K值时，密度制约因素对种群增长的抑制作用增强，导致出生率降低，死亡率升高，从而把种群数量压到K值以下。当种群数量低于环境容纳量时，密度制约因素的作用减弱，导致出生率增加，死亡率下降，从而使种群数量增长。因为对K值的任何偏离都会引发调节作用，而由于时滞效应的存在，种群很难刚好保持在K值水平上，所以反馈调节机制将会导致种群数量在K值附近上下波动。

2. 生态系统的稳态及其调节

生活在特定区域，由不同种群构成的群落，总是循序地按一定方向演替，最终形成与当地气候、土壤、地形等环境条件相适应的顶级群落。

事实上，生物群落并不能孤立存在，而是与其生存的无机环境相互影响、相互作用，从而构成一个统一整体——生态系统。气候和土壤决定着一个地区具有什么样的群落，而群落对气候和土壤又有着明显的影响。正是群落与无机环境之间，以及群落内部生物与生物之间的相互作用，推动了群落演替。因此，生物群落的演替，实际上就是整个生态系统的演替。

当群落演替至顶极状态时，生态系统也发展成熟起来，并达到结构与功能相对稳定的状态，其外在标志是物种组成及数量保持相对稳定，具有完善的、典型的食物链（网），从而使得能量的输入与输出达到动态平衡，并赋予生态系统具有一定的自我调节能力以保持这种稳态。

生态系统的自我调节能力主要表现在三个方面。一是同种生物的种群密度的调控，通过密度制约因素的负反馈调节来实现；二是异种生物种群之间的数量调控，主要以食物链（网）为结构基础进行负反馈调节；三是生物与环境之间的相互调控。例如，在草原发生干旱时，植物的生长受到抑制，结果草地鼠营养不良，出生率下降，因而减轻了对草原的放牧压力，所以等到雨季来临，草地又可迅速恢复。

但是，生态系统的自我调节能力是有一定限度的，当外界的扰动超出了这个生态阈限时，自我调节能力会降低甚至丧失，从而导致生态平衡失调。生态系统的阈限高低取决于生态系统的成熟性。系统越成熟，其物种多样性程度越高、营养结构越复杂、自我调节能力越强、抵抗力稳定性越高。因此，在开发和利用生态系统之前，必须深入研究影响生态平衡的因素，确定生态系统的阈限，这样才能保证既能最大限度地获得生物资源，又能维持生态系统的稳态。

总之，各个层次的生命系统都具有开放性、自主性、稳态等基本属性，而生命系统的稳态主要依靠系统内部各组分之间的相互联系、相互作用，通过信息传递进行负反馈调节得以维持。

第二章

中学生物学教学的基本任务

学科教学成功的标志，在于教会学生学习和思维。① 在课堂教学过程中，重视教会学生学习和思维，不仅只是提高教学质量的需要，更重要的是培养和造就21世纪人才的需要，这是课堂教学过程中全面实施素质教育的一项重要任务。

在课堂教学过程中要教会学生学习和思维这个课题，涉及一系列教学研究范畴中的重要问题。例如，何培养学生的独立性和自主性；如何引导学生质疑、调查或探究，学会在实践中学、在合作中学；如何使学生的学习成为在教师指导下主动而富有个性发展的过程；如何使他们逐步形成有效的学习策略和思维策略，等等。

第一节　教会学生学习

一、学习能力的结构及培养策略

人类社会已进入信息化时代，知识"爆炸"，信息剧增，科学技术日新月异，社会经济飞速发展。学校教育所培养的人才只有具有自我获取知识、更新知识的能力，才能适应现代化社会的需要。因此，在学科教学中如何有效地培养学生的学习能力，让学生学会自主学习、独立思考，就成为亟待研究的重要课题。

（一）学习能力的结构及实质

所谓学习能力，是指学生在学习活动中，运用科学的学习策略去独立地获取、加工和利用信息，分析和解决实际问题的一种个性特征。为了构建生物学学习能力的结构，我们不妨先分析一个具体的生物学学习活动案例。

---

① 郑春和. 我的生物学教学生涯 [M]. 北京：教育出版社，2002：144.

1. 学习活动分析

任何学习活动从宏观上看都包括学习者（学生）、学习对象（这里主要指教材内容）和学习过程；从微观上考察，却是由学习的定向、执行、反馈三个环节组成。

在学习的定向环节中起主要作用的是学习的内在动机，它主要源于对所学材料的兴趣，而不是诸如奖赏、竞争之类的外来目标。例如，在学习"基因的分离定律"时，定向环节是指学生通过观察"一对相对性状的遗传实验"，激起强烈的探究欲望，如后代为什么只呈现一个亲本的性状？后代为什么又会出现性状分离现象且分离比为 3∶1？

学习的执行环节是指学生在一定动机的驱动下，操纵已有的知识、技能和策略，通过对学习对象进行观察、联想、猜测、推理等内在心理活动，实现对学习对象的同化或顺应，重新构建新的认知结构。假若学生不知道等位基因与相对性状、等位基因与同源染色体之间的关系，以及同源染色体在减数分裂中的行为变化；假若学生没有掌握从性状遗传去推测基因的传递规律这一认知策略，就不可能正确地解释性状分离现象，也就无从"发现"基因的分离定律。由此可见，生物学的基础知识、基本技能和学习策略是构成学习能力的基本要素，但不等于学习能力本身。只有基础知识、基本技能在学习策略的统帅、导向下，形成相对稳定的结构化、网络化的认知结构，才能成为加工、处理、同化新知识的"先行组织者"。换言之，学习能力的实质是结构化、网络化、程序化的知识、技能和策略。

学习的反馈环节主要是指在元认知策略的指导下，对学习进程的调控和对学习结果的反思和评价。

2. 学习能力的结构

由上面学习活动案例可以看出，学习能力是在学习活动中不断形成和发展起来的，离开了学生主体的学习活动，学习能力不会自发形成。因此，教师要树立"以活动促发展"的教学观，引导学生参与各种各样的学习活动，以促进学习能力的不断发展。在学习活动中，智力因素和非智力因素是制约学习能力发展的心理基础；基本能力（观察、记忆、思维、想象、表达等）和综合能力（自学能力、问题解决能力、实验能力、创造能力等）是学习能力在学习活动中的不同表现形式；思维能力和学习策略是学习能力的核心。[①] 学习能力的结构可表示为如图 2-1 所示。

---

① 毕华林. 学习能习的实质及其结构构建 [J]. 教育研究，2000.

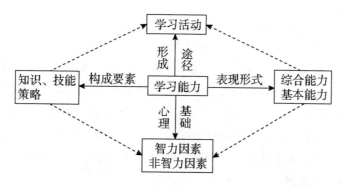

图 2-1　学习能力的结构

（二）学习能力的培养策略

基于对学习能力结构的整体把握，笔者认为，生物学学习能力的培养，关键在于教师创设丰富多彩的学习情境，调动学生以成就动机为核心的各种非智力因素，引导学生参与各种学习活动，以实现知识、技能和策略的整体建构，促进学习的基本能力和综合能力的协同发展，促成各种学习策略的内化和迁移。

1. 引导学生参与认知结构的自主构建

认知结构从静态来考察，可以认为是知识在学习者头脑中的储存形式，从学习活动的动态来考察，认知结构就是学习者用以加工、同化新知识、处理新知识的"先行组织者"，它在不断同化、激活、加工、储存、提取学习者提供的诸多信息，使之处于有序的、组织化和网络化状态。因此，在生物学学习活动中，教师要引导学生参与认知结构的自主建构，以促进学习能力的不断发展。例如，遗传的基本规律发生的细胞学基础是减数分裂，如图 2-2 所示，在学习该部分内容时，如果能够引导学生运用已有的认知结构去同化新知识，就会促进学生认知结构的重新改组。

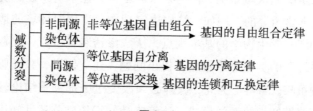

图 2-2

2. 促进基本能力和综合能力的协同发展

在学生的学习活动中，自学能力、问题解决能力、实验能力和创造能力等综合能力是通过学生的主体操作性活动，如阅读、讨论、练习、交流、制作、实验等逐渐形成和发展起来的，它需要观察、记忆、思维、想象、表达等基本能力的支持；而综合能力的提高，又可以促进基本能力的发展。综合能力与基本能力是相互促进，协同发展的。其中，思维能力是这两种学习能力的核心。因此，培养学习能力的有效途径就是引导学生参与探究发现学习、问题解决学习、探究实验设计等主体学习活动，以思维训练为主线，从而实现基本能力和综合能力的协同发展。

3. 引导学生掌握生物学学习策略

学习策略是学习能力的重要构成要素，是学习能力的核心。它包括直接对信息加工处理的认知策略和对信息加工过程进行调节和监控的元认知策略两部分内容，即学习策略具有方法性和自我调控性。区别"学会"与"会学"的一个重要标志，就在于学生是否具有对整个学习情境进行有效地监控，并根据实际情况做出相应的选择和调整。因此，元认知策略对于学生"学会学习"起着非常重要的作用。

①认知结构的基本内涵。元认知是指人对认知结构活动的自我意识和自我控制，是对认知的认知。[①] 它包括元认知知识、元认知体验和元认知监控。其中，元认知知识是实现认知监控与调节的前提与基础，主要包括关于学生个人认知特点的知识、关于认识任务方面的知识（如学习任务的类型、特点等）、关于认知策略的知识（如解决遗传问题的一般思维方法、特殊的解题技巧等）。元认知体验是指学生在学习活动中对自己认知过程和结果的意识和体验，如意识到"运用隐性纯合体突破法确定基因型"方法的有效性等。元认知监控是指在学习活动中，能不断地评价学习过程，并能适时地调整计划，选用恰当的方法，以保证学习任务的有效完成。

②丰富学生的元认知知识。在生物学教学中，让学生掌握解决生物学问题的各种策略是非常重要的。例如，结构决定功能、生物对环境的适应性、局部与整体的协调统一等生物学的基本观点，从"渗透装置"到"成熟的植物细胞是一个渗透系统"的类比思维策略，提出问题、建立假设、验证假设、获取结论的探究发现策略，等等。为此，教师必须改变过去那种重结论轻过程、重陈述性知识轻策略性知识的教学模式，让策略性知识统帅陈述性知识，使知识学

---

①　桑标. 无认右与学生学习［J］. 全球教育展望，2001（12）.

习与策略学习同步，从而丰富学生的元认知知识。

③唤起学生的元认知体验。学生在自主学习活动中，积累了一些成功的学习经验。例如，解决两对相对性状的遗传问题，可以先分析每一对相对性状的遗传；判断遗传系谱中性状的显隐性，可以运用"无中生有为隐性，有中生无为显性"的法则。但是这些成功的经验，只有学生对自己的认知过程不断地反思和评价，才能内化为学习策略。因此，教师不仅要引导学生参与各种自主学习活动，而且还要引导他们经常反思自己的认知过程，并逐渐使这种反思成为自觉的学习习惯，从中体验和认识有关学习的策略和方法，不断丰富自己的元认知知识。

总之，只有学生掌握各种认知策略，有了丰富的元认知体验，才能提高自己的元认知监控水平，从而提高自主学习能力。

二、学生主体性的表现及培养策略

"教为主导，学为主体"的教学原则虽然已被广大教师所认同，但是在实际操作中却由于教师的时常"越位"，而无法保证和突出学生学习的主体地位。究其原因：一是"以教师为中心"的传统教育思想依然根深蒂固，致使教师没有完全摆正主导与主体的关系；二是有些教师对学生的自主学习还存在种种顾虑，认为那样会浪费很多宝贵的教学时间，而且学生的认知能力是有限的，难以保证教学质量；三是目前教师教学还缺乏一套用以指导主体性教学的操作规范，致使主体性教学的思想仅停留在理论层面上。笔者在实际教学经验的基础上提出以下基本策略，以期对深入开展主体性教学有所启迪。

（一）主体性教学的基本内涵

主体指认识者即人，客体指作为主体认识对象或实践对象的客观事物，主体性则是主体的品质与能力的反映或概括。在教学活动中，教师是施教的主体，学生是学习的主体。作为教育教学主体的学生其主体性的品质与能力主要表现在主动性、独立性和创造性三个层面。主体性教学作为一种现代教学思想，其核心就是把教学活动组织成一个在教师激励和指导下的学生自主学习的互动过程。其中，教师是施教主体，主要起激励动机和指导学法的作用；学生是学习主体，即在一定的动机驱动下，自主构建认知结构，发挥个性特长，丰富情感体验。

（二）主体性教学的基本策略

1. 激发自主学习动机

学生是否愿意自主学习，要看教师是否调动了学生自主学习的积极性；学生是否能够自主学习，要看教师是否给学生提供自主学习的条件；学生怎样自主学习，则要看教师怎样根据学生水平的不同进行相应的指导。因此，激发学生自主学习的动机，是实施主体性教学的首要环节。那么，怎样才能有效地激发学生自主学习的动机呢？布鲁纳强调，学习是一个主动的过程，学习的最初刺激乃是对所学材料的兴趣，即主要是一种内在动机，而不是诸如等级、奖赏、竞争之类的外来目标。因此，教师应善于在教学内容和学生求知欲之间创设问题情境。例如，在学习"DNA 的复制"这部分内容时，先让学生对亲代 DNA 分子和 2 个子代 DNA 分子的碱基对的构成及排列顺序进行对比观察，发现 DNA 分子复制的准确性。然后，教师因势利导：DNA 分子复制的这种高度准确性是怎样保证的？这与 DNA 分子的双螺旋结构有何关系？这样才能有效地激发起学生自主探究的欲望。

总之，主动性是主体作用发挥的基础，心理需求是学生主体参与教学的内在机制。教学设计必须基于学生的心理需求，富有启发性、针对性和有效性，才能最大限度地促进学生的主体学习。但是，学生自主学习的积极性、主动性除了依靠学习兴趣的激发之外，还必须依靠学习过程的成功体验和学习能力的增强来保持，而只有学生主体具备了学习的独立性，才能经常有学习成功的体验，积极性、主动性也才能长久保持，创造性才能得以表现。因此，独立性是学生主体性的核心层面，课堂教学必须精心设计自主学习活动，促进学生的独立性学习。

2. 精心设计自主学习活动

主体性教学的核心问题是尽量让学生自主学习，以发展其自主学习能力。因此，教师必须改变过去那种只重视教的程序设计，而忽视学生如何主动学的程序设计。在教学方案中应体现：如何让学生主动参与，学生学习的内容、方式及可能出现的困惑，教师可能提供的帮助和策略，创设有效的自主学习活动方式等。教师必须明确，自主学习活动是自主学习意识萌发和自主学习能力发展的基础，在课堂上尽量让学生自主学习，既能提高课堂学习效率，又能提高学生的自主学习意识和能力。

①在探究发现活动中学习。生物科学内容不仅包括大量的科学知识，还包括科学研究的过程和方法。因此，我们不仅要重视生物学知识的传授，还要引导学生重视学习生物科学研究过程，并且从中领会生物科学的研究方法。教材

中有许多生物科学史，如酶的发现、光合作用的发现、生长素的发现、肺炎双球菌转化实验等，这为我们引导学生参与探究发现提供了很好的素材。另外，很多生物学的概念、原理，通过教师的精心设计都可以还原为丰富多彩的主体参与探究的过程。如成熟的植物细胞是一个渗透系统的论证，根细胞的呼吸作用与其吸收矿质离子过程内在联系的建立，同源染色体分离与染色体数目减半之间因果关系的剖析等，都是学生主体参与探究发现活动的极好典范。

②在合作互动活动中学习。现代心理学认为，课堂上有三种学习情境，即合作性学习、竞争性学习和个人学习。其中，最佳的学习情境是合作性学习，因为这种情境非常有利于学生的主体参与。首先，小组合作学习能够充分调动主体参与的积极性。由于小组成员间既是一种合作关系，也是一种竞争关系，每个成员都想在其他成员面前展现自己，因此能极大地激发其自主学习的热情。其次，小组合作学习还可以显著提高主体参与的机会和效率。由于不同背景和不同学力的学生组成合作小组，使得成员间优势互补，通过学习方法和策略的交流与碰撞，从而促进学生自主学习能力的提高。教师应该选择那些富有启发性、挑战性的知识引导学生进行小组合作学习，设计的问题应具有一定的思维含量。例如，将盆栽的番茄从阳光下移到暗处后发现，番茄对水的吸收量减少了，而对 K^+ 的吸收量却有所增加，这是为什么？这一现象说明了什么问题？

③在角色转换活动中学习。在课堂教学活动中，教师和学生各有其规定的角色，即教师是施教的主体，学生是学习的主体。在某些情况下，让学生进行角色转换，走上讲台，更能激发其自主学习的动机。例如，让学生阅读教材后，在黑板上归纳新陈代谢的基本类型，其他同学予以评价和修正。教学实践表明，这种角色转换比教师的一味单方面传授效果要好。因为学生只有认真阅读教材，主动参与到自学活动中，经分析、概括，才能以简洁的方式进行归纳，才能有针对性地进行评价和修正。又如，让学生借助挂图讲解植物的个体发育过程，让学生对各种细胞器进行分类归纳，都属于角色转换形式的自主学习。

3. 给予自主学习自由

只有教师的主导作用不越位，学生在课堂上才会真正地自主学习。而防止教师"越位"的有效措施，就是给予学生自主学习的自由，让学生拥有自由支配的"空白时间带"。"空白时间"不是放任自流，而是在教师的精心策划下，学生充分发挥其学习的主动性、独立性和创造性。教师要认识到，交给学生主体参与的时间不会影响教学质量，这已被一些实验学校所证实。而大量的研究表明，学生参与学习的程度与参与前的素质是决定学习成绩优劣的最重要的因素。笔者在教学实践中总结出教师"六放手"口诀，即新知识放手，让学生主动探索；重点难点放手，让学生讨论；提出的问题放手，让学生思考解答；结论放手，让学生概括归纳；规律放手，让学生寻找；知识结构放手，让学生构建。总之，自由是学生主体参与教学的最佳境界和重要保障。有了自由，才能自立；有了自主，才能创新。

4. 营造教学民主氛围

早在 20 世纪 40 年代，美国著名的社会心理学家勒温进行了一项关于集体气氛的研究。在这项研究中，他们把被试者分成 3 组，每组各派 1 名成年人，分别对试验组行使专制、民主、放任三种类型的领导模式。结果，在民主型的领导下，不仅成员之间的友好性和参与集体的程度最高，而且活动的组织程度和效率也是最高的。从中我们可以得到这样的启示：进行主体性教学必须营造民主和谐的教学氛围。教师必须摒弃传统的"师道尊严"的教育观，必须从单纯的"知识传递者"的角色转换成"培养学习者"的角色，即从单纯地传递知识过渡到培养学生树立正确的学习态度、形成科学的学习方法及培养独立的学习能力上来。除去外表的威严，重新塑造教师以期待、宽容、信任、鼓励为核心的人格形象，给学生营造一种愉悦、宽松的学习环境，使学生全身心地投入到教学活动中。总之，民主和谐的氛围是主体参与教学的重要保障。

第二节 教会学生思维

一、类比思维

类比思维是根据两个对象在某些方面存在相似或相同，推出它们在其他方面也可能存在相似或相同的一种思维方式。作为提出和建立科学假说的重要方法，类比思维在解决科学问题的过程中充作"中介"，常常起着重要性作用。

（一）类比思维与科学问题的解决

在生命科学发展过程中有许多运用类比思维创造性地解决问题的经典实例，从中我们可以看出类比在未提供假设、启迪思维、引导定向、促使顿悟等方面所起的作用。

1. 从"人工选择"到"自然选择"

达尔文自然选择学说的创立，依赖于他对人工选择大量、详尽地观察和思考。达尔文运用历史法和归纳法，通过大量观察家养动物、栽培植物的许多品种，提出了人工选择的原理："家养品种最显著的特性之一，就是它们的适应性往往于本身并无利益，而只是适合于人类的使用和爱好。这其中的关键，全在于人的积聚选择或连续淘汰之力。"然后，达尔文运用类比思维方法研究在自然界里是否也同样存在着类似于人工选择的过程，由此提出了自然条件代替人的作用来选择和保留适应于自然条件类型的机制，即自然选择学说。

2. 线粒体 DNA 的发现

线粒体从 19 世纪被发现以后直到 20 世纪 20 年代，生物学家都注意到它与细菌无论是在形态、染色反应、化学组成等方面，还是在物理性质、活动状况等方面都非常相似。于是，推测线粒体很可能也像细菌那样含有 DNA，能进行自我复制，是一种具有一定自主性的结构。到 20 世纪 60 年代初期，专家终于在线粒体的基质中发现了 DNA，而且其呈双线环状，与细菌 DNA 异常相似。以后，又陆续发现 RNA、DNA 聚合酶、RNA 聚合酶、转运 RNA、氨基酸活化酶等一系列合成蛋白质的装置。至此可确信当初的推测是完全合理的。

从上述例证可以看出，类比思维对于生命科学的发展曾经起过不容低估的作用。那么，在教学过程中，我们不妨利用这种科学思维方法以促进教学问题的解决。

（二）类比思维与教学问题的解决

生物学教学过程与生命科学发展过程相比，虽然二者都遵循人类认识的共同规律和特点，但前者又具有一定的特殊性，教学是在教师的指导下有目的、有计划、有组织地在较短时间内掌握大量生物学知识和技能的过程。因此，以往的生物学教学过程注重的多是知识的结果，而忽略了知识的产生过程。如果我们在教学过程中，注意借鉴生物学家解决科学问题的思维方法，从中提炼出一些有实际背景支持的"开放型"问题，引导学生进行类比、联想、猜测、估计、验证等思维活动，就可以达到训练学生科学思维能力的目的。由于问题背景是全新的，因而构成了一种仿设的"发现"情景。下面提供一些例证，以考查类比思维的具体应用。

1. 单倍体植株的人工培育

玉米单倍体植株是在自然条件下由未受精的卵细胞偶尔发育而成，解决"设计一种大批量的人工培育单倍体植株的实验方案"这一问题，需要学生思路开阔，善于联想和类比。教学实践表明，多数学生的思维方式较为固定和保守，体现在多数学生不会运用类比思维的方法去另辟蹊径，设计的方案大都是人工培育卵细胞。但也有个别学生思维活跃，大胆设想，提出人工培育花粉粒的方案。教师应及时引导学生对两种不同的方案进行评论，尤其对后一种方案要深入地探讨和论证，并上升到方法论的高度去认识，勾勒出相应的思维轨迹。

2. 渗透装置与成熟植物细胞类比

指导学生做质壁分离实验，明确质壁分离现象是植物细胞失水而引起的。然后，教师演示"渗透装置"实验，并让学生思考以下问题：①长颈漏斗中液面升高和质壁分离现象是否出于同一原因？渗透作用的发生需要具备哪些基本条件？②具有液泡的植物细胞是否是一个渗透系统？这些问题旨在把学生定向引导到类比思维的轨道上来。首先，将成熟的植物细胞与渗透装置进行类比，确定原生质层与渗透装置中半透膜所处的位置相同；其次，将液泡膜与细胞膜、细胞质（液泡膜与细胞膜之间的）与细胞膜进行类比，假定或猜测整个原生质层具有选择透过性；最后，将选择透过性与半透膜的特性进行类比，从而在假定的基础上得出原生质层具有半透膜的特性的推论。

3. 编制信息题，训练类比思维

为了培养学生的类比思维，我们不妨编制一些有实际背景支持的信息题。例如，把大麦根浸在含有 Cl^- 的溶液中，测得其主动吸收的速率。其中，若向同样溶液中加入一些 Br^-，则大麦根主动吸收 Cl^- 的速率就会减少；若以 NO_3^- 代替 Br^-，则大麦根对 Cl^- 主动吸收的速率并无影响，试解释原因。由此可见，信息题的特征是只给出实际问题情境，并不提示或少提示可联系的信息，鼓励学生发散思维、大胆设想、合理取舍，从中发现一个或几个可类比的对象，找出隐含的相似属性。这种类比在某种程度上与科学家探索未知相似，体现了一定的创造性。

（三）类比思维与求异思维的结合

类比思维是由"个别"到"个别"的思维方式，具有很大的猜测性，其本质是求同思维。在进行类比思维时，有时会出现这样的情况，如两个类比对象虽然具有几个相似的属性，但下一个类推属性恰好是它们的差异点，结果使类比失真。生命科学史上有很多形而上学的观点就出于此。因此，在进行类比思维时必须坚持求同思维与求异思维的结合，既要找出两个类比对象的相同点，又要明察它们的差异，以保证问题解决的科学性。

二、系统分析

《普通高中生物课程标准（实验）》明确提出"让学生领悟系统分析、建立数学模型等科学方法及其在科学研究中的应用"；美国《国家科学教育标准》也要求学生"学会从系统的角度思考和分析问题"。可见，深刻领会系统的概念及系统分析的基本思想和方法，并将此渗透于教学实践中，对于落实课程标准的要求、培养学生的系统分析习惯、提高分析综合能力都具有重要的现实意义。

系统分析作为一种科学的思维方法，着眼于整体，从组成系统的各要素之间的关联性、结构性以及系统与环境之间的开放性，寻求解决问题的方法和途径。系统分析应遵循整体性、关联性、结构性、开放性等基本原则，先进行静态分析，以界定系统的组成要素和系统所处的环境、边界，建立各要素间的内在联系，并从整体上把握各要素间的关联方式；再进行动态分析，以搞清系统与其所处的环境之间的物质、能量、信息交换，系统内部的调控机制以及系统的状态。

（一）系统分析的基本思想

系统是系统论的重要前置概念，是指由大量的个体相互联系形成整体的结构组成关系。其中，个体、联系和整体是系统的三要素。系统分析就是运用系统的概念和系统论的基本原则，对系统的组成要素、结构、环境、性能等系统的基本特征和系统的状态及其调控进行分析。系统分析的基本思想具有以下原则。

1. 整体性原则

整体性原则的核心是"整体大于部分之和"。按照该原则进行系统分析时，应正确处理整体和部分之间的辩证关系，善于从对象所处的整体和全局进行考察，反对孤立研究其中一部分或仅从个别方面思考和解决问题。

2. 关联性原则

关联性原则强调系统中各个组成部分之间的相互联系，并与整体性原则统一于结构性原则之中。

3. 结构性原则

结构性原则要求着眼于系统内部所有要素之间相互关联而形成的整体结构，因为系统的结构具有一定的有序性和层次性。其中，有序性是指系统的各个组成要素之间有着明显的上下、主次关系；层次性是指将组成系统的个体看作一个小的整体，小的整体又是由更小的个体组成，而无数个大的整体又组成一个更大的整体。

4. 开放性原则

系统论认为，一个系统与环境之间存在着物质、能量和信息的交换。系统将环境中的物质和能量吸收、利用、转化成自身有序化的动力和物质条件，然后再向环境中排出废物。当吸收的物质和能量大于排出的废物时，这个系统就是增值的、有序化的系统；否则就是无序化的系统。

5. 反馈性原则

正因为系统是开放的、能量耗散的系统，其具有自我调节的机制。一般是系统的输出成为决定系统未来输入的反馈信息，然后再通过反馈系统实现自我调节。

系统分析的基本思想和原则可用图 2-3 表示。

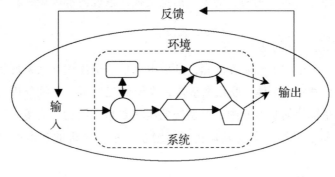

图 2-3

（二）系统分析的基本方法

系统分析可在静态和动态两个方面进行，下面列举高中生物学教学的实例加以说明。

1. 静态分析

静态分析的主要任务是界定系统的组成要素和系统所处的环境，建立各要素间的内在联系，并从整体上把握各要素间的关联方式，即系统结构的有序性和层次性。静态分析又分为微观分析和宏观分析两个方面。

微观分析的主旨在于剖析各要素之间的内在联系。例如，将绿色植物的新陈代谢看作是一个系统，其组成要素有水分代谢、矿质营养、光合作用、细胞呼吸。而对该系统的微观分析主要就是建立上述四个生理过程之间的内在联系，如图 2-4 所示。

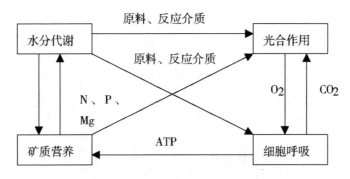

图 2 - 4　系统各要素之间的内在联系

由图 2 - 4 可以看出，组成系统的要素之间有的具有直接联系。例如，光合作用为细胞呼吸提供了 O_2 和含碳有机物；细胞呼吸为光合作用提供了 CO_2 和 ATP（用于光合产物的运输）。另外，有的要素之间没有发生直接联系，但具有间接联系。例如，植物通过矿质营养为光合作用提供 N、P、K、Mg 等矿质元素，这显然属于直接联系，但假若植物较长时间不能进行光合作用，是否会影响到矿质营养呢？答案是肯定的。因此，对系统进行微观分析时，既要看到各要素之间的直接联系，又要洞察其中的间接联系。只有这样，才能全面把握各要素之间固有的关联性，从而为宏观分析奠定基础。

宏观分析的目的在于从整体上全面把握各要素间的关联性，并对系统结构的有序性和层次性进行分析。例如，植物的水分代谢、矿质代谢、光合作用、呼吸作用四个生理过程相互联系又相互作用，共同反映了绿色植物新陈代谢的全貌，不论其中任何一个生理过程出现功能障碍，都将影响到其他生理过程的正常运转。因此，我们把绿色植物的新陈代谢看作一个整体或系统来看待就具有特别重要的现实意义。例如，欲提高大棚蔬菜的产量，从代谢的角度分析应采取哪些措施？对这个问题的解决，需要运用系统分析的方法，分别从上述四个生理过程及其相互联系中寻找解决问题的措施。又如，以培养液栽培的植物，若不及时添加培养液，植物就会萎蔫，试分析原因。对该问题的解决，同样需要系统分析蒸腾作用、水分代谢、矿质营养之间关联性。

宏观分析除了把握好系统各因素关联性和整体性之外，还必须分析系统结构的有序性和层次性。

首先，有序性如图 2 - 5 所示，表现为系统内部有着明显的上下关系和主次关系，上下关系能够帮助我们确认系统要素之间的包含关系，主次关系则能够使我们明辨处于平行地位的要素之间在不同条件下的消长情况。例如，在光照充足的条件下（光照强度大于光的补偿点），光合作用强度大于呼吸作用强度，植物能够大量积累有机物质，表现为生长现象。

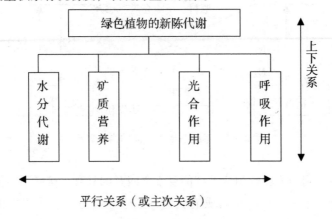

图2-5 系统结构的有序性

其次，层次性如图2-6所示，突出地表现为组成系统的每一个要素是可以再分的，可以看作是一个小的系统。

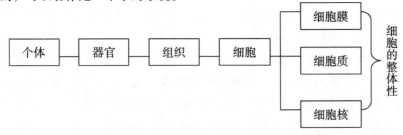

图2-6 系统结构的层次性

由于生物科学的研究可以在分子、细胞、个体、种群、群落和生态系统等不同的水平上进行，因此，对某一知识而言，可以从不同的水平上分层次理解。例如，遗传和变异现象，从种群的水平看，表现为种群的基因库及其变迁；从群落的水平看，表现为遗传的多样性；从个体的水平看，表现为子代与亲代性状的相似性和差异性；从细胞和染色体的水平看，表现为减数分裂过程中同源染色体的分离、交换及非同源染色体的自由组合，有丝分裂中染色体复制和平均分配，染色体的结构和数目的变异；从分子的水平看，表现为DNA或基因的复制、转录和翻译，以及基因突变和基因重组。

对同一知识分层次剖析，能够帮助学生建立起清晰的知识脉络，并促进相关知识的融会贯通，从而有效地提高学生分析问题的综合能力。例如，细胞分化从分子水平看，是由于基因的选择性表达，即特定的基因进行转录和翻译，导致合成特定的蛋白质分子；从细胞水平看，表现为相同细胞的后代，在形态、结构和生理功能上发生了稳定性差异；从组织、器官水平看，表现为形成了新的组织和器官；从个体水平看，导致了新个体的诞生。

2. 动态分析

动态分析以开放性原则为指导思想，主要分析系统与其所处的环境之间的物质、能量、信息交换，系统内部的调控机制以及系统的状态。例如，正常人血糖含量保持在80—120mg/dL范围内，这是内环境保持稳态的重要体现，其调控机制在于激素和神经对血糖浓度的双重调节。教学中只有让学生全面把握血糖稳态的调控机制（见图2－7），才能开阔思路，避免思维的单向性和封闭性。例如，当血糖浓度升高时，不仅胰岛素的分泌量增加，而且胰高血糖素和肾上腺素等分泌量均减少；当血糖浓度降低时，胰高血糖素和肾上腺素的分泌量均增加，而胰岛素的分泌量减少。由于胰岛素与胰高血糖素、肾上腺素之间的拮抗作用，以及血糖浓度的变化与相关激素的分泌之间的反馈调节，从而维持了血糖含量的相对稳定。

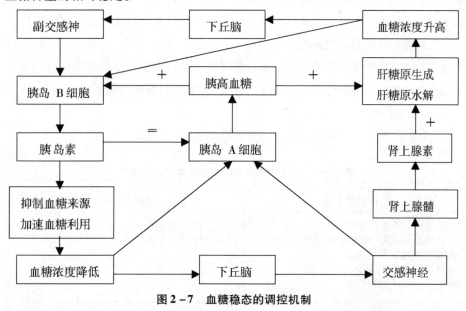

图2－7 血糖稳态的调控机制

任何生命系统，不论细胞、个体、种群，还是生物群落，都时刻与所处的环境进行物质、能量和信息交换。就细胞而言，细胞膜是组织细胞与内环境进行物质、能量、信息交换的屏障。膜上的糖蛋白与细胞识别、信息交换密切相关，细胞膜的选择透过性有效地控制着物质出入细胞。

从系统分析的角度看，能量由无机环境输入到生物群落是由于发生在叶肉细胞中的光合作用对太阳能的固定；能量的输出依赖于细胞呼吸对能量的释放；能量沿着食物链以含碳有机物的形式传递，其实质在于细胞呼吸对能量的转移和利用。这样就将宏观的能量交换（能量的输入、传递、输出）和微观的能量转换（光合作用、能量的释放、转移、利用）建立起有机的联系。当能量和物质的输入大于输出时，生态系统正处在不断发展阶段，表现为种群数量、种类增加，营养结构不断完善；当能量和物质的输入等于输出时，标志着生态系统已经成熟，达到稳态，其种群的数量比例、种类组成相对稳定，具有典型、完善的食物链。而维持生态系统稳态的内部机制就是靠这种完善的营养结构，使得生态系统具有一定的抵抗力稳定性和恢复力稳定性。

（三）生态系统的教学分析

在《普通高中生物课程标准（实验)》的"内容标准"中，"生态系统"是必修部分中"稳态与环境"模块的第五个一级主题。对该主题的学习，从个人的发展来看，有利于学生进一步理解生命系统的本质，有利于学生接受系统论思维方式的训练，形成生态意识；从科学与社会的关系角度看，目前人类所面临的许多全球性资源与环境问题的解决，寄希望于对生态系统的研究。因此，该主题内容在本模块中具有非常重要的地位。通过学习和领会新课程标准的要求，我们对该主题的具体内容标准进行研讨，并构思达成三维教学目标的教学策略。

1. 内容标准

"生态系统"这一主题的具体内容标准如表 2 - 1 所示。

表 2 - 1　生态系统的具体内容标准及活动建议

具体内容标准	活动建议
讨论某一生态系统的结构； 分析生态系统中的物质循环和能量流动的基本规律及其应用； 举例说出生态系统中的信息传递； 阐明生态系统的稳定性	设计并制作生态瓶； 调查或探讨一个农业生态系统中的能量流动

其中，"讨论"属于经历水平的情感性目标动词，是指学生先从事某种活动，建立相应的感性认识，进而通过讨论，再由感性认识上升为理性认识的过

程。要讨论某一生态系统的结构，学生首先要明确什么是生态系统以及建立这个概念有什么意义；然后挑选自己比较熟悉的生态系统，并思考采用什么方法去分析一个系统的结构；最后通过讨论构建生态系统的一般结构模型。因此，这一过程既有情感方面的要求，又有认知和能力方面的要求。

"分析"属于知识性应用水平的目标动词，要分析生态系统中的物质循环和能量流动的基本规律及其应用，需要学生弄明白：研究生态系统的能量流动的一般方法是什么？研究的内容和思路是什么？通过追踪能量沿食物链流动的过程，可以发现什么规律？怎样应用这条规律去分析解决新情境中的问题？学生能够分析碳循环模式图、总结物质循环的概念，并与能量流动的特点进行比较，发现物质循环的特点，能够分析"温室效应""酸雨"等物质循环失衡等环境问题的成因，并拟定相应的防治对策。

"举例说出"属于了解水平的知识性目标动词，要求学生能够说出相关实例来说明生态系统中的信息种类及所起的作用。

"阐明"属于理解水平的知识性目标动词，是指能够以多种形式准确地表达交流信息，合理地阐明交流信息的诸要素之间的内在联系，做到"知其然，知其所以然"。阐明生态系统的稳定性，学生需要明确什么是生态系统的稳定性，其外在标志是什么；内部调控机制是什么；影响生态系统稳定性大小的因素有哪些，有何规律；等等。学生如果能够回答这些问题，表明已达到了目标要求。

2. 教学目标

上述对具体内容标准的研讨，虽然所使用的目标动词有的属于知识性，有的属于情感性，但对某一具体内容标准来讲，都包含着知识、能力、情感态度与价值观三方面的目标要求，为简约清晰起见，这里列成表格，如表 2 - 2 所示。

表 2 - 2　"生态系统"三维教学目标

具体内容标准	知识	能力	情感态度与价值观
讨论某一生态系统的结构	归纳三大功能类群的代谢类型及其生态位，揭示各生态组分之间的关系；知道食物链和食物网是生态系统的营养结构形式，并阐述其生态功能；知道营养级概念的内涵，明确识别营养级别的依据，理解营养级是能流分析的基础	尝试运用系统方法分析生态系统的结构；用归纳法将生态系统的各组分加以概括，增强处理知识信息的能力；剖析温带草原生态系统的营养结构，增强思维能力	认识生态系统结构的研究是从揭示生态组分之间关系入手的，从而接受科学方法的训练；揭示生态系统结构与其功能的适应关系，进一步增强科学自然观

具体内容标准	知识	能力	情感态度价值观
分析生态系统中的物质循环和能量流动的基本规律及其应用	说出生态系统的基本功能；描述能量流动的过程，说明能量流动的方向、逐级传递的数量和效率，认识能量金字塔的内涵和研究能量流的意义；剖析碳循环的过程，认识生态系统中各种生命物质的生物地球化学循环的共同特点，从而领会物质循环的概念	图解生态系统的能流过程和碳循环途径，培养处理信息的能力。尝试对相应知识信息的转换和解说，并应用有关知识对某些具体问题做出解释或提出解决问题的可行性措施	理解物质和能量之间的辩证关系；认同在物质循环和能量流动的推动下，生态系统各组分紧密联系，形成一个统一整体；关注碳循环平衡失调与温室效应的关系
举例说出生态系统中的信息传递	知道生态系统中信息的种类；说出信息传递所起的作用	能够对各种信息进行归类；应用信息传递的知识指导生产实践	认同信息物质能量三位一体，维持生态系统存在与发展
阐明生态系统的稳定性	说出生态系统稳态的基本特征；举例说明抵抗力稳定性与恢复力稳定性的区别；理解生态系统的稳态遵循多样性导致稳定性律，阐明生态系统稳定性的负反馈调节的原理	运用生态系统稳定性原理指导林业生产；设想提高生态系统稳定性的措施；设计并制作生态缸，观察其稳定性	关注人类活动对生态系统稳定性的影响；深刻认识保护生物多样性的重要性，进一步增强环境保护意识

3. 教学策略

教学目标是教学设计的起点和归宿，是选择教学策略的依据。在《普通高中生物课程标准（实验）》的"课程目标"中明确指出："课程具体目标中的知识、情感态度与价值观、能力三个维度在课程实施过程中是一个有机的整体。"因此，我们需要选择如何将知识、能力、情感态度及价值观有机地统整于教学过程中的操作策略。

选择教学策略还需要把握该主题的知识结构（见图2-8），摸清学生的知识储备。

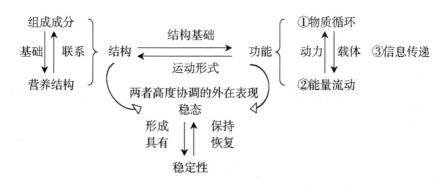

图2-8　生态系统的结构、功能及稳定性整合图解

①"生态系统的结构"的学与教。依据具体内容标准所设定的三维教学目标，教学设计可以按照"呈现事实→建立概念→分析结构→构建模型→模型应用"顺序展开。首先，呈现生物群落与无机环境相互影响、相互作用的事实，使学生认识到生物与环境是一个统一整体，并建立生态系统的概念。生态系统为什么是一个统一整体？作为较高层次的生命系统，其必然具备系统的一般特征，即具有一定的边界（范围）、组分、组分间的联系、结构。然后，引导学生挑选他们所熟悉的生态系统，分组讨论生态系统的上述特征，尝试按照不同种类的生物的营养方式和在生态系统中的作用，将生物进行归类（见表2-3）。最后，各小组进行交流，师生共同构建生态系统的结构模型（见图2-9），并运用这一模型指导观察一个具体的生态系统，如池塘生态系统。

表2-3　生态系统的组分及其生态作用和地位

组分	生物类群及代谢类型	生态作用	生态地位
生产者	光能自养型：绿色植物（主要）化能自养型：硝化细菌	将无机环境中太阳能或无机物氧化释放的化学能转变为有机物中化学能，输入生物群落	主要成分
消费者	异养型：人和各种动物（主要）寄生生物	加快生态系统的物质循环；有利于植物传粉和传播种子；维持被捕食者种群数量相对稳定	非必备成分
分解者	异养型：腐生性的细菌和真菌腐食性小动物：蚯蚓、蜣螂等	分解生物群落中动植物的遗体和动物的排遗物，将其中的有机物转变为无机物，归还到无机环境	重要成分

续表

组分	生物类群及代谢类型	生态作用	生态地位
非生物的物质和能量	物质：空气、水、无机盐等 能量：光能、化学能、热能	是生物群落物质和能量的源泉	基础成分

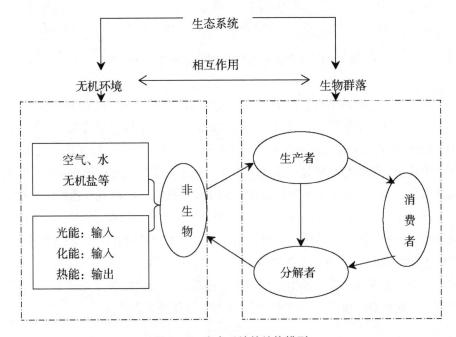

图 2-9　生态系统的结构模型

关于营养结构的教学，可列举实例引导学生分析营养级与生产者、各级消费者之间的关系，使学生发现大型肉食动物的营养级并非固定不变的，并思考在这个具体的食物网中，分解者起什么作用以及它们是怎样加入这个食物网的。

鹰（三级消费者、第四营养级）

草	→	昆虫	→	青蛙	→	蛇	→	鹰
生产者	→	初级消费者	→	次级消费者	→	三级消费者	→	四级消费者
第一营养级	→	第二营养级	→	第三营养级	→	第四营养级	→	第五营养级

②"生态系统的功能"的学与教。生态系统作为一个开放系统，不仅具有

一定的结构，而且总是与它所处的环境不断进行着物质交流、能量转换和信息传递。能量、物质、信息三位一体，将生态系统的各个组成成分联系为一个统一的整体，其中信息传递还具有调节生态系统稳定性的作用。

"能量流动"的教学可以按照"问题探讨→定性分析→定量分析→应用规律"次序展开。首先要设置问题情境，以激发学生的探究兴趣。如人教版中的"探讨在孤岛上的生存策略问题"，就极具思考价值。如果考虑到内容之间的连续性，也可以借助上述食物链提出问题：为什么食物链上一般不会超过五个营养级？而且鹰的数量远比草或昆虫的数量少？从而引导学生对能量流动的过程进行定性分析（见图2-10），其中特别要考虑能量被利用和未被利用等多方面的能量值，细胞呼吸过程能量的释放、转移与种群水平的能量散失、储存之间的关系。

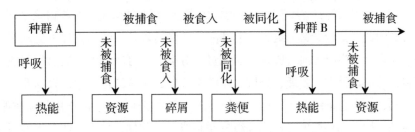

图2-10　能量流动定性分析

能量在生态系统中是如何流动的，仅仅作定性分析是不够的，必须基于科学实验，用实验数据来说明问题，由此引出林德曼等人的定量研究。定量分析重点应放在如何整理数据、分析数据，进而得出科学结论上。教师要引导学生用数据来计算相邻营养级之间的能量传递效率，归纳能量流动的特点。

如何根据能量流动规律来调整生态系统中的能量流动关系，以满足人类的需求，是一个必须解决的现实问题。解决这个问题，可以从分析"桑基鱼塘"着手，重在领悟能量多级利用和物质循环再生这条生态学的基本原理是如何指导生态农业的，还可以让学生设计一个改进"桑基鱼塘"的方案，使能量更充分有效地得到利用。"调查或探讨一个农业生态系统中的能量流动"是具体内容标准中的一个活动建议，具有多重教育价值。不仅能够促使学生了解生物科学知识在农业生产中的应用，认识生物科学的价值，正确理解科学、技术、社会之间的关系，而且还能培养他们勇于实践的科学精神和科学态度，增强其运用生物科学知识和观念参与社会事务的讨论的能力。因此，我们要落实好这项活动。

"物质循环"可以按照"问题探讨→碳循环过程→物质循环概念→物质循环

与能量流动区别与联系→温室效应"展开教学。其中，物质循环与能量流动的关系是教学难点，可以通过图解的形式，也可以通过讨论、列表比较来学习能量流动和物质循环的关系。不论哪种形式都应该让学生把握以下要点：①能量流动和物质循环是生态系统动态变化过程中的两个方面（即一个过程的两个方面，而不是两个过程），两者是同时进行的，彼此相互依存，不可分割；②能量流动和物质循环的性质不同，能量流动是单方向的，物质是循环的；③能量流动和物质循环都借助于食物链和食物网进行；④生态系统中的各种组成成分，正是通过能量流动和物质循环，才能够紧密地联系在一起，形成一个统一的整体。"温室效应"是学生比较感兴趣的一个话题，可以让学生探讨温室效应形成的原因、后果及缓解对策。

"信息传递"主要是基于对生物现象的描述，学生可以通过分析讨论来理解这些内容。因此，分析资料、组织学生讨论是良好的教学策略。教师可提示学生从物理、化学、行为等方面对所举的实例进行分类，也可以让学生通过网络查询相关资料，并对资料进行整理、分析。在学生分析、讨论的过程中，教师要引导学生认识到，在生态系统中，信息传递的方式是多种多样的，它的作用与物质循环、能量流动一样，都是把生态系统各组分联系成一个整体，并且有调节生态系统稳定性的作用。同时，要说明生物间的信息传递是长期进化的结果。

③"生态系统的稳定性"的学与教。自然生态系统几乎都属于开放系统。开放系统必须依赖于外界环境的物质和能量的输入，一旦输入停止，系统就失去了原有的功能。当能量和物质的输入大于输出时，生态系统处于不断发展阶段，表现为种群数量、种类增加，营养结构不断完善；当能量和物质的输入等于输出时，标志着生态系统已经成熟，达到稳态，其种群的数量比例、种类组成相对稳定，具有典型、完善的食物链。因此，稳态是生态系统的结构和功能二者相互协调的外在表现，是生态系统发展到一定阶段时，结构与功能的综合状态。生态系统的稳定性则是生态系统内部的综合调控能力。因此，生态系统的稳态和稳定性是两个不同的概念，教师应让学生认识到这种区别，同时还要把握二者间的联系，即只有当生态系统达到稳态时，才能形成完善的营养结构，从而使生态系统具有一定的稳定性，生态系统稳定性的作用正是为了保持或恢复生态系统的稳态。

负反馈调节的原理是该部分内容的教学重点。学生掌握原理要以事实为基础，因此，有效的教学策略是实例分析法。如提出实例问题：①适度捕捞后，池塘中鱼的种群数量为什么不会减少？②为什么森林中害虫数量不会持续大幅度增长，即所谓"有虫不成灾"？而人工林却经常发生害虫大爆发？③森林局部大火过后，为什么植株能较快生长？这三个实例分别代表了种群内部、群落内部、群落与无机环境之间的负反馈调节。教师要引导学生讨论生态系统是如何通过自我调节达到稳态的，以及这种自我调节的基础是什么。画出实例②的调节图解（见图2-11），以深刻理解负反馈调节的过程和原理；通过比较天然林与人工林的害虫发生程度，得出"多样性导致稳定性的生态学原理"（见图2-12），并从中深刻认识保护生物多样性的重要性，进一步增强生态学意识。

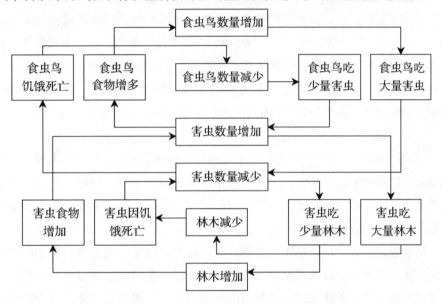

图2-11 以食物链为结构基础的负反馈调节

图2-12 多样性导致稳定性

抵抗力稳定性与恢复力稳定性的概念是该部分内容的教学难点。可以列举实例加以说明并剖析概念要素帮助学生深化理解。"抵抗力稳定性"核心是"抵抗干扰，保持原状"。"干扰"是指破坏稳定状态的外界因素；"保持"是指与干扰同时表现的系统内在的自动调节能力。"恢复力稳定性"要强调其核心是"遭到破坏，恢复原状"。"破坏"是指受外界因素影响使生态系统较远地偏离了原来的稳定范围；"恢复"是指外界因素消除后，生态系统重新建立稳定状态。

"设计并制作小生态瓶"是具体内容标准中的一个活动建议，教师可以参考《普通高中生物课程标准（实验）解读》① 中相关案例去实施。

三、假说与演绎

"观察—归纳"和"假说—演绎"是生物科学发展史中所采用的两种重要的科学思维方法。细胞学说、生物进化理论的建立基于科学家对大量事实的占有，众多现象的观察、分析和归纳，而遗传定律的发现则归功于孟德尔采用了"假说—演绎"的科学方法。后者与培养学生科学探究能力的关系更为密切，因为构想假说需要大胆设想，演绎推理需要缜密思维，验证假设则需要设计实验、寻求证据、进行论证。因此，我们有必要弄清"假说—演绎"法的基本内涵，以便在教学设计时能够凸显其方法论的价值，提高学生的科学探究能力。

（一）"假说—演绎"方法的基本内涵

"假说—演绎"是现代科学研究中常用的一种科学方法。其基本内涵是在观察和分析的基础上提出问题，之后通过推理和想象提出解决问题的假说，根据假说进行演绎推理，再通过实验检验演绎推理的结论。如果实验结果与预期结论相符，就证明假说是正确的；反之，则说明假说是错误的。

科学假说是科学理论发展的思维形式，是人们根据已经掌握的科学原理和科学事实，对未知的自然现象及其规律性，经过一系列的思维过程，预先在自己头脑中做出的假定性解释。就其组成而言，包含已知事实和推测性假定两种基本成分。假说通过这两种成分的搭配明确问题解决途径，在条件与结果之间建构设想。例如，孟德尔提出的遗传因子假说的构成如图 2 - 13 所示。

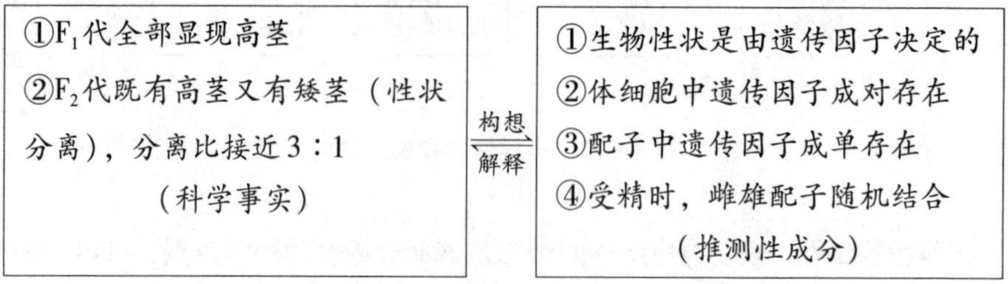

$$\boxed{\begin{array}{l}①F_1代全部显现高茎\\②F_2代既有高茎又有矮茎（性状\\\quad 分离），分离比接近3:1\\\quad\quad\quad\quad\quad（科学事实）\end{array}}\xrightarrow[解释]{构想}\boxed{\begin{array}{l}①生物性状是由遗传因子决定的\\②体细胞中遗传因子成对存在\\③配子中遗传因子成单存在\\④受精时，雌雄配子随机结合\\\quad\quad\quad\quad（推测性成分）\end{array}}$$

图 2 - 13

---

① 刘思山，王忠主. 普通高中生，课程标准（实验）解读 [M]. 南京：江苏教育出版社，2004.

作为一种正确的假说，不仅要能够解释已有的实验结果，还必须要能预测另一些实验结果，即除了解释性条件外，还必须有预见性条件。如果由假说作出的科学预见得到实际的证实，那么就标志着假说已经转化为理论。就假说能否预见未知事实与能否解释已知事实相比较而言，前者是假说具有真理性的更有力的证明，当然，这更能作为假说是否转化为理论的鲜明标志。[1] 那么，怎样根据假说去预见未知的事实呢？这需要根据假说进行演绎推理，再通过实验检验演绎推理得到的结论是否正确。

孟德尔根据遗传因子假说进行了演绎推理，并设计测交实验对推理过程及结果进行验证，如图 2 – 14 所示。

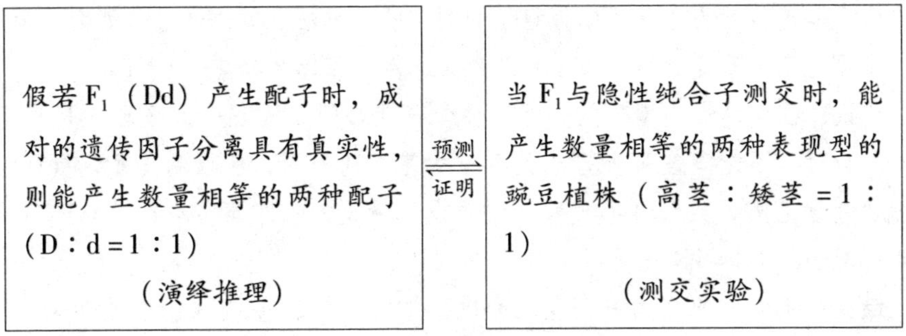

假若 F_1（Dd）产生配子时，成对的遗传因子分离具有真实性，则能产生数量相等的两种配子（D：d = 1：1） （演绎推理）	预测 证明	当 F_1 与隐性纯合子测交时，能产生数量相等的两种表现型的豌豆植株（高茎：矮茎 = 1：1） （测交实验）

图 2 – 14

(二)"假说—演绎"方法的教学策略

既然假说是在已知科学事实和科学知识的"土壤"中诞生的，是科学性和假定性的统一，教学时就可以引导学生剖析假说的构想过程。例如，孟德尔提出遗传因子在生物的体细胞中是成对存在的，并且显性遗传因子对隐性遗传因子具有显性作用，是基于哪些实验现象做出的假设？控制隐性性状的遗传因子在 F1 代体细胞中消失了吗？为什么子二代中隐性性状又出现了？由此，学生自然会联想到 F1 自交后代中出现了隐性性状，所以在 F1 体细胞中必然含有隐性遗传因子；而 F1 表现的是显性性状，因此 F1 体细胞中的遗传因子应该是 Dd，并且显性遗传因子对隐性遗传因子具有显性作用。隐性性状之所以在子二代又出现了，是因为在 F1 细胞中 D 与 d 保持各自的独立性，没有相互混杂和融合，当 F1 产生配子时成对的遗传因子彼此分离，分别进入不同的配子中，当含有 d 的雌雄配子相遇时就会出现隐性性状。如此剖析假说的构想过程有利于学生思

---

[1] 刘大椿. 科学哲学 [M]. 北京：人民出版社. 2004：71—78.

维的磨炼、智慧的增长，解除他们对假说的神秘感。

演绎是在假说的基础上所做的一种逻辑推理。例如，如果 F_1 Dd 在产生配子时，成对的遗传因子的分离具有真实性，则必然会产生数目相等的两种配子。那么怎样通过实验来证明这一推论呢？在讲授"测交"实验时，有两种教学方案可供选择。

[**方案一**] 先向学生介绍孟德尔曾选用让 F_1 与隐性纯合子进行测交的实验，并让其根据孟德尔的假设进行演绎推理，对测交实验结果做出预测，并画出相应的遗传图解。然后向学生呈现孟德尔的测交实验结果，引导学生尝试根据测交后代的表现型及其比例，推知 F_1 的配子种类及其比例，进而推知 F_1 的基因组合方式及其遗传行为，从而掌握科学的测交验证方法。其论证过程如下所示。

证据： 测交子代（Ft）表现型及数量比例（高茎：矮茎=1:1）。

论证： 因为隐性类型只能产生一种含隐性基因 d 的配子，当其与 F_1 产生的配子结合时，不能掩盖 F_1 所产生的配子中基因的作用，所以测交子代（Ft）表现型及数量比例真实反映了 F_1 配子种类及数量比例，即高茎：矮茎=1:1→F_1 产生的配子 D:d=1:1。

结论： ①F_1 是杂合的基因型（Dd）；②F_1 的等位基因保持各自的独立性；③产生配子时等位基因 D 与 d 分离。

[**方案2**] 先让学生根据孟德尔的推理，领悟到性状分离的根本原因在于等位基因的分离，然后向学生提供三种验证方案：①F_1 Dd×DD；②F_1 Dd×F_1 Dd；③F_1 Dd×dd。由此，引导学生通过比较、讨论选出最佳方案，以验证 F_1 产生配子时等位基因分离的真实性，从而领悟测交实验的设计原理及其巧妙性。其分析过程如下。

①F_1 Dd×DD 不能验证假设，因为 DD 产生一种含显性基因 D 的配子，当与 F_1 所产生的配子结合时，能够掩盖 F_1 所产生的配子中基因的作用，所以不能根据杂交后代的表现型及数量比例来推测 F_1 所产生的配子种类及数量比例。

②F_1 Dd×F_1 Dd 不能验证假设，因为孟德尔正是根据该自交实验的结果（出现性状分离），提出了 F_1 代在产生配子时成对的遗传因子分离的假设。如果让 F_2 代的高茎豌豆进行自交，F_3 代仍出现性状分离，可以验证等位基因分离的真实性。

③F_1 Dd×dd 能够验证假设，因为 dd 只能产生一种含隐性基因 d 的配子，当与 F_1 所产生的配子结合时，不能掩盖 F_1 所产生的配子中基因的作用，所以能够根据杂交后代的表现型及数量比例来推测 F_1 所产生的配子种类及数量比例。

"假说—演绎"作为一种科学的思维方法，其核心环节在于建立假设、基于假设的逻辑推理及其验证。在设计教学方案时应锁定上述核心环节，尽量还原科学发现的本来面目，不能以现代科学的已知事实去代替或冲淡原本对假设及其推理的预测和求证。例如，根据现代细胞遗传学的研究，等位基因位于同源染色体的同一位置上，在减数分裂过程中随着同源染色体的分开而分离，这已是不争的事实。但是如果以此代替或冲淡对测交实验的设计和分析，将不利于学生探究能力的培养。所以，教学时还是将"等位基因随同源染色体的分开而分离"移到测交实验的后面，作为验证假说的一个现代证据并揭示分离定律的实质比较恰当。

（三）还原经典实验路径，建构科学思维模式

2017 版《普通高中生物学课程标准》明确提出，高中生物教学以发展学生核心素养为宗旨，高度关注学生学习过程中的实践经历。那么，如何在课堂教学中落实课标这一要求呢？我们结合"基因在染色体上"一节课的教学，进行了有益的尝试。

现行人教版教材用了很大篇幅介绍了摩尔根杂交实验的科学史，但对实验的关键环节却做了简单处理，致使教师在运用科学史组织教学时出现了一些困惑。我们通过查阅相关资料对此做了必要的补充和解释，尽量还原了经典实验基本路径，将"科学思维"训练融入"科学探究"过程，引导学生积极参与到探究性学习活动中，收到了良好的教学效果。

1. 对"果蝇杂交实验"中关键问题的思考

（1）关于"假设"的提出。

教材提到，"摩尔根及其同事设想，如果控制白眼的基因在 X 染色体上，而 Y 染色体不含有它的等位基因，上述遗传现象就可以得到合理解释"。但摩尔根做出假设的依据是什么呢？

传统教学通常采用"假设—排除"的思维模式。即对于白眼基因在染色体上的位置做出三种假设：一是仅位于 Y 染色体上；二是仅位于 X 染色体上；三是位于 XY 染色体的同源区段。其中，由于 F1 代红眼雄果蝇的出现，否定了假设一；又根据反交后代出现了红眼雌果蝇和白眼雄果蝇两种表现型的实验结果，否定了假设三。从而得出"白眼基因仅位于 X 染色体上"的结论。事实上，在 20 世纪初，关于性别决定的研究才刚刚开始。虽然在显微镜下观察到了决定性别的 X 与 Y 染色体，但摩尔根在最初对于杂交实验的解释中并没有涉及 Y 染色体，只是提到了白眼基因与"性别决定因子 X"相联系，更没有提到"同源

区段"。所以"假设—排除"的思维模式是不符合科学事实的，并且在分析过程中没有说明摩尔根设计纯合白眼雌果蝇和纯合红眼雄果蝇的杂交实验的目的，因而导致推理环节的缺失。

其实，教材对于"假设"的提出依据是有描述的："由于白眼的遗传和性别相联系，而且与 X 染色体的遗传相似，于是，摩尔根及其同事设想……"什么叫作遗传相似呢？摩尔根在得到了 F_2 代果蝇之后，再让 F_2 近交获得了白眼果蝇的纯系，说明了白眼基因不是只与雄性相关。为了证实白眼基因与性染色体的关系，随后他进行了针对亲本杂交实验的反交实验（见图 2-15）。

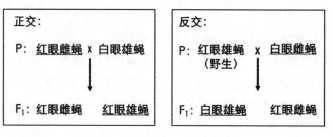

图 2-15 亲本杂交实验的正交与反交

正交与反交结果的不同为基因位于性染色体上或者和性别相关提供了有利证据。同时，摩尔根敏锐地注意到，在反交实验中白眼突变性状遗传方式的特殊性：只能从母亲遗传给儿子而绝不会从父亲传给儿子，即"交叉遗传"。而已有的研究表明，X 染色体也只能从母亲遗传给儿子而绝不会从父亲传给儿子（见图 2-16）。白眼基因与 X 染色体在行为上存在平行关系，即遗传相似。于是摩尔根大胆提出：控制果蝇眼色的基因仅位于 X 染色体上。[①]

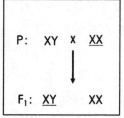

图 2-16 性别遗传

（2）关于"验证"的实验设计。

教材提到，"后来，他们又通过测交等方法，进一步验证了这些解释"。那么，摩尔根是如何进行测交的呢？多数学生设计出的实验方案均沿用孟德尔了的验证思路：用 F_1 代雌性个体与隐性纯合子进行交配（见图 2-17）。实验结果符合预期即说明假设正确。但是，测交的结果真的可以说明"白眼基因位于 X 染色体上"的假设吗？

---

① T. H. Morgan. Sex-limited inheritance in Drosophila [J]. Science, 1910, 32: 120—122.

图 2 - 17　测交一

测交后代出现性状分离且红白眼比例为 1 : 1，可以说明 F_1 代个体是杂合子，在产生配子的过程中由于等位基因分离从而产生了两种比例相等的配子，即验证了孟德尔的遗传分离定律。但是摩尔根需要验证的并不是基因分离，而是白眼基因只位于 X 染色体上。由于测交后代红眼果蝇和白眼果蝇中雌雄比例均为 1 : 1，因而不能证明白眼基因与 X 染色体相关。

事实上，摩尔根将子一代和子二代的果蝇全部进行了测交实验。在测交实验中，最能说明问题的是测交二和测交三的结果。

在测交二中，测交后代出现性状分离且与性别相关（见图 2 - 18）。这可以说明，F1 代红眼雄蝇为杂合子，且白眼基因与性染色体相关。但是白眼基因的定位无论是在 X 染色体上还是 XY 染色体都有均可以解释测交后代的表现。摩尔根进一步将测交二与反交实验进行了对比，反交实验的红眼雄蝇是纯合子，显性纯合子和隐性纯合子杂交的结果应该全部为杂合子，但却出现了和测交二一样的结果，这可以证明无论是野生型红眼雄蝇纯合子还是红眼雄蝇杂合子，红眼基因都只有一个，且位于 X 染色体上。

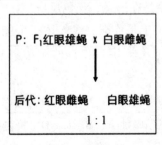

图 2 - 18　测交二

测交三中，由于红眼雌蝇的基因型不止一种，所以需要将 F_2 红眼雌蝇与白眼雄蝇做单对交配，分别统计。测交的结果是在单对交配后代一半表现为结果一，一半表现为结果二（见图 2 - 19）。我们设想如眼色基因位于常染色体上，F_2 红眼雌蝇中纯合子与杂合子的比例应为 1:2，在单对交配后应该 1/3 表现为全部红眼，2/3 表现出性状分离；只有将白眼基因定位于 X 染色体上，F_2 红眼雌蝇中纯合子与杂合子的比例才会为 1:1，测交后的两种结果各占一半。所以，测交三的实验结果是可以证明白眼基因位于 X 染色体上的。

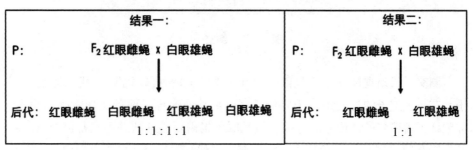

图 2 - 19　测交三

2. 果蝇杂交实验教学中科学思维模式的建构

（1）归纳推理模式建构。

教材提到，"他将看不见的基因与看得见的染色体行为进行类比，根据其惊人的一致性，提出基因位于染色体上的假说"。此即应用了类比推理的思维方法。

类比推理是根据两个或两类对象在某些属性上相同或相似，而且已知其中的一个或一类对象还有其他属性，从而推出另一个或另一类对象也具有同样的其他属性的思维过程。例如，线粒体从被发现以来直到 20 世纪 20 年代，生物学家就注意到它与细菌无论是在形态、染色反应、化学组成，还是在物理性质、活动状况方面都非常相似。于是，推测线粒体很可能也像细菌那样含有 DNA，能进行自我复制，是一种具有一定自主性的结构。可见类比推理的思维模式在于：

对象甲	属性 A、B、C、D、E
对象乙	属性 A、B、C、D，推测有 E

但是，依据同源染色体行为与等位基因行为的相似性，萨顿并未推测等位基因或者染色体的行为还可能存在哪些行为，而是对同源染色体和基因之间的关系做出了推测，这不应属于类比推理的范畴。

类比推理属于科学推理，而科学推理还有演绎推理、归纳推理两种形式。

两类事物的表现形式如果具有时序性、共存性和共变性，可以推测二者之间存在因果关系，这应属于归纳推理的范畴。

所以，由染色体行为与基因行为共存共变，可以推测二者之间存在因果关系；由白眼基因与 X 染色体在遗传上均有交叉遗传的特点，可以推测白眼基因和 X 染色体之间存在因果关系。

由此可见，归纳推理中共变法的思维模式在于：

$$\boxed{对象甲}\ 共存共变\ \boxed{对象乙}$$
甲乙之间存在因果关系

（2）"假说—演绎"模式建构。

教材在"遗传因子的发现"中明确提及了"假说—演绎"法在其中的应用，但事实上，"假说—演绎"法亦可将"果蝇杂交实验"的科学研究过程得以较为全面地还原，即情境真实再现、问题步步紧逼、逻辑环环相扣。

"果蝇杂交实验"的教学流程图如图 2 – 20 所示。

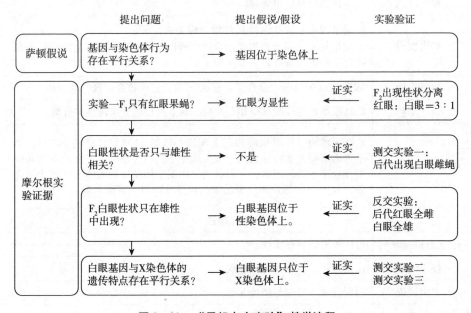

图 2 – 20　"果蝇杂交实验"教学流程

表 2 – 4

探究问题一	
事实分析与观察	染色体行为和基因行为存在平行关系。

探究问题一	
提出问题	染色体与基因行为为什么存在平行关系呢?
提出假说	基因在染色体上。 共存共变的两类事物之间存在因果关系。而基因数量远远多于染色体数量的事实可以帮助推测出染色体行为可能是原因而基因行为是结果,即基因可能位于染色体上。

探究问题二	
事实分析与观察	摩尔根在 1910 年发现一只雄性果蝇是白色眼睛,而它的"兄弟姐妹们"都是红色眼睛,说明这一只白眼果蝇是一个突变体。为了把白眼基因留下来,摩尔根让这只变异的白眼雄性果蝇在临终前与野生红眼雌性果蝇进行杂交,但是杂种子一代全部为红眼果蝇。
提出问题	F_1 为什么只有红眼果蝇?
提出假说	红眼基因为显性基因即 F_1 红眼果蝇为杂合子。 摩尔根并不认同孟德尔遗传定律,所以基于孟德尔遗传定律的解释只能作为假说呈现并且需要实验验证。
演绎推理	如果 F_1 红眼果蝇为杂合子。那么 F_1 自交后应该会出现性状分离。
设计实验	F_1 红眼雌蝇与红眼雄蝇相互交配,观察后代是否出现性状分离。
实验结果及结论	F_1 红眼雌蝇与红眼雄蝇相互交配所得红眼 3470 只、白眼 782 只,如果考虑斯特蒂文特提出的白眼果蝇由于其遗传型决定了在幼虫期和蛹期死亡率较高的因素,可以认为红白眼个体的比例大体上接近于孟德尔比数 3:1,这说明红眼基因为显性基因即 F_1 红眼果蝇为杂合子。

探究问题三	
事实分析与观察	F_2 白眼果蝇只有雄性。
提出问题	白眼性状是否只与雄性相关?
提出假说	白眼性状不是只与雄性相关。
演绎推理	如果白眼性状不是只与雄性相关,那么可以通过交配获得白眼雌蝇。
设计实验	F_1 红眼雌蝇与白眼雄蝇交配(即测交一),观察是否能得到白眼雌蝇。 F_1 红眼雌蝇已经证明是杂合子,如果它和 F_2 白眼雄蝇交配那么有可能出现纯合的白眼雌蝇。
实验结果及结论	后代出现了白眼雌蝇,说明白眼性状不是只与雄性相关。

续表

探究问题四

事实分析与观察	白眼性状不只与雄性相关，但 F_2 白眼性状只在雄性中出现。
提出问题	为什么 F_2 白眼性状只在雄性中出现呢？
提出假说	白眼基因位于性染色体上。 基因型决定表现型，而性染色体的组成决定性别表现。表现型与性别相关可能是由于基因与性染色体相关。
演绎推理	如果白眼基因在性染色体上，那么白眼做母本或者白眼做父本（即正交反交）结果可能会不同。
设计实验	白眼雌蝇与野生红眼雄蝇交配（反交），观察反交后代个体表现型及比例。
实验结果及结论	正反交结果不同，说明白眼基因位于性染色体上。

探究问题五

事实分析与观察	通过进一步分析反交实验，摩尔根发现白眼性状的遗传方式表现为父亲的红眼传给了女儿，母亲的白眼传给了儿子，而 X 染色体的遗传也是如此表现的。
提出问题	白眼基因与 X 染色体的遗传特点为什么存在平行关系？
提出假说	白眼基因仅位于 X 染色体上。 共存共变的两类事物之间存在因果关系。
演绎推理	如果白眼基因仅位于 X 染色体上，那么白眼基因与 X 染色体的遗传是相偶联的。果蝇杂交实验可得以解释（写出遗传图解），并可以推理得到测交结果。

设计实验：测交实验：摩尔根对 F_1 和 F_2 的果蝇均进行了测交验证。

实验结果及结论：测交二和测交三的结果证明白眼基因仅位于 X 染色体上。

上述以问题解决为导向的科学思维（归纳推理和假说演绎）贯穿于整个科学探究过程。其思维模式如图 2-21 所示。

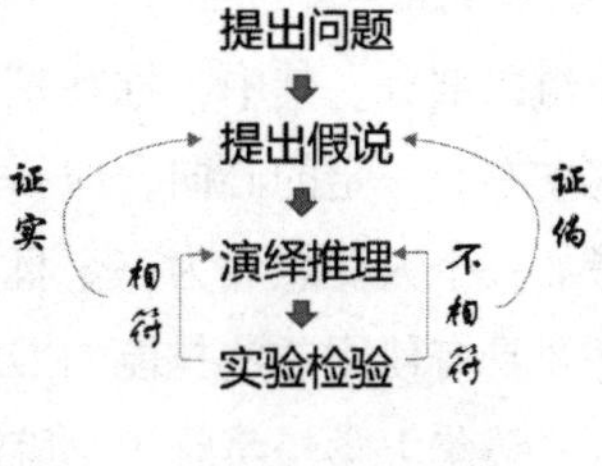

3. 教学感悟

"让学生经历真正的科学探究的过程"是科

图 2-21 科学思维的思维模式

学探究活动的本质。科学探究活动的核心环节是"提出猜想与假设"和"设计实验与验证",只有当学生真正参与了这两个环节,真正意义上的科学探究才得以产生。教师带领学生在原时代背景下,体验从科学家视角去发现问题,并一步一步逻辑缜密地解决问题的过程。教师在教学组织中可以更少地告知结论,而将重点放在事实与证据的提供、科学思维的引导上。这要求教师查阅资料、综合整理信息、整合应用于教学的能力逐步加强,同时对科学史中的科学思维方法有敏感认知并深入理解,这样才能抓住科学研究过程的"灵魂"并将其传递给学生。在此基础上的探究性学习活动过程不仅会从整体上提高学生的生物学素养,还为新情境下解决新问题奠定坚实基础。

四、批判性思维

批判性思维是指对"做什么"和"相信什么"做出合理决策的能力,包含批判精神和智力技能两个组成要素。培养批判性思维具有远期和近期双重效应,既有利于增强学生适应信息社会的能力,又有利于发展学生搜集和处理信息的能力、分析和解决问题的能力、交流与合作的能力,尤其有利于培育创新精神和创新能力。在生物学教学中,培养学生批判性思维能力的途径有三种。其一,发展独立意识,培育批判精神;其二,创设辩论活动,训练批判技能;其三,给予评价机会,提高评价能力。

《普通高中生物课程标准(实验)》明确提出要培养学生的批判性思维能力。那么,什么是批判性思维?培养批判性思维对学生的发展有何意义?如何培养学生的批判性思维?本书拟借鉴有关研究成果并结合生物学教学实际,对上述问题进行探讨,以期更好地落实课标要求,促进学生的全面发展。

(一)批判性思维的基本内涵

何谓批判性思维?教育心理学家恩斯(R. Ennis)于1989年提出,批判性思维是指对做什么和相信什么做出合理决策的能力。奥克斯曼—米其林(W. Oxman – Michelli)于1992年提出,批判性思维包括批判精神和智力技能两个组成部分。其中,批判精神包含着独立意识、头脑开放、尊重他人等因素,它左右着一定的心向,即一定的态度和倾向,激发或激活个人朝某个方向去思考。一个人要想成为一个批判性思维者,他不仅要获得批判性思维技能,而且还要具有使用这些技能的准备状态、意愿和倾向。

清华大学经济管理学院院长钱颖一教授认为,批判性思维的具有两层含义。第一,批判性思维是善于对通常被接受的结论提出疑问和挑战。无条件地接受专家和权威的意见不是批判性思维。第二，批判性思维又是用分析性、创造性、建设性的方式对疑问和挑战提出新解释，做出新判断。所以，批判性思维不是对一切命题都持否定态度。进一步说，批判性思维不是认为所有命题都同样有道理，且它能够判断哪个更有说服力。批判性思维既是一种能力，有别于知识，又是一种心智模式（mindset），是一种价值取向。第一层次的批判性思维是可以传授的，而且也可以测量。第二层次的批判性思维比较难教，但是学生仍然可以从周围的环境中学习和感悟。

目前，对于批判性思维应具备哪些技能还没有一个统一的认识，人们只是从不同的特定学科领域提出不同的看法。但通过比较这些不同的看法，可以概括出批判性思维技能应包括的一致性成分。即抓住中心思想和议题，判断证据的准确性和可靠性，判断推理的质量和逻辑的一致性，察觉出那些已经说明或未加明说的偏见、立场、意图、假设以及观点、评价价值和意义，预测可能的后果。

笔者认为，批判性思维与布卢姆教育目标分类中的评价是等同的，应建立在分析综合能力之上，即在分析综合的基础上，对有关见解、实验方案、解决问题的方案、过程和结果做出个人评价。

通俗地讲，批判性思维就是对所看到的东西的性质、价值、精确性和真实性等方面做出个人判断。如果说创造性思维是所谓的多谋，那么，批判性思维就是所谓的善断。进行批判性思维意味着像评论家和法官那样去审、查、判、断。

（二）培养批判性思维的意义

培养学生的批判性思维能力是信息社会的要求。在信息社会里，信息呈现"爆炸"态势，各种媒体，特别是互联网充斥着各种各样的信息，面对浩瀚、良莠不齐、真假并存的信息资源，人们必须学会选择和评价，从而有效地利用信息资源。信息社会还要求大家走出个人的小圈子，进行广泛地交流与合作。在交流与合作的过程中，学会尊重和倾听，从而随时识别他人的观点中所包含的立场、假设和谬误。

《普通高中生物课程标准（实验）》强调，培养学生的搜集和处理科学信息的能力、获取新知识的能力、分析和解决问题的能力、批判性思维的能力以及交流与合作的能力，重在培养创新精神和实践能力。其中，批判性思维能力与其他能力的养成有着密切的关系。搜集和处理科学信息时，首先应该评价信息的来源是否可靠、真实；获取新知识时，需要对新知识的产生过程进行反思；

分析和解决问题时，需要比较、权衡各种解决方案的优劣，判断推理的逻辑性，能够根据假设对结果做出预测；与他人交流合作时，应注意倾听别人的见解，以吸纳合理的成分，指出其中的不足；创新精神主要表现为既能够借鉴他人的研究成果，又能够超出现有的信息而产生一个新的观点。因此，培养学生的批判性思维能力，有利于促进其他能力的提高和发展。

批判性思维能力也是高考考试大纲所规定的能力要求。理科综合高考考试大纲所阐释的分析综合能力中，就包括"能够运用生物科学的知识，对有关见解、实验方案、解决问题的方案、过程和结果进行评价"。

总之，培养学生的批判性思维能力，既能够增强学生走向信息社会的适应能力，又有利于提升学生的整体能力，具有近期和远期双重效应。

（三）培养批判性思维的途径

基于批判性思维的组成要素，培养学生的批判性思维应锁定培育批判精神，训练批判性思维技能两个方向，并贯穿于知识和技能的获得、情感态度与价值观的养成过程中。

1. 发展独立意识，培育批判精神

批判精神的核心要素是独立意识和独立思维能力。爱因斯坦说过："发展独立思考和独立判断的能力，应当始终放在首位，而不应当把获得专业知识放在首位。"独立意识和独立思维能力就是用自己的头脑来评判权威（教材权威、教师权威、优等生权威等），指出权威的不足和缺陷，体现敢于超越、敢于向权威较劲的勇气和自信。

学生能否敢于批判，首先取决于是否有一个宽松、和谐、民主的课堂氛围。在严肃、沉闷、专制的课堂氛围中，学生的主体意识受到强烈的压制，他们不敢发表自己的见解，只能依附于教师和教材，导致自身主体意识严重缺失，问题意识也变得淡漠。因此，教师必须除去外表的威严，与学生平等交流，在对话与交流中实现生生之间、师生之间的相互评价，从而促进学生独立意识的萌发和发展。

尊重他人也是批判精神的组成要素。尊重他人，首先要学会倾听。只有认真听取别人的见解，才能对别人的观点做出客观、公正的评价。而在实际课堂教学中，往往是言者无气，听者无心。究其原因，一是言者底气不足，自信不强；二是听者深知评价权紧握在教师手中，教师的提问与评价也只是为了索取其所要的答案，学生没有或很少有机会参与评价，自然是"听者无心"。另外，批判并非仅仅是指出别人的错误或缺陷，还应该善于发现与吸纳他人的成功的、合理的地方。而在实际教学中,评价者往往只是找错误、挑毛病,而对其中的新颖的设想、合理的论证则置若罔闻。上述现象给我们的启示是,教师应该把评价权下放给学生,为他们提供发展批判精神,训练批判性思维技能的机会,最终达到"言者有气,听者有心,评者有理有据,听者心悦诚服",从而达到相互促进、相互学习的教学功效。

2. 组织辩论活动,训练批判技能

组织辩论活动,是训练批判性思维技能的极好形式。辩论就是"偏偏与对方作对",向对方的观点发起大胆、彻底、全面的质疑、评判和批驳。通过辩论,可以有效地克服求同性、呆滞性等思维弱点,从而有利于发展批判性思维能力。开展辩论活动,应选择那些具有迷惑性、两难性、挑战性的问题作为辩论的主题,以激发学生辩论的欲望。例如,在学习细胞的结构和功能时,组织正反双方辩论。正方认为,细胞核是最重要的细胞结构,因为它是遗传和代谢的控制中心;反方则认为,细胞质是最重要的结构,因为它是新陈代谢的主要场所,能为细胞核代谢提供物质和能量。辩论时,教师要提醒学生抓住对方的中心思想和议题,判断证据的准确性和可靠性,判断推理的质量和逻辑的一致性。这样,通过辩论,不仅训练了学生的批判性思维技能,而且使他们认识到细胞核与细胞质是相互依赖、分工协作的,细胞只有保持结构的完整性,才能完成各项生命活动。类似的辩论主题还有很多。又如,克隆羊的性状是否与提供乳腺细胞核的那只母羊完全一致?基因突变在自然条件下发生的频率很低,而且多数是有害的,而在生物的有性生殖过程中基因重组发生的频率却较高,谁是生物变异的根本来源?

3. 给予评价机会,提高评价能力

理科综合高考考试大纲把评价能力归为分析综合能力,实际上,评价能力应建立在分析综合能力基础上,或者说评价能力是一项最高层次的分析综合能力。进行评价需要启用已掌握的科学知识、解决问题的方法和策略,对别人的有关见解、实验方案、解决问题的方案、过程和结果进行分析、综合和评判。因此,拥有一定的科学知识、解决问题的方法和策略,是进行科学评价的重要前提。例如,假若学生不知道必需矿质元素的含义和鉴定方法,就无法评价"验证镁元素是否为植物必需元素"的实验方案的优劣。而评价能力的发展,反过来又会进一步促进学生去获取知识,形成能力。因此,发展批判性思维能力与获取知识和技能是互为因果、相辅相成的。

高中生物学教材中有很多知识适合作为评价的主题。例如,你如何评价真核细胞是由原核细胞进化而来的这一观点？既然血糖是提供能量的，血糖越多，能量供应就越充足，血糖含量不是越高越好吗？对此你持什么观点？你的论据是什么？既然细胞越小，细胞表面积就越大，细胞的物质运输的效率就越高，细胞体积不是越小越好吗？关键是教师要善于发现、挖掘这些知识点，并将其组织成适合学生评价的主题。

传统教学很少关注学生的评价能力，似乎评价只是教师的专利。对于学生的回答，不是发动学生进行相互评判、补充和修正，取而代之的是教师那种"对或错"式的独家评价，且很少涉及"对在哪里，错在哪里"；对于科学家设计的经典实验，很少让学生去反思其中的巧妙，去评判证据是否充足、真实，推理是否缜密，论证是否充分，结论是否合理、可靠；对科学家的成功，也很少让学生去归因；对教材中的实验，通常是让学生按现成的程序去做，很少让学生去评价操作步骤的合理性和存在的缺陷。例如，按照《试验修订本·必修》中"探究温度对酶活性的影响"的实验方案操作，实验结果与预期不符。教师就可以引导学生对此进行评价，找出导致实验失败的原因，并提出改进措施。

总之，为了培养学生的批判性思维能力，教师首先要转变观念，把评价权下放给学生，把评价的机会让给学生，让学生学会评价，在评价中得到发展。

五、创造性思维

科学探索是一种创造性。创造性应包含三个要素：创造性精神、创造性思维和创造性能力。前两个要素就对应着批判性思维的两个层次：创造性精神是一种心智模式，而创造性思维是一种思维能力和方法。创造性精神更多地表现在想什么，创造性思维表现在怎么想，而创造性能力则表现在怎么干。具体地讲，要有创造性，就要想别人没有想过的，用非常规的方式想，用创新的路子去干。

培养创新型人才必须依靠创新型教学，因为创新型教学是对传统教学的扬弃、改造、突破和发展。首先，传统教学以教师的"教"为主，而创新型教学以学生的"学"为主；其次，传统教学以传授知识为主，而创新型教学以开发智力和创造力为主；再者，传统教学注重教给学生现成的、唯一答案，而创新型教学强调引导学生探索新的、众多答案以及了解科学知识的产生过程；最后，传统教学重视学生的学习结果，而创新型教学则注重学习的过程，注重培养学生的学习方法、思维方式和学习能力。基于以上对两种教学模式的剖析比较，现提出如下基本策略，以期对开展生物学创新型教学有所引导。

（一）重动机激发

学生学习兴趣的激活和维持，思维的启动和运演在很大程度上取决于学习动机强度的高低。在生物学教学中，如何刺激学生的创造热情呢？首先要求教师站在培养学生创造能力的思想高度去审视教材，善于挖掘教材中所蕴含的创造因素和智力价值，以此激发学生的创造动机。教师可以把教材中一些现成结论，通过创设一定的创造情境还原为学生独立探索创新的过程。

例如，在讲"单倍体人工诱导"时，就可创设情境。单倍体在自然条件下是由未受精的卵细胞偶尔发育而成的，虽然它植株矮小瘦弱且高度不育，但因其只含有一套染色体，易使基因纯合，故在育种上具有极大的潜力，试设计一种大量培育单倍体植株的实验方案。如此组织教学，就能有效地激发学生的创造思维，促使他们大胆设想、善于类比、乐于尝试，其求异思维的运演轨迹如图 2 - 22 所示。

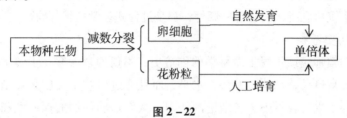

图 2 - 22

再如，生长素是果实正常发育所必需的，怎样利用它培育无子番茄呢？此外，还可采用直观激趣，设疑激趣的方法来激发学生的创造动机。

（二）重启发诱思

创造能力是以创造思维能力为核心，把已有知识、方法和现有信息结合起来，进行同化、顺应或改组、创新，提出解决问题的新思路、新策略的一种综合能力。创造离不开思维，尤其是发散思维。因此，教师要致力于"启"，以引起学生的"发"。启，即开导、启迪。教师要通过精炼、生动的讲解，引导学生逐步接近知识的内核。此时，教师讲授知识的高超艺术和水平，不在于如何准确、完整、系统地把知识教给学生，而在于能否根据学生个性发展的特点，激发学习动机，让学生沿着思维的阶梯，自觉地发现、掌握知识，从而调动他们潜在的勇气、胆识，培养他们探索创新的能力。发，即发散，发展。在教师的引导下，学生自觉、主动地叩开知识大门。例如，测交是孟德尔设计的一种鉴定杂种内等位基因遗传行为的实验方法，其匠心独运之处蕴含着科学家那缜密的逻辑推理和丰富的创造因素。为使学生深刻理解测交实验的设计原理，教学时不妨引导学生参与再创造。可以让学生运用已知的杂交实验原理，从亲本

DD、dd 及 F_1Dd 中选择最佳杂交方式，来检验 F_1Dd 产生配子时等位基因分离的真实性。学生自行设计的方案有：①Dd × DD；②Dd × dd；③Dd × Dd。然后让他们相互讨论，各抒己见，确定最佳方案为方案②Dd × dd，即测交。教学实践表明，对某个问题展开讨论，不仅可以活跃课堂气氛，而且还能促使学生思维的独创性和批判性得以锻炼和发展。

（三）重过程探索

在生物学创新性教学中，我们既要重视知识结果的教学，又要重视过程探索，把"过程"中蕴含的智力价值充分展现出来，以培养学生观察、思维、猜测、论证、实验等各项能力，最终促进其创造力的发展。怎样引导学生参与过程探索呢？我们不妨将教材中现成的结论，融入教师自身的智慧、体验以及文化积淀，还原为丰富多彩的创造思维活动。例如，引导学生对三联体密码子的理论推测，原生质层具有半透膜性质的论证，追溯现代基因概念的建立过程，剖析生态系统概念提出的思想精髓等，都是过程式教学的极好典范。

4. 重历史考察

生物学教师应该正视生命科学的创造史，不仅通过考察、了解生物学发展史，可以提高自己认识论和方法论水平，而且通过生物学史中重要结论的经典实验，引导学生对教材中重要结论的认识，从而培养他们的探究性和创造性思维能力。而现行教材只是把知识按照一定的逻辑顺序串联起来，很少展现生命科学发展的历程，这显然不利于进行创造性地教学。因此，我们需要特别重视对生命科学史的考查，尤其注重研究某些生物学概念和理论的构建、演化等，挖掘其中的思想因素和智力价值，融入具体教学中。例如，由人工选择到自然选择的类比思维训练，通过雄果蝇白眼的观察及系列实验来认识基因突变现象，发现伴性遗传规律，并建立基因位于染色体上的观点，都是在考察生物科学史基础上创造性教学。

5. 重思想方法

在教学中，教师不仅应让学生掌握基础知识，而且还要掌握产生这些知识的思想内涵和思维方式。掌握科学思维方法是生物学能力的重要体现，也是衡量个体生物学素质的重要标志。例如，结构决定功能的观点可以说是生物学第一定律。一定的结构决定着它执行一定的功能，而一定的功能又反映出其结构上的特点。首创 DNA 双螺旋结构的沃森和克里克，一开始就考虑如何把 DNA 的生物学功能与其结构统一起来，这有力地证明了科学思想对于创新发现所起的巨大作用。

第三章

"教什么"与"怎么教"

在教师的教学研究中，研究的主要是"怎么教知识"的问题。这个问题当然很重要，但是，以这个问题作为教学研究的全部或者主体，在客观上就决定了教师"匠人"的地位。课程专家决定"教什么知识"、教师决定"怎么教知识"这样一种格局，从总体上已经决定了教师在课程与教学中的执行地位。然而，对"教什么知识"缺乏思考和理解的教师是很难成为优秀教师的。

第一节 "教教材"与"用教材教"

"用教材教，而不是教教材"这个观念已被广大中学教师所认同，但在实际操作中，这却并非易事。下面通过具体的教学案例，对"如何用教材教"这一话题予以探讨。

一、"基因在染色体上"教学分析与设计

（一）教教材——映射出教师学科能力的不足

青年教师安于教教材，甚至不敢越教材雷池半步。新课导入习惯引用教材中的问题探讨："请你试一试，将孟德尔分离定律中的遗传因子换成同源染色体，把分离定律念一遍，你觉得这个替换有问题吗？由此你联想到了什么？"经此引导，学生异口同声地回答："基因在染色体上。"试想，基因在染色体上的科学推论是这么如此轻松地得出的吗？然后，教师让学生找出减数分裂过程染色体的行为与孟德尔遗传因子的行为之间的四项平行关系普通高中课程标准实验教科书生物必修2P27（人民教育出版社），并指出，萨顿运用类比推理的方法，将看得见的染色体与看不见的基因联系起来，将基因定位于染色体上。笔者认为，这种教学行为不是引导学生建立假说，而是在讲授假说。因为建立假

说需要根据已有信息进行大胆设想，显然上述教学过程剥夺了学生的联想、创造的机会，而代之以讲授和说教。况且，萨顿假说是类比推理的结果吗？类比推理是根据两个或两类对象在某些属性上相同或相似，而且已知其中的一个或一类对象还有其他属性，从而推出另一个或另一类对象也具有同样的其他属性的思维过程。例如，线粒体从被发现以来直到 20 世纪 20 年代，生物学家就注意到它与细菌无论在形态、染色反应、化学组成，还是在物理性质、活动状况方面都非常相似。于是，推测线粒体很可能也像细菌那样含有 DNA，能进行自我复制，是一种具有一定自主性的结构。到 20 世纪 60 年代初期，终于在线粒体基质中发现了 DNA，而且呈双线环状，与细菌 DNA 异常相似。而萨顿是依据在蝗虫的配子生成和受精过程中同源染色体行为与等位基因行为的共存性和共变性，推断出染色体是基因的载体，从而揭示了两者之间的因果关系。因此，萨顿的推理过程不属于类比推理，而是运用归纳推理中的共变法。[1]

　　如果说建立假说需要大胆设想，那么，检验假说则需要寻求证据，缜密论证。"摩尔根等人的设想可以合理地解释实验现象。后来他们又通过测交等方法，进一步验证了这些解释。"由此看来，教材为教师的创造性教学留下了足够的空间。如果囿于教材，教学设计就会停留在测交实验上，不能把关键性的图 3-1 中的实验 3 引入课堂。这样就会因证据不足，达不到通过缜密论证而得出合理结论的教学目的。

　　鉴于上述剖析，笔者认为，有些教师之所以停留在"教教材"的水平上，除了对教材权威顶礼膜拜之外，还有一个重要的制约因素在于学科能力的不足。正是因为专业知识的宽度与厚度不够，学科视野狭窄，只关注事实性知识和概念性知识的教学，不能从科学史中挖掘出事实、概念背后的方法性和价值性知识，才使得教学要么照本宣科，要么停留在对教材内容进行简单阐释上，缺乏对教学内容的再加工、再组织和再创造。因此，加强专业阅读，进行必要的学术探讨和研究，是提高学科教学能力的必由之路。换言之，学术是教学之本，必须坚持学科专业的学习与探索。

（二）"教什么"决定着"怎么教"

　　到底怎样用教材教？其实"怎么教"取决于"教什么"，教学内容规定着

---

① 郑春和. 萨顿对"基因在染色体上"的推理方式［J］. 生物学通报，2010，45（5）：28—30.

教学策略和方法的选择。"基因在染色体上"这节课的教学内容有三个方面：萨顿的假说、基因位于染色体上的实验证据、孟德尔遗传定律的细胞学解释。前两个方面的内容构成了一个完整的探究过程，第三个内容则属于"基因在染色体上"这一探究结论的应用。

既然是一个科学探究的过程，就应该让学生首先明确探究的问题是什么？能否根据所学的知识对未知的问题做出尝试性的解释？科学家又是怎样做出假说的？这样才能为学生提供构思假设的机会，从而达到磨炼思维、增长智慧的教学效果。

"大胆地假设，小心地求证"是科学探究过程的简化形式，道出了科学方法的重要特征。如果说大胆地假设还带有直觉的非理性的思维特征，那么小心地求证则更多地体现出科学的理性思维方式。理性的思维方法包括直觉思维基础上的逻辑推理，演绎和归纳是其基本的两条思路，重视观察和实验是其根本特征，数量化和精确化是其追求的目标。① 如果我们把教学目标锁定在培养学生的理性思维方式上，就应该带领学生走进摩尔根的精神世界中，从他对孟德尔定律普适性和萨顿假说的怀疑、对果蝇白眼性状如何遗传的好奇，到他如何根据果蝇性别决定的背景知识对伴性遗传现象做出假设，以及设计测交、反交实验进行检验等整个过程，都应该让学生亲历其中，最终让学生领悟并认同"科学是格物致知的一种途径，其基本特点是：以怀疑作审视的出发点，以实证为判断的尺度，以逻辑为辩论的武器"。

（三）思维训练是课堂教学的主旋律

中学学科教学能否取得成功的奥秘，在于教师是否教会学生学习和思维。因此，思维训练应当成为课堂教学的主旋律。

1. 构思假说环节的思维训练

教师提出的问题应该承上启下，要有历史的厚重感和独到的见解，以促使学生产生强烈的探究欲望。例如，孟德尔遗传分析的奇妙之处就在于他当时并不知道基因是什么，不了解基因究竟怎样控制性状，而是用抽象的符号——假设的遗传因子来分析豌豆杂交实验的结果，运用遗传因子的分离和自由组合的法则来预测杂交结果。在此过程中，不涉及任何关于基因的本质，以及它们在细胞中的位置。人们不禁要问，究竟遗传因子（基因）是虚拟的符号还是客观

---

① 刘德华. 点击学校课程——走在十字路口的科学教育 ［M］. 福州：福建教育出版社，
2001：15—16.

的实体？如果是后者，它们又与细胞内何种组成结构相对应？然后呈现同源染色体与等位基因、非同源染色体与非等位基因行为变化图片，鼓励学生对染色体与基因行为平行一致的现象做出大胆解释。当学生做出"基因可能在染色体上"的假设时，教师再做如下说明。1903 年，美国遗传学家萨顿（W. Sutton）通过对蝗虫精子形成过程中染色体变化的研究，提出了"遗传的染色体学说"，即"如果假定孟德尔遗传因子位于染色体上，就可十分圆满地解释孟德尔遗传的所有事实"。这样，通过现实与历史之间的链接，学生与科学家之间思维的碰撞，使其领悟：将细胞学和遗传学两个不同领域的研究成果联系起来往往会催生新的发现。

2. 检验假说环节的思维训练

科学崇尚实证。摩尔根带着他对孟德尔遗传定律和萨顿假说的怀疑，利用偶然发现的那只白眼雄果蝇，精心设计了系列杂交实验，不仅以确凿的事实证明了孟德尔定律的普适性和萨顿假说的正确性，而且首次发现了果蝇的伴性遗传现象，并最终把白眼基因定位于一条特定的 X 染色体上。因此，摩尔根的系列果蝇杂交实验是训练学生思维能力的极好素材。

对于实验①（见图 3 – 1），教师可提出如下两个问题，供学生分析和讨论。

实验 1	实验 2	实验 3
P：♀红眼 × ♂白眼 ↓ F₁：红眼雌、雄 1237 只 ↓⊕ F₂：红眼♀2459 只 红眼♂1011 只 白眼♂782 只	P：♀红眼 × ♂白眼 （来自实验 1 中 F₁） ↓ F₁：红眼♀129 只 红眼♂132 只 白眼♀88 只 白眼♂86 只	P♀白眼 × ♂红眼 （来自实验 2 中 F₁）（另一纯种） ↓ F₁ ♀红眼 × ♂白眼 ↓ F₂ 红眼♀ 红眼♂ 白眼♀ 白眼♂ 　　1∶1∶1∶1

图 3 – 1　摩尔根的果蝇系列杂交实验

问题：

①果蝇眼色性状的遗传是否遵循孟德尔分离定律？实验结果中还有哪些现象是分离定律所不能解释的？

②为什么 F₂ 中只有雄果蝇出现白眼？你能对这种伴性遗传现象做出解释吗？

问题：

①能够调动学生运用所学的分离定律对新的遗传现象进行分析，同时也能有效地训练观察能力，发现果蝇眼色的伴性遗传现象；

②则能激发学生的探究欲望，在教师提供果蝇性别决定等背景知识的前提下，自主构思假设，如假设1：白眼基因仅位于 Y 染色体上，假设2：白眼基因仅位于 X 染色体上，假设3：白眼基因位于 X、Y 的同源区段上。随后，假设1就被否定排除了，因为它无法解释 F1 红眼雄果蝇的出现，但假设2和假设3均能合理地解释实验1的现象。此时，教师应借机呈现摩尔根对实验1所做的分析及其假设："由于白眼的遗传和性别相联系，而且与 X 染色体的遗传相似，于是，摩尔根及其同事设想，如果控制白眼的基因在 X 染色体上，而 Y 染色体不含有它的等位基因，上述遗传现象就可以得到合理的解释。"这样，通过剖析科学家的思维过程，让学生领悟做出假设不是靠主观臆断、盲目猜测，而是根据拥有的知识、占据的事实等，对未知的问题或现象做出合乎逻辑的推断。

对于实验②（见图3-1），教师可以先让学生自行设计实验方案以检验摩尔根假设的真伪，并预期结果。然后，呈现实验结果，引导学生分析。

问题：

①孟德尔的分离规律能否圆满地解释实验2的结果？为什么？

②实验2的结果能否证明摩尔根假设的正确性？

绝大多数学生能够设计出测交实验方案，并认为测交实验结果能够证明摩尔根假设是成立的，这表明学生尚未真正理解测交实验的功能。测交后代中红眼：白眼 =1:1、雌蝇：雄蝇 =1:1，符合典型的孟德尔测交比例，证明了来自实验1的 F_1 代红眼雌果蝇能够产生数目相等的两种雌配子，因而属于杂合子（$X^W X^w$）。由于测交后代雌蝇出现了白眼性状，因而同时证明了原来那只白眼雄蝇是一个带隐性基因的纯合子（$X^w Y / X^w Y^w$）。因此，实验2的结果还不足以支持假设。

支持假设成立的关键是来自实验3（见图3-1）的结果：①F_1 代表现为交叉遗传现象；②当让 F_1 代的红眼雌蝇与白眼雄蝇互相交配，其结果和实验2F_1杂种回交（测交）结果一样。如何解释这些不同寻常的结果？实验3的结果无疑说明，白眼雄蝇无论是来自自然突变（实验1、实验2）还是来自杂交的后代（实验3）都是纯合子，而由两个纯种杂交得到纯合子的现象只有一种可能，即在雄蝇中，只能有一个白眼基因（$X^w Y$）。

如果把实验1看作是正交，那么实验3则是实验1的反交。若基因仅位于 X

染色体上，则正交与反交的结果不同；若基因位于常染色体上，或位于 X、Y 的同源区段上，那么，正交与反交的结果又将是怎样呢？学生通过分析就会发现（见图 3－1），当基因位于常染色体上，或位于 X、Y 的同源区段上时，正交与反交的结果相同，从而掌握正交与反交实验方法的用途。

为了帮助学生把握萨顿假说的提出及其验证过程，促进其思维活动的顺利运演，教师应该辅以板书（见图 3－2）。简明而有条理的板书，不同于 PPT 的“过眼烟云”，不仅实现师生之间的即时互动，而且能够剖析思维过程，记载思维轨迹，勾勒知识框架。

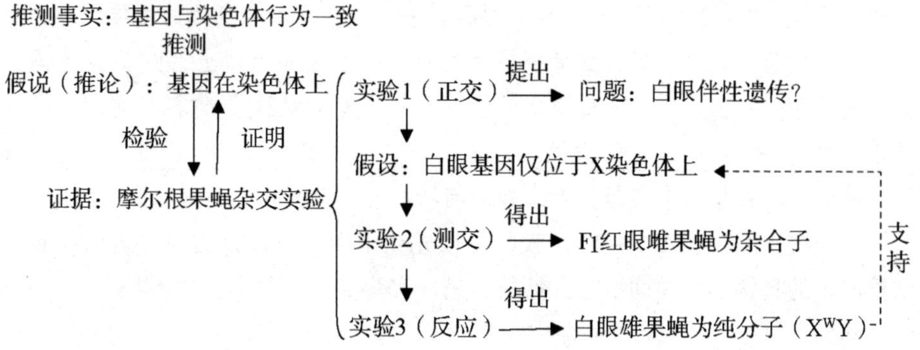

推测事实：基因与染色体行为一致
推测
假说（推论）：基因在染色体上
检验
证明
证据：摩尔根果蝇杂交实验
实验1（正交）
提出
问题：白眼伴性遗传？
假设：白眼基因仅位于X染色体上
实验2（测交）
得出
F1红眼雌果蝇为杂合子
实验3（反应）
得出
白眼雄果蝇为纯分子（X^wY）
支持

图 3－2　萨顿假说的提出及验证思维导图

（三）应用探究结论的思维训练

基因果真在染色体上，那么一对等位基因应该在染色体的什么座位上呢？在孟德尔一对相对性状的杂交试验中，F_2 代出现性状分离的内在原因和细胞学基础是什么？提出上述问题，旨在引导学生运用“基因在染色体上”这一探究结论和减数分裂的知识，对分离定律重新予以解释，从而丰富等位基因的概念内涵，深化对分离定律的理解。此时，可以充分运用教材 P28“思考与讨论”，让学生在图中标注基因，做出如图 3－3 所示的分析。同样，对自由组合定律的细胞学解释也可以做类似的分析。

F1同源染色体分离（基础）
后期 1
F1等位基因分离（内因）
配子
F2相对性状分离（结果）

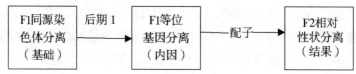

图 3－3　性状分离的内在原因及细胞学基础

等位基因作为遗传学的重要概念，至少包含四个要素（见图3－4）。其中，"组成"和"作用"蕴涵于"孟德尔的豌豆杂交实验（一）"中；"座位"应在"基因在染色体上"一节的教学中予以明确；"来源"则需在"基因突变"一节教学中得以澄清。由此可见，一个生物学重要概念的建立往往不是一节课就能奏效的，而是需要多个课时、多个单元甚至整个模块的教学才能逐渐丰富完善起来。

等位基因 {
座位：1对同源染色体的同一座位

组成：1个显性基因和1个隐性基因

作用：控制 1 对相对性状

来源：基因突变
}

图3－4 等位基因的概念要素

二、"免疫调节"的教学分析与设计

"免疫调节"是各种版本课程标准实验教科书中的必修内容。笔者通过比较发现，有的教材观念滞后，没有把免疫作为调节人体内稳态的一种方式；有的虽然注重了通俗性但却忽视了科学性，甚至存在着严重的科学性错误；有的虽然强化了理论性，但却弱化了实践性，没有与学生的现实生活联系起来。教材是教师进行教学设计的重要资源，也是学生学习的第一手资料。那么，如何根据现有的教材来进行"免疫调节"的教学设计呢？我们认为，应处理好先进性与基础性、科学性与通俗性、理论性与实践性等基本关系。

（一）先进性与基础性

《普通高中生物课程标准（实验)》（简称《课标》）在具体内容标准中，生物3"稳态与环境"模块下，安排有"动物和人体生命活动的调节"这一主题，其"具体内容标准"中包括"概述人体免疫系统在维持稳态中的作用"。可见，《课标》是将免疫视为人体生命活动调节的一种方式。《课标》的这种安排，不仅反映了免疫科学的新进展，而且旨在让学生从整体上认识生命活动调节的复杂性和多样性。那么，怎样在教学设计中体现出《课标》的要求呢？这需要教师综合考虑学生已有的知识基础和生活经验。例如，学生已经习得了神经系统、内分泌系统各自产生的活性物质是神经递质（或神经肽）、激素，并且都首先与各自的受体结合才能发挥调节功能。近来的科学研究表明，免疫细胞表面也有神经递质和激素的受体，能够接受神经递质和激素的调节。同时，免疫细胞除了分泌多种细胞因子外，还能够分泌神经肽和激素，从而调节神经内分泌系统的功能。这样，神经内分泌系统通过释放神经递质或激素作用于免疫系统，调节免疫系统的功能；而免疫系统则通过释放多种细胞因子、产生神经肽和激素作用于神经内分泌系统，从而使机体的调节系统间形成完整的调节网络，以维持机体的内稳态（见图3－5）。

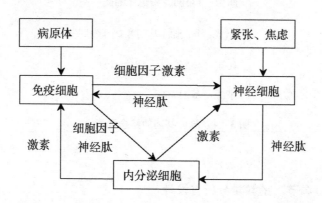

图3－5　免疫细胞、神经细胞与内分泌细胞三者之间的关系

基于上述认识，教学设计可以从现实问题出发，引导学生领悟神经调节、体液调节、免疫调节三者之间的关系及其在维持内稳态中的作用。

问题：

①病原体侵入机体后，会影响内环境的稳态吗？人体能够通过反射或激素来杀灭病菌或病毒吗？

②为什么焦虑、紧张等心理因素，过冷、过热、创伤、疼痛等刺激都可抑制免疫功能？

③在治疗过敏反应、自身免疫性疾病和器官移植中，通常注射糖皮质激素以抑制免疫功能，这说明激素调节与免疫调节之间有何关系？

④在治疗中枢神经系统损伤时，可以注射IL－1、IL－2、IL－6等免疫细胞分泌的细胞因子，其理论依据是什么？

（二）科学性与通俗性

体液免疫和细胞免疫的过程以及二者之间的联系是本节课的重点和难点，为了突出重点、突破难点，教学设计应当追求科学性与通俗性的统一。

在教学实践中，学生经常提出这样的问题：

问题：

①既然有少数抗原可以直接刺激 B 细胞，使之增殖、分化成效应 B 细胞和记忆 B 细胞，为什么大多数抗原还需要经过吞噬细胞的摄取、处理和呈递？

②T 细胞是把抗原呈递给 B 细胞，还是通过分泌淋巴因子刺激 B 细胞的增殖分化？

③参与体液免疫和细胞免疫的 T 细胞是同一种吗？

④淋巴因子是 T 细胞分泌的还是效应 T 细胞分泌的？

学生的问题才是真实的问题，比教师预设的问题更具有教育价值，这就促使我们在教学设计时应当追求知识的科学性，以消除学生的迷惑。

1. 抗原的分类

蛋白质抗原在 T 细胞缺乏时不能诱导抗体产生，故称为胸腺依赖抗原（Td）。Td 抗原激活 B 细胞，除必须有抗原作为第一信号外，还需辅助性 T 细胞（Th）及其分泌的细胞因子作为第二信号。而一些非蛋白质抗原如多糖、脂类、核酸等诱导的抗体反应无须 Th 细胞，因此多糖和脂类也称为胸腺非依赖性抗原（Ti）。Ti 抗原能诱导初次免疫应答，但无记忆细胞产生，因此无再次免疫应答。

蛋白质抗原可分为外源性抗原和内源性抗原。所谓外源性抗原是指细胞外抗原，是相对于细胞内合成的抗原即内源性抗原而言，后者主要由自身细胞器合成的，如病毒抗原、肿瘤抗原及自身分子突变的抗原等。但同样是病毒，灭活的（无感染性）病毒抗原也呈外源性抗原加工呈递途径，而活病毒（有感染性）则通过内源性抗原呈递途径。①

2. 外源性抗原免疫应答

外源性的 Td 抗原首先经过抗原呈递细胞（细胞表面均有 MHC – II，如吞噬细胞、B 细胞等）内吞作用，水解成一定长度的肽段，并与细胞表面的 MHC – II 结合，然后才能被 Th 细胞表面的抗原受体（TCR）识别。Th 细胞在巨噬细胞、树突状细胞等呈递的抗原和其他信号（抗原呈递细胞表面的 B7 分子）的刺激下被活化，活化的 Th 细胞开始分裂增殖，并分泌 IL – 2 等细胞因子，同时表达一些膜分子，如 CD40L，CD40L 可以与 B 细胞表面表达的 CD40 分子结合，从而使 B 细胞活化。而 IL – 2 等细胞因子既能促使 B 细胞增殖分化，也能促进胞毒 T 细胞（Tc）的活化（见图 3 –6）。

---

① 于善谦，等. 免疫学导论［M］. 北京：高等教育出版社，1999：171.

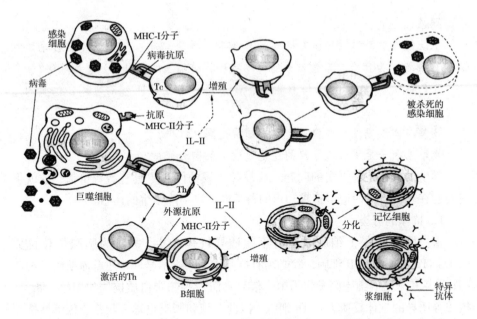

图 3－6　Th 细胞对体液免疫和细胞免疫的调节作用

由此可见，在体液免疫应答过程中，并非是 Th 细胞将抗原呈递给 B 细胞，而是抗原被 B 细胞或吞噬细胞加工后，只剩下一些 MHC－Ⅱ分子结合的抗原寡肽段被呈递给 Th 细胞，促使 Th 细胞活化并产生 IL－2 等细胞因子刺激已经和抗原结合的 B 细胞。也就是说，B 细胞的活化需要两个信号：抗原信号和活化的 Th 细胞信号（如 CD40L 分子），并需要 Th 细胞所分泌的细胞因子。在体液免疫中，Th 细胞通过提供刺激信号、分泌细胞因子等方式辅助 B 细胞，B 细胞作为抗原递呈细胞（APC）可通过加工、处理、递呈抗原的形式激活 Th 细胞。

3. 内源性抗原免疫应答

内源性抗原是指那些在细胞内合成的抗原，如病毒抗原、肿瘤抗原、自身突变抗原等。这些抗原蛋白质分子合成后被多蛋白酶复合物水解成 8 ～ 11 肽，并于 MHC－1 分子结合，随着内质网和高尔基体膜移动，最后与细胞膜融合而表达于细胞表面。当携带有 MHC－1 和抗原肽的抗原呈递细胞与 Tc 细胞的抗原识别受体（TCR）结合并在复合刺激信号 B7 与 T 细胞表面的 CD28 分子的协同下可激活前提 Tc 细胞，而活化的 Th 细胞分泌的细胞因子如 IL－2 等对 Tc 细胞的增殖、分化、成熟起到非常重要的作用。当 Tc 细胞活化后，其细胞内基因表达调控发生一系列变化，如合成穿孔素、颗粒酶、肿瘤坏死因子等，导致靶细胞凋亡。

笔者认为，向学生说明 T 细胞分为辅助性 T 细胞、细胞毒性 T 细胞（Tc 细胞）是非常必要的。一是因为参与体液免疫的是 Th 细胞而非 Tc 细胞；二是因为淋巴因子是由 Th 细胞活化后分泌的，并非效应 Tc 细胞分泌。另外，应向学生说明 B 细胞和 T 细胞表面都有特定的抗原识别受体（糖蛋白分子），并且每个淋巴细胞的表面上可以有几千个受体，所有这些受体都是完全相同的，因此，每个淋巴细胞都只能识别一种特定的抗原决定簇。这样处理不会加重学生的负担，相反还会起到承上启下的作用，因为在必修 1《分子与细胞》中学生已学过细胞膜上的糖蛋白分子与细胞识别有关，而且这也是制备单克隆抗体所依据的原理之一。

通过上述分析，引导学生以流程图的形式概括体液免疫的过程（见图 3 - 7），以体现知识的程序性和简约性。

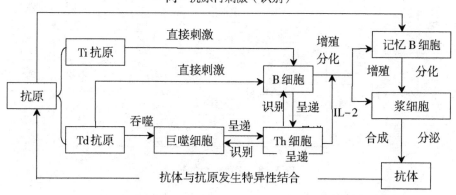

图 3 - 7 体液免疫的过程

抗体只能清除存在于细胞外的抗原，而那些侵入细胞内的抗原（如病毒、寄生菌等）只能通过细胞免疫来摧毁被病原体感染的寄主细胞。对于这一点学生理解起来并不困难，他们难以理解的是：①侵入细胞内的抗原是怎样被效应 Tc 细胞识别的？②为什么 Tc 细胞对自身正常细胞不发生反应，而对癌变细胞和移植器官的异体细胞却能对抗？

解答上述疑点，需要引入"MHC"这一概念。人体所有细胞的细胞膜上都有一种叫做主要组织相容性复合体（MHC - 1）的物质，其化学本质是一种特异性的糖蛋白分子。除了同卵双胞胎外，没有两个人有相同的 MHC 分子，如同人的指纹各不相同一样，这个标志是每一个人特有的身份标签。每一个人的 Tc 细胞都认识这些自身的身份标签，在正常情况下不会攻击带有这些标签的自身细胞。但当病毒等侵入细胞内，利用寄主细胞的氨基酸所合成的抗原蛋白质分子（事实上是 8～11 肽）被运送至 MHC－1 分子并与之结合，这样就能够被 Tc 细胞的抗原受体所识别。吞噬细胞既能够把所合成的抗原肽（内源性抗原）通过 MHC－1 呈递给 Tc 细胞，又能够把所拆分的病毒抗原（外源性抗原）通过 MHC－Ⅱ 呈递给 Th 细胞，后者被激活后分泌 IL－2 等细胞因子，刺激 Tc 细胞的增殖分化，从而产生大量的效应 Tc 细胞和记忆 Tc 细胞，其中的效应 Tc 细胞分泌穿孔素等将靶细胞裂解。为了简化、直观起见，可引导学生将细胞免疫的过程概括如图 3－8 所示。

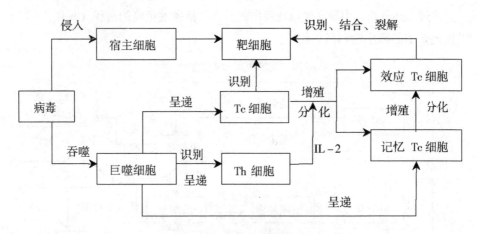

图 3－8　细胞免疫的过程

由图 3－8 可知，在细胞免疫中，主要是巨噬细胞将抗原递呈给 T 细胞；而在体液免疫中，B 细胞是主要的抗原递呈细胞。另外需要说明的是，宿主对肿瘤相关抗原的免疫应答包括体液免疫和细胞免疫，但抗体对肿瘤的免疫应答没有 T 细胞介导的免疫应答重要。Tc 细胞是肿瘤免疫应答中的主要效应细胞，它之所以能够识别肿瘤细胞，是因为肿瘤细胞表面的 MHC－1 与肿瘤细胞抗原形成的复合物能够被 Tc 细胞抗原受体识别，从而活化了 Tc 细胞并直接对肿瘤细胞进行杀伤。移植器官的异体细胞之所以被排斥，是因为 Tc 细胞能够识别不同于自身细胞的 MHC。另外，抗体、吞噬细胞、NK 细胞等也参与了移植排斥反应。

（三）理论性与实践性

"注重与现实生活的联系"是新课程的基本理念之一，《课标》注重使学生在现实生活的背景中学习生物学，倡导学生在解决实际问题的过程中深入理解生物学的核心概念，并能运用生物学的原理和方法参与公众事务的讨论或做出相关的个人决策。因此，在教学设计时，不要一味简单地给予学生知识，而应当努力把知识变得对学生更有意义，与学生自身的联系更加密切，给学生提供亲自发现和应用理论的机会。免疫调节与人体健康联系密切，如过敏反应、自身免疫疾病、艾滋病等的发病机理及其预防等。在教学设计时，可以将这些现实问题作为原理学习的背景资料，这样不仅可以激发学生的探究欲望，而且还有助于抽象原理的理解和运用。例如，为了让学生理解体液免疫的关键环节：①产生高效而短命的浆细胞（效应B细胞），由浆细胞分泌抗体清除抗原；②产生寿命长的记忆细胞，在血液和淋巴中循环，随时"监察"，如有同样抗原再度侵入，立即发生二次免疫反应以消灭之。领会由记忆B细胞引起的二次免疫反应比初次免疫反应强度大、速度快的道理，可以引入两个问题：①为什么成年人患传染病的机会比幼儿少？②若想获得对乙肝病毒的免疫，必须在几个月的时间内连续注射3次疫苗，请解释其必要性。再如，由记忆细胞引起的快速应答是许多传染病预防接种的基础。疫苗是用减弱了的、杀灭了的或与病原体密切相关的或经修饰的病原体制造的。注入人体时，疫苗刺激浆细胞和记忆细胞的产生，而一般不产生疾病的症状。为什么对麻疹的免疫对其他疾病的免疫无效？这说明由疫苗引发的免疫有何特点？为什么人们经常患流行性感冒、支气管炎、肺炎等传染病却无法获得终生免疫？当检查血液中含有HIV抗体时，能否确定一个人曾经受到HIV的侵染？怎样才能有效地预防艾滋病？你能否根据HIV的增殖过程，设想治疗AIDS的方案？当营养不足或缺乏时，人体的免疫功能会下降，这是什么原因？对上述问题的解释能够促使学生认清抗体的化学本质是免疫球蛋白，领悟营养与健康的关系。

问题：

①为什么在同卵双胞胎之间进行器官移植手术较易成功？

②骨髓移植是治疗白血病的一种有效方法，为什么在进行骨髓移植前，要对病人进行化疗？

③通过骨髓移植能否有效地治疗艾滋病？

三、开启教学智慧，科学使用教材

（一）以内容标准为依据，凝聚优质课程资源

教材是重要的课程资源，但不是唯一资源。教师应该以内容标准为依据，凝聚优质课程资源。这是因为具体内容标准描述的要求是最基本的，是每个高

中学生通过努力都应该达到的要求。但从生物学教学水平方面来看，我们对课程和教学内容的要求却是开放的，即在保证达到基本要求的同时，还要充分挖掘、凝聚各种优质课程资源，适当增加学习内容或提高教学要求，以达到更高的教学水平。这样，既能面向全体学生，打好"共同基础"，实现内容标准所描述的基本要求，又能满足那些学有特长，能力突出的学生的需求。

　　例如，"体液调节"是现行教材必修3《稳态与环境》中的一节内容，其具体内容标准是：描述动物激素的调节；探讨动物激素在生产中的应用；举例说明神经、体液调节在维持稳态中的作用；描述体温调节、水盐调节、血糖调节。教材内容以图解的形式简介了人体主要内分泌腺及其分泌的激素、以甲状腺激素的分泌调节为例图解了激素的分泌调节方式——分级调节、以胰岛素和胰高血糖素对血糖含量的调节来说明激素间的拮抗作用和反馈调节。如果仅是根据教材内容组织教学，学生是否理解"促性腺激素的生理作用即促进性腺的生长发育，调节性激素的合成和分泌；雌激素的生理作用即促进雌性生殖器官的发育和生殖细胞的生成；激发和维持雌性正常的性周期；孕激素的生理作用即促进子宫内膜和乳腺的生长发育，为受精卵着床和泌乳准备条件？学生能否在新的情境中应用反馈调节的原理解释激素的分泌调节过程？要知道原理学习的实质是学生能在体现原理变化的情境中适当应用原理，这才是原理学习的目的所在。为了有效地达成教学目标，我们应该以内容标准为标准，在学完"甲状腺激素的分泌调节"之后，可以向学生呈现雌激素的分泌调节过程（见图3-9），提出问题并引导分析。

　　问题：月经周期开始时，血液中雌激素（雌二醇）浓度较低，以后逐渐增加，约一周后升到高峰，如何解释雌激素的分泌调节过程？

　　分析：月经周期开始时，低浓度的雌激素引起下丘脑分泌促性腺激素释放激素（GnRH），刺激脑垂体分泌促性腺激素——卵泡刺激素（FSH）和黄体生成素（LH）。FSH的主要作用是促进卵泡颗粒层细胞的增殖和分化，从而促进整个卵巢的长大。FSH和LH也刺激正趋于成熟的卵泡分泌雌激素，雌激素促进子宫供血量增加和子宫内膜增厚。

　　问题：在卵泡期的后一周内，血液中雌激素浓度迅速增加，其峰值在LH与FSH二者的峰值之前出现，能否应用反馈调节的原理解释这种变化？

　　分析：雌激素是由于FSH和LH刺激卵泡产生的，而雌激素的增加又进一步刺激脑垂体分泌LH和FSH，两者共同作用而使卵泡继续长大，完成排卵过程，因此，这一调节过程属于正反馈。

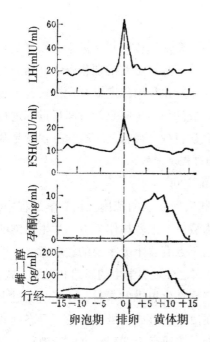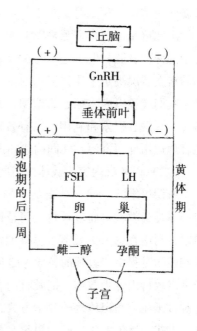

图 3 – 9　雌激素的分泌调节

问题：排卵后的卵泡转变为黄体，黄体释放雌激素和孕激素，两种激素协同作用刺激子宫内膜进一步增厚，但 FSH 和 LH 两种激素的浓度却在急剧下降。如何解释这种变化？这种调节属于正反馈还是负反馈？

分析：血液中雌激素和孕激素浓度增加，通过反馈调节使得下丘脑分泌的促性腺激素释放激素减少，进而引起垂体分泌的 FSH 和 LH 减少。因此，这一调节过程属于负反馈。如果卵在输卵管内没有受精，那么黄体开始退化，雌激素和孕激素浓度下降，引起子宫内膜供血量减少，子宫增厚的内壁解体，新的月经开始。

月经周期是女生生活中遇到的现实问题，很多人迫切想知道其中的缘由。因此，选择这样的学习内容让学生自主探究，会使学生对学习过程变得更有兴趣，学生所学到的知识也更加牢固、理解也会更加深入。他们不再是机械背诵教材表格中所列的有关促性腺激素、雌激素、孕激素的生理作用，而是对此有着深刻的理解；他们对反馈调节的认识不再囿于负反馈这一种固定的方式，而是对此有了全面的理解即反馈调节包括正反馈和负反馈两种方式，是指在一个系统中，系统本身工作的效果，反过来又作为信息调节该系统的工作；FSH 和 LH 两种促性腺激素对卵巢的作用，雌激素和孕激素对子宫内膜的作用，使学生在新的情境中加深了对激素协同作用的理解。

由此可见，课程资源是影响课程目标能否有效达成的重要因素。教材是最基本的课程资源，但不是唯一的课程资源。教师是最重要的课程资源，因为教师的素质状况决定了课程资源的识别范围、开发和利用程度以及发挥效益的水平。我们应该以内容标准为依据，根据实际条件和学生特点，对课程资源进行鉴别、开发、积累和利用，以有效地达成教学目标。换言之，教学过程就是师生合理运用课程资源，共同构建知识意义的过程。

（二）以教材内容为载体 拓展学生思维空间

所谓思维的空间，是指某些知识纵向和横向联系的范围。在教学过程中，教师不是为教教材而教教材，而是以教材为载体，把教材作为引导学生思维的素材，利用教材来扩大学生思维的空间。这一点有着十分重要的教学意义，因为在教学过程中，教师的教学思路和教学方式，会影响学生的思路和思维方式。只有以教材内容为载体，把教材内容作为引导学生思维的素材，才能改变过去那种过于注重知识传授的教学方式，从而促使学生形成积极主动的学习态度和学习方式，逐步养成良好的思维品质。例如，普通高中课程标准实验教科书生物必修1（人民教育出版社）关于细胞分化的知识安排在第二章生命活动的基本单位——细胞。事实上，细胞分化是个体发育的重要事件，我们完全可以将此移至第五章高等动物的个体发育来进行教学：以科学家的探究历程为线索，通过精心设计问题串，引导学生深入思考，鼓励他们猜测讨论，从而有力地拓展学生的思维空间。

问题：

①一个单细胞的受精卵怎么会发育成肌肉组织、血液组织、皮肤组织、神经组织以及一个完整个体的功能所必需的其他组织呢？每一种组织都是由特殊类型的细胞构成，不但其形态迥然不同，而且所产生的蛋白质也大有差别，是否每类细胞含有一套不同的基因？

②呈现用两栖动物的卵所做的经典实验，即先用紫外光破坏未受精卵的核，然后将蝌蚪的已分化的肠细胞核移植到去核的未受精卵中。结果，后者能发育成一个正常的蝌蚪。这个实验结果表明了什么？

③既然一个生物的所有细胞都含有相同的全套基因，那么，各个基因的活性必定有所差别。即当细胞开始分化时，不同细胞的不同基因会在长短不同的时间内被活化。哪些基因表达及其表达的顺序，又是由什么决定的呢？重新分析上述经典实验，能给你什么启发？

④上述经典实验表明，当已分化细胞的核被注入去核的卵中时，基因的活动变得类似于正常未分化卵中核的基因活动。也就是说，在已分化细胞中不活动的那些基因，再次变得活跃起来，使囊胚发育成正常的蝌蚪，卵的细胞质（基因的环境）已修改了细胞核基因活动的形式。既然卵的细胞质中含有调节基因活动的不同分子，那么，这些调节分子又是怎样激活不同的基因从而决定基因表达顺序的呢？分析卵裂的特点能给你什么启发？（提示：卵中的细胞质不是均匀的，调节基因活动的不同分子位于细胞质中的不同部位）

⑤在培育克隆羊时，为什么要将乳腺细胞的核移植到去核卵细胞中？如果将乳腺细胞的核移植到其他去核细胞中，克隆能否成功？

通过对上述问题串的思考、讨论，最终使学生深刻理解知识。即在细胞分化时，基因之所以能够进行选择性表达，是因为早在卵裂时，由于分裂成的子细胞来不及生长，接着进行下一次分裂，结果细胞越来越小，每个细胞只含有一部分卵细胞原有的细胞质，而卵细胞中的细胞质不是均匀的，调节基因活动的不同分子位于细胞质中的不同部位。这样，每个细胞就接受了不同的调节分子。这些调节分子在每个细胞中激活特定的基因，从而导致合成特定的蛋白质。

如此组织教材内容，能够促使学生像科学家那样去思考问题。事实上，科学家也曾一度以为每类细胞含有一套不同的基因，正是通过用两栖动物的卵所做的实验，才放弃了这一错误的认识。让学生亲历这一探究过程，能够磨炼他们的智慧，拓展他们的思路，加深对知识的理解，收获探究成功的乐趣。

（三）深入挖掘教材深度，促进学生全面发展

人的生存与发展，不仅需要丰富的知识，更要有积极的情感，提高各种能力。因此，新的生物课程标准把促进人的发展作为课程目标的价值取向，提出了提高生物科学素养，面向全体学生、倡导探究性学习、注重与现实生活的联系等课程基本理念，并把"提高生物科学素养"这一课程理念转化为课程目标的三个纬度：知识、能力、情感态度与价值观。这就要求我们不仅要深入挖掘教材中外显的知识深度，而且还要善于挖掘内隐的科学思维的深度和教材的思想深度，并思考如何将知识、能力、情感态度及价值观有机地统整于教学过程中的操作策略。

例如，"单克隆抗体"的教学，从知识纬度看，应让学生穿越"抗原→抗原决定簇→效应B细胞→单克隆抗体"的知识屏障；从能力纬度看，要让学生亲历解决"如何让单个B淋巴细胞进行无性繁殖产生化学性质单一、特异性强的单克隆抗体？"的科学思维过程，训练其科学的思维方式；从情感态度及价值观

的纬度看，要让学生了解科学探究的性质，培养好奇、勇于创新的科学精神，体验生物科学的社会价值。为此，教学过程可采用"问题解决"的策略。

问题：

①传统的获得抗体的方法是把某种抗原反复注射到动物体内，然后从动物血清中分离出所需的抗体。这种方法获得的抗体，不仅产量低，而且抗体的特异性差，纯度低，反应不够灵敏。这是为什么？

②如果能得到特异性强的单一抗体，就可以在单抗上连接抗癌药物，制成"生物导弹"，将药物定向带到癌细胞所在的部位，即消灭了癌细胞，又不会伤害健康细胞。那么，怎样才能获得大量的单一抗体呢？

③一个 B 淋巴细胞只分泌一种特异性抗体，但一个 B 淋巴细胞不可能无限增殖，怎样才能让单个 B 淋巴细胞既能无限增殖，又能产生大量的单克隆抗体？（提示：什么细胞具有无限增殖的能力？动物细胞融合技术能为这一难题的解决提供技术支持吗）

④从小鼠脾脏中获得的 B 淋巴细胞与小鼠的骨髓瘤细胞融合后，培养基中共有几种类型的细胞？如何获得所需要的杂交瘤细胞？科学家是怎样解决这一问题的？

⑤用选择性培养基筛选出的杂交瘤细胞所产生的抗体是否为单克隆抗体？为什么是？为什么否？

⑥观察"单克隆抗体制备过程示意图"，说出科学家选出能产生特定抗体的细胞群并大量培养的方法。

总之，我们不能对"课堂上的收获"做狭义的理解，收获不仅包括认知方面的，如概念、定义、原理等的掌握以及认知策略的完善，也应包括态度、价值观的改变、丰富与提升，所经受的理智的挑战和内心的震撼，所获得的感动和鼓舞，精神的陶冶和心灵的净化，等等。教师应该努力开启自己的教学智慧，科学地使用教材，以唤醒学生沉睡的潜能，激活封存的记忆，开启幽闭的心智，放飞囚禁的情愫。

四、"细胞的结构与功能"的教学组织

现代生命科学主要是在分子水平、细胞水平、个体水平和群体水平上研究生命活动规律。细胞水平的研究之所以是不可缺少的基本环节，是因为有规律的生命活动必须以细胞作为基本单位才能实现和完成，正如美国著名生物学家威尔逊所言："一切生物学的关键问题必须在细胞中寻找。"为此，生物课程标

准对该部分的具体要求是：简述细胞膜系统的结构与功能、举例说出几种细胞器的结构和功能、阐明细胞核的结构与功能、尝试建立真核细胞的模型，活动建议是：观察线粒体和叶绿体。

（一）教学内容与目标要求的分析

"细胞的结构与功能—Ⅱ"包括细胞质、细胞核两部分内容，其中细胞质又包含细胞溶胶、细胞骨架和各种细胞器。按照具体内容标准，对细胞器的结构与功能的要求只是"举例说出"这种了解水平，那么在实际教学中是否都是不分轻重地"举例说出"吗？笔者认为，有些细胞器如叶绿体、线粒体应该达到理解水平，即学生能够"阐明"其结构与功能，因为它是后续学习光合作用和细胞呼吸的必备基础。"生物膜系统的结构与功能"关系复杂，作用重大，如物质的跨膜运输和膜泡运输、信息处理、能量转化、化学反应的组织与控制、发生电化学变化等生命活动均离不开生物膜系统，因此不能简而述之。另外，诸多细胞器按照什么顺序展现？这需要教师综合考虑各种细胞器的功能、相互关系和学生的认知特点，理出一条科学性、逻辑性较强的思维链条（见图3－10），以便于教与学。

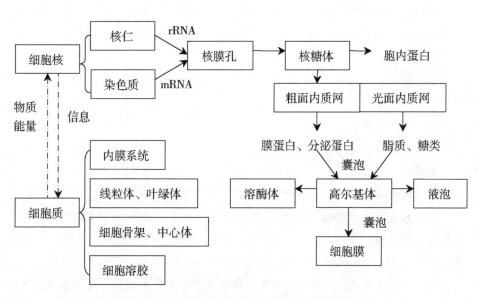

图3－10 "细胞的结构与功能—Ⅱ"思维导图

（二）教学过程与师生活动的组织

如果把细胞看作一个基本的生命系统，那么细胞膜是这个系统的边界，细胞核作为最大、最重要的细胞器是系统的控制中心，它与核糖体协作共同完成蛋白质的合成，从而控制细胞代谢和细胞遗传；内质网、高尔基体、溶酶体、液泡等组成了细胞的子系统——内膜系统，负责细胞产物的制造与分发；叶绿体和线粒体则是细胞能量的转化站和供应站；细胞骨架则为各种细胞器的排布、位移提供一个统一支架。按照上述系统分析的方法组织教学内容，不再逐一列举各个细胞器的结构、功能，而是把细胞器作为系统的组分，既谈它们的分工，也讲它们之间的合作，从而帮助学生领悟一个系统的正常运转，必须依靠各组分间的协调配合，整体大于部分之和的系统分析思想。

1. 细胞核和核糖体——细胞的遗传控制

之所以把细胞核和核糖体作为一个主题组织教学，是因为它们共同组成了细胞遗传信息的表达结构系统。染色质由 DNA 和蛋白质构成，DNA 的复制与 RNA 的转录都在染色质上进行。核仁内 DNA 主要为 rDNA，是转录 rRNA 的模板，而核糖体则是由 rRNA 与数十种蛋白质构成的颗粒结构，其功能是将氨基酸根据 mRNA 的指令按一定序列合成肽链。

为了让学生对细胞核的重要性，以及结构与功能相适应的观点有深刻的领会，教师应该努力创设有利于学生开展探究性学习的情境。教学实践表明，引导学生对经典实验资料进行分析不失为一种有效的教学策略。

资料：

①变形虫去掉细胞核后就不能取食，也不能生长，只能存活几天，最终死亡。

②伞藻嫁接实验。

③克隆羊"多莉"的培育过程。

问题：

①分析资料 1 你可以得出什么结论？

②资料 2 说明生物体的形态结构的建成，主要与细胞核还是细胞质有关？你认为组成细胞的分子中，哪种分子与生物体的形态结构的建成直接相关？这种分子是在细胞的什么地方合成的？细胞核怎样控制这种分子合成？

③：根据资料 3，你认为生物体性状的遗传主要是由细胞核还是由细胞质控制的？为什么？

④为什么细胞核能够控制细胞的代谢和遗传呢？这与它的结构有何关系？

上述问题串的设置，不仅引导学生归纳出细胞核的功能，而且促使他们思考细胞核的结构与功能的适应性关系。此时，教师应展现细胞核和核糖体的结构图片，并指导学生观察、认识，特别要让学生发现，有些核糖体悬浮在细胞溶胶中，有些核糖体则固着在内质网上。教师的主导作用还体现在指导学生学会分析：①外层核膜上有核糖体分布，核周腔与内质网腔相通，说明核膜与内质网在结构上是否具有一定的连续性？②为什么在蛋白质合成旺盛的细胞中，常有较大或多个核仁？③细胞核中的 DNA 是怎样控制核糖体中的蛋白质合成？④既然核糖体是合成蛋白质的机器，那么合成 DNA 或 RNA 所需的聚合酶以及组成染色体的蛋白质是怎样由细胞质进入细胞核的？由此可见，核孔具有什么功能？为什么说细胞核是遗传信息库，是细胞代谢和遗传的控制中心？

2. 内膜系统——细胞产物的制造和分发

真核细胞以生物膜系统为基础形成了各种独立的细胞器。其中，由双层核膜将细胞分成两大结构与功能区域：细胞核与细胞质；在细胞质内又以膜的分化为基础形成很多重要的细胞器：内质网、高尔基体、溶酶体、液泡，均由单层膜构成的封闭结构，它们彼此既有分工又相互协调，组成了细胞的内膜系统，共同负责细胞产物的制造与分发。

组织该部分内容教学时，应该先让学生观察这些细胞器形态，然后援引分泌蛋白合成与分泌的经典实验，引导学生参与解释、分析，从而把握粗面内质网、高尔基体的功能，使其体验到科学研究离不开探索精神、理性思维和技术手段的结合。

问题情境：1960 年细胞生物学家帕拉德（G. E. Palade）向人们描绘了一幅分泌蛋白合成并运输到细胞外的"超微活动图"（见图 3 – 11 中实线部分）。他的图示尽管精到，但毕竟是一种推测，实际过程究竟如何呢？怎样证实？

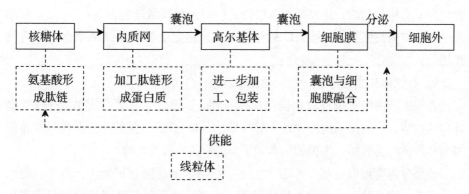

图 3 – 11 分泌蛋白合成与分泌过程

实验设计：向豚鼠的胰腺腺泡细胞中注射 ^3H 标记的亮氨酸，观测放射性。

实验结果：图片展示。

分析结果：①分泌蛋白是在哪里合成的？3 分钟后被标记的亮氨酸为什么首先出现在附着有核糖体的内质网中？17 分钟后，为什么又出现在高尔基体中？内质网与高尔基体并未直接相连，被标记的分泌蛋白是怎样由内质网运到高尔基体的呢？②117 分钟后，分泌蛋白是怎样排放到细胞外的？这与生物膜的流动性有关吗？③分泌蛋白合成和分泌的过程中需要能量吗？能量由哪里提供？

师生通过分析完成图 3 - 11 中的虚线部分。

关于光面内质网、溶酶体、液泡等细胞器的功能，同样可以从分析问题入手来组织教学。

问题：

①在动物的睾丸细胞中含有丰富的光面内质网，这说明光面内质网与哪种物质的合成有关？

②工矿企业常见的职业病——硅肺是怎样产生的？溶酶体是内含 60 多种酸性水解酶的膜结构，据此可以推断它是从哪种细胞器断裂后形成的？有何功能？

③为什么植物细胞经常处于吸涨饱满的状态？为什么很多植物的花、果实呈现紫色或深红色并能吸引传粉的昆虫？

由此可见，内质网是生物分子合成的基地。其中，粗面内质网合成膜蛋白和分泌蛋白，光面内质网则合成脂质和糖类。高尔基体是内质网合成物加工、包装与分发的细胞器。溶酶体来源于高尔基体，是细胞的"消化车间"，在细胞物质转变与内部调节方面起重要作用。液泡则是从高尔基体、内质网或细胞膜上脱落下来的，是植物细胞的营养储存库。教师不仅要引导学生明辨内膜系统各组分的结构与功能，还要把握各组分之间的内在联系（见图 3 - 10），并在此基础上延伸至细胞膜、核膜、线粒体等，从而建立生物膜系统的概念，分析其作用。

3. 叶绿体和线粒体——细胞的能量转换

在细胞质中除了单层膜结构的细胞器外，还形成了双膜封闭结构——叶绿体和线粒体，它们是细胞的"能量转换器"，其内膜高度延伸并折叠成线粒体的嵴与叶绿体的类囊体，内膜表面布满了与能量转换有关的酶。

该部分内容可以按照"形态→功能→结构"的思路组织教学。首先，组织学生实验，观察叶绿体和线粒体的形态。黑藻叶片不仅是观察叶绿体和胞质环流的好材料，也是观察液泡的理想材料，而胞质环流的原因在于细胞骨架的运动，其意义有利于细胞溶胶中各种物质和所悬浮的细胞器的移动，从而为细胞代谢提供必要的物质和有关条件。因此，完成该项活动不仅能够训练学生熟练操作高倍显微镜的技能，而且为后续学习叶绿体的结构、功能以及细胞骨架、细胞溶胶等奠定必要的基础。然后在实验的基础上，教师提供叶绿体和线粒体的结构图，引导学生分析结构与功能的适应性，并比较二者的异同（见表3-1）。

表 3-1

	叶绿体	线粒体
丰富的膜系统	双层膜包被，基粒类囊体，增大了膜面积	双层膜包被，内膜内叠成嵴，增大了膜面积
能量转换器	光能转换器	化能转换器
半自主性	含少量 DNA 和核糖体	含少量 DNA 和核糖体

4. 细胞骨架——细胞形状和运动的维持

细胞骨架是由一系列特异的结构蛋白构成的网架系统，包括微丝、微管和中间纤维三种。其中微丝由肌动蛋白组成，它不仅是细胞的"骨骼"，起支持作用，也是细胞的"肌肉"，引起细胞的运动。教师要注意类比的科学性，可以通过分析肌肉收缩和胞质环流的动因，使学生认识微丝在细胞运动中的作用。微管是由微管蛋白构成的，细胞分裂时的纺锤体、中心体、鞭毛、纤毛等均由微管构成。另外，微管还有助于某些细胞器在细胞内的移动，教学时可以提供神经元内线粒体和某些囊泡沿着微管向轴突方向移动的图片，帮助学生认识微管的这一功能。总之，细胞骨架系统在细胞结构与生命活动中具有全方位的意义，所以通常将其与生物膜体系、遗传信息表达体系并列为真核细胞的三大结构体系。

5. 真核细胞与原核细胞的差异性与统一性

为了让学生更深刻地理解真核细胞的结构与功能，通常将其与原核细胞进行比较。但是我们应当更多思考它们的内在联系，应更多地以进化的观点与动态的观点去分析它们的差异。

问题：

①化石记录表明，真核细胞是由原核细胞进化而来。你认为真核细胞有哪些结构特点比原核细胞高等？

②真核细胞出现这些结构特点对自身的生命活动有什么意义？

③真核细胞与原核细胞的统一性表现在哪些方面？

上述问题促使学生以进化的观点、结构与功能相适应的观点去审视两类细胞的差异性与统一性。教师对学生的思考应及时进行归纳与提升：真核细胞与原核细胞根本区别表现在两个方面。一是细胞膜系统的分化与演变，即核膜将细胞分为两个独立的区域——质与核，细胞质内又以膜系统为基础分割成结构更精细、功能更专一的各种细胞器。这样就将遗传物质及其复制与转录过程局限在细胞核这个微环境中，而蛋白质合成，能量代谢与供应，以及其他一系列代谢过程能够在各细胞器中高效、有序地进行。二是遗传信息量与遗传装置的扩增与复杂化。由于真核细胞结构与功能的复杂化，遗传信息量随之扩增，原核细胞只有 1 个环状 DNA 分子，DNA 不与或很少与蛋白质结合，真核细胞则有 2 个以上染色体，染色体由线状 DNA 与蛋白质组成。由于真核细胞内部结构与功能的复杂化，以及遗传信息量的扩增，真核细胞的体积就会增大，必然需要一个精密的支架——细胞骨架，来保证细胞形态结构的合理排布与执行功能的有序性。做上述逻辑推理，为的是把进化的观点、结构与功能相适应的观点引入到对细胞的认识中去。既然真核细胞是由原核细胞进化而来，进化则是一种"继承与发展"的过程，因此两类细胞又具有统一性，具体表现在以下四个方面：①均以细胞膜作为物质交换、能量转换和信息传递的屏障；②都以 DNA 与 RNA 作为遗传信息复制与转录的载体；③都以核糖体作为合成蛋白质的机器；④都以细胞分裂的方式进行繁殖。

第二节　生物学教学思考

一、生物学知识的四个层面

如果将生物学教材所涉及的知识进行分类，大致可以分为四类：事实性知识、概念性知识、方法性知识、价值性知识。

事实性知识是关于"是什么"和"怎么样"的知识。例如，"细胞有丝分裂的过程""特异性免疫的过程"等。

概念性知识是关于概念、原理、规律、理论、模型的知识。例如，有丝分裂是亲代细胞通过 DNA 复制把遗传信息精确地分配到两个子细胞的过程。体液免疫和细胞免疫均具有特异性和记忆性，两种免疫应答机制相互协调，共同应对某一特定病原体的侵染，维持内环境的稳态。

方法性知识是关于方法和程序的知识，相等于布鲁姆教育目标分类学中的程序性知识。例如，通过对洋葱根尖细胞进行解离、漂洗、染色、压片制成临时装片，可以观察植物细胞有丝分裂过程。如图 3 - 12 所示，当 LCM 病毒感染小鼠时，能够诱导小鼠产生体液免疫和细胞免疫应答。那么，怎样检测效应 T 细胞的作用效果呢？实验者精心设计了"感染→分离→体外培养→测定"实验，使得原本发生在小鼠体内、难以检测的细胞免疫应答过程变得可控和可测。

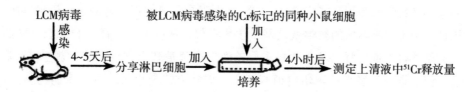

图 3 - 12　实验检测细胞免疫应答效果

价值性知识就是关于功能和意义的知识。例如，母细胞通过有丝分裂把遗传信息精确地分配到两个子细胞中，因而在细胞的亲代与子代之间保持了遗传性的稳定性。可见，细胞的有丝分裂对于生物的遗传具有重要意义。换言之，有丝分裂是生物进行无性繁殖的细胞学基础。体液免疫通过抗体与抗原特异性结合，从而阻挡病毒等抗原对宿主细胞的侵染；细胞免疫则通过效应 T 细胞结合、裂解靶细胞，从而阻断病毒在宿主细胞内的增殖。

基于上述例证分析，任何一个知识点都包含四个层面的知识。这是因为所有知识都是人类创造的，必然是在人类需要或在一定的价值取向的驱使下的时候创造的，而每一个创造都产生于特定的方法以及概念和原理，每一个创造在本质上都是一定的价值取向、方法、概念和原理的事实①。而在现行的生物学教材中事实与概念是显性的，方法只涉及了一部分，而方法背后的策略、思想、价值总体上出于内隐或缺失状态，也就是说，我们教给学生的是残缺不全的知识，因而知识不能有效地转化为能力。

二、生物学教学的三重境界

生物学知识的四个层面构成了"活的知识"和能力的物质基础，其中，事

① 季苹. 教什么知识［M］. 北京：教育科学出版社，2009：86.

实性知识和概念性知识属于学科的具体知识，而方法性知识（怎样研究）和价值性知识（研究什么与不研究什么）属于学科的本体论知识。任何一个学科的具体知识都是在本学科的本体论知识基础上构建起来的，因此，各学科的本体论知识是贯穿在所有具体知识背后的知识，是最具有统摄意义的学科知识。掌握了这些知识，才意味着具有真正的学科感，才能最主动、最有效地掌握具体的学科知识。①

学科现象是指处于学科表层的事实与概念，而学科本质则是指事实与概念背后的学科思想与方法、学科价值与精神，它位于学科的中层和内层。学科核心素养来自学科知识，严格说来，它实际上来自学科知识内含的学科思想方法。因此，基于学科本质的教学就是基于学科思想方法的教学，而学科思想方法的核心是学科思维，所以基于学科本质的教学也就是基于学科思维的教学。② 笔者提倡三重教学境界：领悟价值与意义、揭示方法与思想、发现事实与概念。据此层层深入来组织教学活动，学生的收获就不仅仅是概念的获得，还会有思维的磨炼、智慧的增长、价值的认同、精神的生长。

（一）"土壤中分解尿素细菌的分离与计数"教学组织

以"土壤中分解尿素细菌的分离与计数"为教学案例，基于学科核心素养的要求，重新审视和定位实验教学目标，按照"发现事实与概念、揭示思想与方法、领悟价值与意义"的三重境界组织教学，重在对学生进行科学思维品质的培养和科学探究能力的训练。

1. 现状分析及问题提出

实验不仅是一种动手操作过程，而且更是一种思维方式的训练。反观常规实验课教学，通常是教师先告诉学生实验目的、原理，明确实验步骤，然后让其"照方抓药"。这看似按部就班，学生却在迷迷糊糊中完成了实验操作。如此组织教学，使得实验教学沦为简单的动手操作，思维训练和方法渗透几乎缺失，课堂效益极为低下。生物学实验教学应如何突出培育学生的科学思维习惯和品质，训练其科学探究能力，对此笔者进行了相关理论探讨和课例研究，取得了良好的教学效果。

2. 实验教学的目标定位

生物学是一门以实验为基础的自然科学。自然科学具有四个维度即科学是

---

① 季苹. 教什么知识［M］. 北京：教育科学出版社，2009：91.
② 余文森. 核心素养导向的课堂教学［M］. 上海：上海教育出版社，2017：145.

一个概念体系、科学是一种思维方式、科学是一套探究方法、科学要与技术、社会相互作用。《普通高中生物学课程标准》（2017版）也明确指出：生物学学科核心素养包括生命观念、科学思维、科学探究和社会责任四个方面。由此可知，生物学核心素养的四个方面恰好是自然科学四个维度的凝练。因此，生物学实验教学必须以学科核心素养为导向，尽力反映生物学作为一门自然科学的属性和本质。即不仅要引导学生发现处于学科表层的"事实与概念"，而且更要努力揭示内隐于"事实与概念"背后的"思维方式"和"探究方法"，挖掘蕴藏于"事实与概念""思维与方法"背后的"价值与意义"，领悟科学、技术与社会三者之间的互动关系。

事实上，不仅生物学整个学科知识包含价值与意义（内层）、方法与思想（中层）、事实与概念（外层）的三重结构，而且生物学任何一个知识点都应包含四个层面，即事实性知识、概念性知识、方法性知识、价值性知识。这是因为所有知识都是人类创造的，必然是在人类需要或在一定的价值取向的驱使下创造的，而每一个创造都产生于特定的思想方法，每一个创造在本质上都是一定的价值取向、思想方法、概念原理和现象事实。而现行的生物学教材，事实与概念是显性的，方法只涉及了一部分，且方法背后的思想、价值总体上处于内隐或缺失状态。也就是说，我们教给学生的是残缺不全的知识，因而知识不能有效地转化为素养和能力。由此看来，"思想与方法"及"价值与意义"不仅是学科知识的重要组成部分，而且体现了学科的属性和本质，是学科核心素养最重要的源泉和基础，理应成为生物学教学的重要目标。

3. 实验教学的组织方式

培育学科核心素养，需要呼唤基于学科本质的教学。而基于学科本质的教学，就要求我们超越具体的事实与概念，去把握事实与概念背后的学科方法、学科思想、学科价值及学科精神，聚焦学科思维的训练。唯其如此，学科知识的教学才能有助于学科核心素养的形成。

具体说来，生物学教学应该首先要揭示知识蕴含的价值和意义，并借此驱动学生运用或学习科学家的研究策略和方法，对相关事实和现象进行分析、综合、比较、分类，或演绎推理，或归纳概括，或模型构建，最终"发现"相应的概念、原理、规律等概念性知识。

基于上述认识，我们提出了生物学教学的三重境界：领悟价值与意义、揭示思想与方法、发现事实与概念，并在高中生物实验教学中进行了实践。

（1）领悟价值与意义

教学引入环节如何设计？一种是基于课题内容，直接介绍尿素的来源和细菌的特点，引入课题任务：分解尿素的细菌的分离与计数。另一种是依据学生生活实际，图片展示一盒酸奶说明书。酸奶的品质与活菌的数目密切相关，面对超市货架上琳琅满目不同品牌的酸奶，如何选购、保存高品质的酸奶呢？第一种是常规引入，优点是能说明课题的来龙，缺点是不能明示去脉，教学的境界站位仅局限于知识的层面；同时由于远离学生生活实际，难以激发学习兴趣。相比之下，第二种方式从酸奶出发，不仅迅速拉近与学生的距离，且使学生领悟到活菌计数的价值和意义。课堂效果显示，先明确课题研究的价值和意义能有效激发学生求知欲。然后，承上启下，提出本节课的核心问题，即"土壤中细菌种类数目众多，如何分离并计数分解尿素的细菌？"对此，传统的教学设计通常是教师直接告知学生原理或仅做简单的引导说明，即通过使用以尿素为唯一氮源的选择培养基对土壤细菌进行选择培养分离，用稀释涂布平板法进行计数，同时培养基中加入酚红对分解尿素的细菌进行鉴定。可是，问题是为什么要先分离再计数？为什么要选择培养？为什么培养基中添加"尿素"就能发挥选择的功能？为什么计数前要稀释？如何稀释？加酚红鉴定的必要性在哪里？若这些问题不能在课堂上深入剖析，就会丧失了对学生进行思维训练的大好机会。

（2）揭示思想与方法

当抛出核心问题"土壤微生物种类众多，如何分离尿素分解菌"时，大部分学生有些茫然。此时，教师启发，如何从群体中找到一类特定的事物？学生思考回答说："应该依据其特征进行寻找，比如，设定一种环境，只有分解尿素的细菌能生长，其他微生物不生长。"教师追问："我们知道人工设置的这种环境，通常是培养基，你能否设计一个培养基配方，将该菌分离出来？"

学生先独立思考设计，然后再讨论交流。在课堂观察中发现，大部分同学能够依据微生物培养所需的营养，写出四大类营养物质：碳源、氮源、水和无机盐。但在具体的成分上，却出现了差异。其一是在氮源的选择上，有部分同学用蛋白质、牛肉膏或蛋白胨，少数同学用尿素。其二是是否加琼脂，面对这种错误性和差异性学习资源，教师要及时发现并加以利用。让持不同观点的同学各抒己见，说明理由，最后在争论中达成一致：让氮源发挥选择功能，即以尿素为唯一氮源，并加入琼脂，使其成为固体培养基，以便分离单菌落。

此时，教师补充资料，琼脂的主要成分是琼脂糖和果胶，但还有少量含氮化合物。据此，上述确定的培养基配方如何优化？学生能做出仅选择琼脂糖，使尿素成为唯一氮源的方案。由此,初步建立了选择培养的思想和方法。

我们知道,科学实验需要设置对照以使实验结论更可靠。那么,针对上述选择培养基,需要设置怎样的对照,如何引导学生建立设置对照的思想呢?针对这个问题,反复斟酌,设问如下:"理论上,在选择培养基上,一般只有分解尿素的细菌能够生长,如何确定该现象是由选择培养基的选择作用使然呢?"这个问题看似多余,深入分析则不然。因为造成一个结果背后的原因有多种,当将土壤溶液接种到选择培养基后,观察到有一些菌落在生长时,究竟是培养基选择作用造成的,还是土壤中原本就只有这一类细菌呢?学生对这个引导分析表示认同。接着,学生尝试设计方案解决该问题。经过思考,学生能够设计出以基础培养基做对照,以排除土壤中细菌种类可能单一的原因。至此,学生建立了设置对照的思想和方法,同时体会到科学探究的严谨性。

综上所述,通过"初步建立选择的想法→设计培养基配方→优化培养基配方→设置对照"等教学环节,选择培养的实验思想与方法,在学生头脑中逐渐清晰起来。由特殊到一般,学生能够察悟科学实验设计的一般原则即对照原则和单一变量原则。同时,能够深刻理解选择培养基这一概念的内涵。

(3)发现事实与概念

在本课题中,酚红可以与尿素的分解产物氨发生作用,使培养基呈现由黄色变红色的现象。据此用以鉴别分解尿素的细菌。传统课堂中,很多教师的处理是在前一节介绍培养基种类时,直接讲授给学生鉴别培养基的概念。本节课,我们的设计是基于真实的实验结果,让学生因观察而发现,因发现而疑问,因疑问而探索,因探索而生成。

因涉及细菌培养时间的问题,学生课堂上无法看到自己的实验结果,于是,我们将之前预实验的结果展示给他们。经过观察发现,实验48小时后,与对照培养基相比,第一个稀释度的尿素选择培养基开始出现粉红色,并随时间延长,其红色逐渐加深;同时,随稀释倍数的增加,不同的平板依次出现粉红色。据此,学生主动提出问题:为什么尿素选择培养基呈现红色?此时教师应向学生提供酚红的"身份证",即它的化学特性,然后学生依据此变色反应原理,并结合细菌的作用,对变红的现象做出合理的解释(基于证据的逻辑推理),进而初步体会到鉴别培养基的功能。继续引导学生观察,敏锐的同学发现,在一个尿素选择培养基上,当大多数菌落周边的培养基变红时,却有零星几个菌落没变化。此时,教师追问"为什么?并尝试做出解释,进而设计实验验证"。这个任务较有难度,学生需要静心思考、探讨交流。这样,学生重新审视酚红鉴别作用的必要性，更好地生成了鉴别培养基的概念。

综上所述，在价值性知识的引导下，在方法性知识的探讨中，借助事实性知识的证据和线索，才能明晰概念的来龙去脉，洞察其本质，从而扎实地构建出概念性知识。事实上，学生不仅收获了概念，还提高了观察、提问、分析和实验设计等科学探究的能力。

总之，"领悟价值与精神、揭示思想与方法、发现事实与概念"，是基于学科本质的教学境界或教学组织形式，是学科知识走向学科核心素养的必由之路。

（二）对2016年北京卷理综试题的反思与研讨

可能有些同人会问：教方法和教思想能帮助学生应对高考吗？这也是我们一线教师非常关注的一个现实问题，为此，笔者主持了一次生物学科组高考研讨会，对2016年高考北京卷理综试题第29题和30题进行研讨。

资料：

29. （16分）人感染埃博拉病毒（EV）会引起致命的出血热。为了寻找治疗EV病的有效方法，中外科学家进行了系列研究。

（1）EV表面的糖蛋白（EV–GP）作为_____刺激机体产生_____性免疫反应。

（2）科学家采集了多年前感染EV并已康复的甲、乙两人的血液，检测抗EV–GP抗体的水平。据图1（图3–13），应选取_____的血液分离记忆B细胞用以制备单克隆抗体（单抗）。

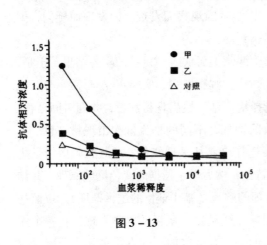

图3–13

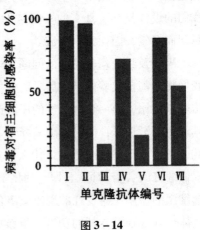

图3–14

（3）将制备的多种单抗分别与病毒混合，然后检测病毒对宿主细胞的感染率。根据图2（见图3–14），抑制效果最好的两种单抗是_____。

（4）EV–GP 具有多个与抗体结合的位点。为了研究上述两种单抗（分别称为 A、B）与 EV–GP 结合的位点是否相同，可按图 3（见图 3–15）所示简要流程进行实验。

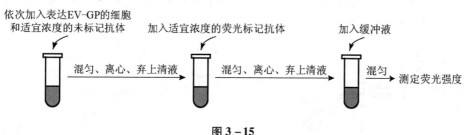

图 3–15

①请将图 3（见图 3–15）中应使用的抗体填入下表（见表 3–2）i、ii、iii、iv 处（填"A"或"B"或"无关抗体"），完成实验方案（一种即可）。

表 3–2

组别 ＼ 抗体	未标记抗体	荧光标记抗体
实验组	i _____	ii _____
对照组 1	iii _____	iv _____
对照组 2	同 ii	同 ii

②若 A、B 与 EV–GP 结合的位点不同，与对照组 1、2 分别比较，实验组的荧光值应_____。

（5）中国科学家用分子结构成像技术证实了 A、B 与 EV–GP 结合的位点不同。基于上述系列研究，请你为治疗 EV 病毒提供两种思路_____。

30.（18 分）研究植物激素作用机制常使用突变体作为实验材料，通过化学方法处理萌动的拟南芥种子可获得大量突变体。

（1）若诱变后某植株出现一个新性状，可通过_____交判断该性状是否可以遗传，如果子代仍出现该突变性状，则说明该植株可能携带_____性突变基因，根据子代_____，可判断该突变是否为单基因突变。

（2）经大量研究，探明了野生型拟南芥中乙烯的作用途径，简图(见图 3–16)如下。

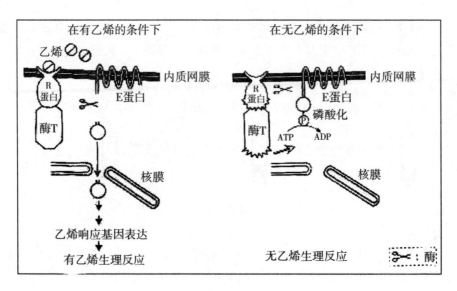

图 3 - 16

由图（见图 3 - 16）可知，R 蛋白具有结合乙烯和调节酶 T 活性两种功能，乙烯与_____结合后，酶 T 的活性_____，不能催化 E 蛋白磷酸化，导致 E 蛋白被剪切，剪切产物进入细胞核，可调节乙烯响应基因的表达，植株表现有乙烯生理反应。

（3）酶 T 活性丧失的纯合突变体（1#）在无乙烯的条件下出现_____（填"有"或"无"）乙烯生理反应的表现型，1#与野生型杂交，在无乙烯的条件下，F_1 的表现型与野生型相同。请结合上图从分子水平解释 F_1 出现这种表现型的原因：_____。

（4）R 蛋白上乙烯结合位点突变的纯合体（2#）仅丧失了与乙烯结合的功能。请判断在有乙烯的条件下，该突变基因相对于野生型基因的显隐性，并结合乙烯作用途径陈述理由：_____。

（5）番茄中也存在与拟南芥相似的乙烯作用途径，若番茄 R 蛋白发生了与 2#相同的突变，则这种植株的果实成熟期会_____。

研讨：

[笔者] 大家好，很高兴又到了我们的学科组活动时间。上次的学科组活动我们进行了高考试题解题大赛，今天我们就来交流一下做题的感受，并对 2016 年高考试题予以评析。如何分析和评价呢？我想主要从以下两个方面展开：一是总体评价，以领悟命题指导思想（是否以能力立意、是否注重考查学生的创

新性思维)、把握命题趋势(试题的传承与创新,高考样题对于高考命题样板作用)、提炼命题特色(寓教于考等);二是逐题分析,即教师在做题时有什么困惑?学生的思维障碍又可能是什么?反思并找出平时复习与高考真题之间的差距,思考每道题对今后的备考复习有何启迪。杨老师、刘老师,你们都是刚带完高三的老师,先说说你们的感受吧。

[刘老师]学生反馈今年高考生物较难,特别是第29题和第30题。我们在高考之后针对学生的反馈做了一个大致的统计,结果显示北京卷之所以难是因为它对于学生能力的考查重点不是知识的记忆,更多的是对资料信息的分析和对知识的应用。这是近几年生物高考的一个大的趋势,我们很高兴地看到学生在知识记忆的部分几乎是没有失分的,而通过平时的训练学生也能很快地获取题目当中的有效信息从而保证得分。而两道题最突出的失分部分就是对于生物学知识和生物学方法的应用部分,这是今年高考变化最大的一点。

[张老师]是这样的,其实失分不是学生不知道,而是不知道怎么用。以失分严重的30题第(4)问为例,判断突变基因的显隐性。其实类似的题目在我们看来是非常简单的。比如,孟德尔的经典实验。纯种高茎和纯种矮茎杂交后代只有高茎,即可说明高茎为显性性状。这是显而易见,每位同学都知道的最基础的知识。但为什么在换成了设计实验这样一种形式之后就完全蒙了呢?关键是对生物学方法的认识不够到位。题设条件是纯合的突变型和纯合的野生型个体,单独存在的性状是不能区分显隐性的。所以我们在做题时才会去看他们的杂交子代。因为杂交子代才能拥有一对等位基因,一个野生基因一个突变基因,谁是显隐性?这才能做出比较。这是最经典的实验方法,但是如果学生对显隐性基因没有一个深入的认识,就不能真正理解这种方法的内涵,从而不能灵活运用。

[杨老师]这道题相当一部分学生在思考的第一步就已经败下阵来。但是即使这一步思考到位这道题的分也不一定能够拿到。得到的F1,究竟表现哪种性状呢?这不仅需要准确地获取题目信息,还需要学生在知识的深度上有着深刻的理解,即生物为什么会表现出显性或者隐性。我觉得这道题对我的触动很大。我清楚地记得在上课后有兴趣的同学会问我这个问题,我也只是对个别学生做出过回答,而且只是简单笼统的介绍,并没有作为重点深入讲解理解等位基因的关键是要从分子水平把握等位基因"是否发挥了作用",我们可以把等位基因"发挥了作用"看成是显性,而把没有发挥多作用看成是隐性。也就是用基因表达确定基因的显隐性。突变基因表达出有缺陷的蛋白质,在等位基因存在的条

件下，如果它的性状没有最终表现出来那就是隐性基因，但如果表现出来了那就是显性基因。这样就能把握等位基因及其功能的实质，全面理解等位基因显隐性及其性状的关系。我们在日常教学中并没有对知识进行深入的讲解，所以学生理解深度不够，很难应对现在的高考题。

[笔者] 大家都说得非常好，我们仅从高考的这一道小题就暴露了平时复习与高考真题之间的差距。首先在知识的教学上是不到位的（不够深入，没有深入到分子水平，应该教会学生从基因的视角审视生命世界）；其次在方法的教学上有欠缺（知道这种方法，但不会用方法）。学生为什么知道方法而不会用方法呢？究其原因在于教师没有引导学生把方法背后的思维方式即科学思想揭示出来。杂交、自交、测交，以及正交与反交等均是经典遗传学的实验方法，要想灵活应用这些方法，前提是能够洞察、领悟这些方法各自的优势。例如，"杂交"最大的优势就是能够获得杂合子，从而能够确定等位基因的显隐性，然后可以通过杂合子自交或测交进而确定等位基因的遗传规律。而"自交"最大的优势在于能够澄清自交后代的基因来源，从而判断某一突变性状是否可遗传。

[王老师] 听了各位的话真是受益匪浅，高考复习真不是一件容易的事情，需要实时把握高考的最新动向，高考就像一个指向标指引着高考复习。如果把刚才各位老师的讨论做一个小小的总结，就是我们需要在知识的深度上做更多的挖掘，生物学基本方法上也要有更深入的理解才能够灵活运用，但前提是我们需要对它们背后的生物学思想有深刻的认识才能更好地传递给学生。几位老师刚才的话让我特别有感触，而且我觉得同样的道理在第29题的第（4）小题上也体现得特别明显。一眼看过去这就是一个对照试验的设计，而且采用的是常用的荧光标记法。可以说每个学生都对生物学实验设计的基本原则、对照原则、单一变量原则、等量原则等烂熟于心。但别说学生了，我在做这个题的时候刚开始都是一头雾水，不知从何下手，看来问题也是出在这里。

[刘老师] 这道题用到的生物学实验方法首先是荧光标记法，其实它在高中生物学课本中多次出现，如放射性同位素失踪技术确定分泌蛋白的运输途径，光合作用过程中二氧化碳的运输途径，运用荧光标记法研究细胞膜的流动性等。学生对这种方法并不陌生。但即使这样相当一部分同学依然没有看懂实验流程，标记的目的是什么？为什么要离心？为什么取上清液？最后检测的目的是什么？我们在这个时候的确在介绍方法的时候需要把它深层次蕴含的思想介绍到位，其实虽然不同的实验都用了荧光标记，但标记的目的都是相同的，他们共通的思想就是把隐形的、看不到的通过荧光变为显性的、可以看到的，把微观的变

成了宏观的。如果能够从思想上认识到，那么就可以灵活地运用这种方法了。

[张老师] 你说的这点我特别赞同，这不禁让我想起了我在这次高二教学中的一个小片段。记得在讲关于寻找特异性的杂交瘤细胞的时候，学生说用抗体检测，我说这个抗体和抗原能否特异性结合？即便结合了以后能看到吗？学生说看不见。那看不见怎么知道它们结合上了呢？学生说能不能让它们带个标记啊。那带什么标记呢？不知道带什么标记，总觉得要带个标记。接下来我再介绍酶的显色反应。方法和荧光染料标记的方法一样。我们是否深入地挖掘了这种研究的方法和思想？孩子们是在讲探针的时候，就是在讲基因工程目的基因的获取的时候就有想法了，如何知道探针与目的基因结合上了呢？学生很自然地想到用标记的方式去做。再介绍用放射性同位素标记的能否给我一个思路？他们真的说得很好，所以我觉得真的需要提出问题，给他们时间，让他们去思考。我们还没有进入高三复习，也就是说我们总结到的关于知识、方法、思想的思考不仅在高三教学，其实在高二的教学中就可以渗透，而且学生完全是有能力实现的，关键在于教师的引导是否到位。

[杨老师] 其实在这道题中，我们还可以看到，从知识的角度来说它的考查也是具有一定的区分度的。题目很清楚地告诉我们埃博拉病毒的糖蛋白有多个与抗体结合的位点，这其实说的是在抗原表面是具有抗原决定簇的，而在同一种抗原表面的抗原决定簇是可以有多种类型的。如果学生具备这样的前概念，那么这道题在理解上就没有什么难度了。但是这个知识点并不是课本上涉及的内容，不过要说它考察范围超纲也没有，因为毕竟题目有提示。但显然如果有一定的前概念可以加速理解的话是可以为分秒必争的高考赢得宝贵的时间的。这在一定程度上也提示我们在知识的广度上我们也应该有所拓展。

[王老师] 杨老师的话似乎提到了一个我平常一直很困惑的一个问题。高中生物一共三本必修、两本选修，但是学习时间只有两年。这两年的高中教学我似乎一直是在和时间做斗争，一方面又觉得想要说的内容很多，另一方面又迫于时间的压力在赶课。我觉得我几乎每节课前都要和组里的老师讨论一下我的讲课内容，哪些要讲，哪些不讲。现在从高考来看，知识无论是从广度还是深度上都是要适当拓展的，这并不是在给学生增加负担，而是更便于他们去深入地理解知识。只是如何去兼顾基础知识与拓展内容真的觉得好难。

[笔者]（总结与升华）经过大家的讨论，生物学科加工和备考的方向越来越明确了。从知识教学的维度来看，我们需要在知识的深度上进行挖掘，在知识的广度上进行拓展，建立知识之间固有的、实质性联系，这样才可能实现知

识的综合、灵活应用。从方法教学的维度来看，要强化生物学研究方法的教学，这对于学生解决遗传分析题和实验探究题都是必备的技能。但是，要想真正掌握研究方法，必须引导学生揭示研究方法背后的思维方式，即科学思想。因为方法是实施思想的技术手段，思想则是应对方法的精神实质和理论基础。知识、方法、思想是互为表里、密切相关的。知识是方法和思想的基础，方法和思想反过来又促进知识的深化及向能力的转化。① 教学内容应该是知识、方法、思想的有机整合。其中，思想是沟通知识和方法的桥梁，是解决问题的灵魂。因此，生物学教学的最高境界应该是用科学思想去统领和驾驭研究方法，剖析知识的产生过程，揭示概念的本质属性，促进知识的迁移应用。这样，能力也就自然生成了。总之，为增长学生的智慧而教，应该成为每一位教师教学工作的核心目标。

---

① 陈立群. 我的教育主张［M］. 上海：华东师范大学出版社，2015：234.

第四章

概念性知识的教学重心

第一节　概念教学重在揭示本质

何谓概念？按照汉语词典的解释，是"人们在反复实践和认识过程中，将事物共同的本质特点抽象出来，加以概括而形成的理性认识"。而生物学概念也是在众多的生物学事实的基础上归纳、推理出来的结论，是人类思维活动的结果，是抽象的、主观的反映。广义的概念包括概念、原理、规律、理论、模型等概念性知识。

在生物学教学中，面对丰富多彩的生命现象和事实，如果教学局限于具体的生物学事实和表象性认识上，侧重于学习和记忆数据、术语、例子等，那么学生就不能把握事实、现象背后的事物的本质特征，其迁移能力、创新能力和解决实际问题的能力就不强。因此，我们要明确生物学事实是帮助学生形成正确概念的基础，教师的教学活动，不仅仅是让学生记住一些生物学事实，更重要的是让学生通过事实抽象出生物学本质的东西，建立正确的生物学概念，进而在学生的头脑中建构出合理的概念体系，并能利用这个体系解决实际问题。下面以教学课例详细说明：概念教学的重心在于揭示本质。

一、细胞分化与细胞全能性的教学逻辑

"细胞分化"和"细胞的全能性"是高中生物必修 1《分子与细胞》中两个紧密联系的重要概念。其具体内容标准为："说明细胞的分化；举例说明细胞的全能性。"由此可见，课程标准是将其定为理解水平的，即要求学生能够陈述细胞分化的概念内涵（包括细胞分化的原因、结果、特征、意义等）。细胞分化能力的强弱称为发育潜能（development potential），细胞具有分化出各种组织和细

胞，并能发育成完整个体的潜能称为细胞的全能性（totipotency）①。然而，不少教师受教材表述的影响，把这一概念做了狭义的理解。本书援引《分子细胞生物学》等专著的有关论述，试图对"细胞的全能性"这一核心概念予以诠释，并在教学组织中揭示"细胞分化"与"细胞全能性"之间的逻辑关系。

（一）"细胞分化"概念内涵及层级

下面尝试用完整的陈述句来表述"细胞分化"的概念内涵及层级。

①在个体发育中，由一个或一种细胞增殖产生的后代，在形态、结构和生理功能上会发生稳定性差异。细胞的这种特化不仅是正常发育所必需的，而且还能提高细胞各种生理功能的效率。

②一般说来，体内各种细胞均含有物种的全部基因，但不是全部基因都在活动。细胞之所以在形态、结构和功能上发生稳定性差异，是因为组织特异性基因选择表达成了组织特异性蛋白的缘故。从理论上讲，已分化的细胞仍然具有发育成一个完整个体的潜能。

③细胞分化是渐进性的，其方向的限定早于形态差异的出现，且分化细胞的表型保持相对稳定，一般不可逆转。

之所以采用完整的陈述句的形式来表述概念，是因为这种表述方式更易于确认需要学生理解和掌握概念的内容及意义，也更易于建立概念之间的联系。②

（二）"细胞分化"概念教学的组织

在分析"细胞分化"的概念内涵及层级之后，教学设计应该紧紧围绕着相应的概念条款展开，通过列举事实、分析讨论，或者基于资料的探究等活动，帮助学生深层理解这些概念内涵，并基于概念理解而构建合理的知识结构（见图4-1）。

1. 列举事实，尝试定义

呈现人的受精卵发育至胎儿的图片，列举学生熟知的根尖分生区细胞分化成伸长区、成熟区的事实，然后，引导学生抽象概括出："细胞分化是指在个体发育中，由一个或一种细胞增殖产生的后代，在形态、结构和生理功能上会发生稳定性差异的过程。"这是广大教师一贯坚持的做法，值得肯定。因为事实是用来帮助学生建立和理解概念的，事实当然要围绕着概念的结构来排布。但是，定义常常

---

① 韩贻仁. 分子细胞生物学［M］. 北京：科学出版社，2001：544.
② 刘恩山，张颖之. 课堂教学中的生物学概念及其表述方式［J］. 生物学通报，2010，45（7）：41—42.

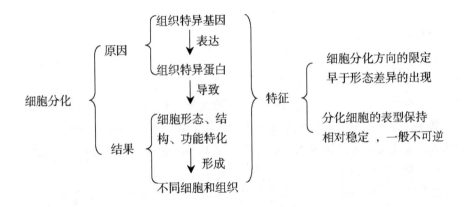

图 4 - 1　细胞分化的概念内涵

不等同于概念。"定义"通常用"是……"来表述，说得十分肯定。"概念"描述一类事物的本质，有时并不用"是"来描述。在引导学生下定义之后，教师还应该设置下列问题，吸引学生深入思考细胞分化的结果和生物学意义。

问题：

①在人的个体发育过程中，假若没有细胞分化，受精卵能发育成胎儿吗？为什么？②细胞在形态、结构上出现特化，对于细胞完成其生理功能有何意义？③从遗传的角度分析，受精卵为什么能够发育成一个完整个体？

问题③的设置实际上是指向"细胞全能性"这一核心概念的丰富内涵，之所以在此设置问题③，一方面是因为不仅已分化的细胞具有发育成完整个体的潜能，未分化的受精卵在自然条件下更容易发育成一个完整的个体。也就是说，"细胞全能性"这一概念是随着教学进程不断建构起来的。另一方面，其用意还在于探讨细胞分化的原因，起到承上启下的教学功效。

2. 探究发现，明晰原因

美国地平线研究组（Horizon Research Team）主席维斯（Weiss）及高级研究助理帕斯利（Pasley）经过了 18 个月的观察，对 364 节课详细分析，发现优质课堂主要有几个特征，① 其中包括：①在课堂教学过程中，教师善用多种策略，为某个科学概念提供清晰的阐释；②吸引学生从事动脑筋的活动；③帮助学生理解学科的核心概念等。因此，可以引入相关科学史对细胞分化原因进行

---

① I. R. Weiss, J. D. Pasley. What is high quality instruction [J]. Educational Leadership, 2004：61.

探讨。

资料：

①最早试图对细胞分化机制做出解释的学者是 Weismann（1883），他根据当时对马蛔虫的研究结果，提出了"体细胞分化是由于遗传物质丢失造成的，每一种组织只保留了其特有的遗传物质"的见解。在马蛔虫这一特例中，在卵裂过程中体细胞的染色体确实发生丢失现象。因此，Weismann 这一观点在当时看来既符合逻辑，又有实际例证，因而被学术界所普遍接受。你同意上述观点吗？根据是什么？

②1958 年 Steward 等利用胡萝卜根的韧皮部组织培养出了完整的新植株；1970 年 Steward 用悬浮培养的胡萝卜单个细胞培养成了可育的植株。

③1969 年 Nitch 将烟草的单个单倍体孢子培养成了完整的单倍体植株。

分析资料②和资料③，你得出的结论是什么？这样，基于对上述三则资料的分析探究，学生就容易得出以下结论：首先，高度分化的植物体细胞，遗传物质并没有丢失，仍含有发育成一个完整个体所需的全套基因，具有发育的全能性；其次，在二倍体染色体组中，只要有一套单倍体的基因组，就含有该物种的全部遗传信息，因此，植物的生殖细胞也具有发育的全能性。至此，细胞全能性的概念内涵已昭然若揭，师生共同归纳（见图 4-2）。但学生仍然会有两个疑问（教师应鼓励学生提出疑问）：第一，既然已分化细胞中含有相同的遗传信息，为什么细胞的形态、结构和生理功能会出现稳定性差异？第二，已分化的动物细胞是否也像植物细胞那样具有发育的全能性？针对第一个疑问，教师可以列举事实，循循善诱，问题指向要明确，最终让学生领悟"细胞分化是组织特异性基因表达的结果"。例如，通过分子杂交实验表明，在任何时间一种细胞的基因组只有一少部分基因在活动。在幼红细胞中，糖酵解酶系的编码基因、核糖体蛋白基因是否均能表达？血红蛋白基因、胰岛素基因是否都能表达？细胞的形态、结构与生理功能主要由哪种化学物质直接体现？你认为由幼红细胞最终分化成红细胞的主要原因是什么？针对第二个疑问，教师要向学生说明："到目前为止，人们还没有成功地将单个已分化的动物体细胞培养成新个体，这是因为动物细胞的发育潜能随着分化程度的提高而逐渐变窄。但这种分化潜能的变化是对细胞整体而言的，对细胞核来说是否还保持着全能性呢？"进而引导学生分析细胞核移植实验。

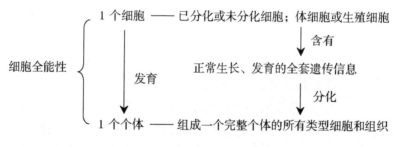

图 4 - 2 细胞全能性的概念内涵与外延

3. 因果分析，把握特征

学生一旦理解了细胞分化的因果关系，就容易从中把握细胞分化的特征。一是渐变性。细胞在发生形态差异之前的一定时间，细胞分化命运即已确定，基因活动模式已发生改变，从基因到蛋白质再到细胞形态、结构、功能特化是一个渐变过程。二是不可逆性。分化细胞的表型保持相对稳定，以执行特定的功能。然而，在某些条件下，分化细胞的基因活动模式可发生可逆的变化，又回到未分化状态。

（三）"细胞全能性"的概念诠释

正如前文所言，细胞全能性是指细胞具有分化出各种组织和细胞，并能发育成完整个体的潜能。然而不同版本的教材表述不一，人教版以黑体字非常醒目地标明："细胞的全能性是指已经分化的细胞，仍然具有发育成完整个体的潜能。"中国地图版将概念的外延进一步缩小："高度分化的植物细胞仍然有发育成完整植株的潜能，这是细胞的全能性。"浙江科技版则以举例说明的形式来表述概念："受精卵具有分化出各种细胞的潜能，这种潜能称为细胞的全能性。"不同版本教材，各执一端，莫衷一是。在此，我们援引翟中和院士在《生命科学和生物技术》一书中的阐释："每一个细胞，不论低等生物或高等生物的细胞、单细胞生物或多细胞生物的细胞、结构简单或复杂的细胞、未分化或分化的细胞（除个别终末分化的细胞外）、性细胞或体细胞都包含着全套的遗传信息，即全套的基因，也就是说它们具有遗传的全能性。"[1] 另外，笔者根据《分子细胞生物学》中的有关表述和翟中和先生的阐释，对"细胞全能性"这一核心概念做了诠释（见图 4 - 2），希望与同人交流看法。在教学组织中，笔者将"细胞全能性"融入对细胞分化原因的探究中，试图展现概念的建构过程，全面

---

① 翟中和. 生命科学和生物技术［M］. 济南：山东教育出版社，2000：69.

反映概念的内涵和外延，并揭示"细胞分化"与"细胞全能性"这两个核心概念之间的逻辑关系。

二、基因重组和基因突变的概念教学

概念教学是生物学教学的重要组成部分，因为理解生物学的基本概念是掌握生物科学的基础，是形成科学思维的正确途径。理解生物学的基本概念，不仅要知道它们的含义，还要知道它们的前因后果、适用条件和范围，以及相关要素之间的内在联系。基因突变和基因重组是遗传学中两个核心概念，本书以此作为概念教学的范例，主要探讨学生获得概念的两条基本途径，即概念的形成和概念的同化、概念要素整合的方法策略。

（一）概念的同化与要素整合

所谓概念的同化，是指利用学习者认知结构中原有的概念，以定义的方式直接揭示概念的关键特征，从而使学习者获得概念的方式。即采用"定义—例子—定义"的方式，先向学生陈述一个定义，接着呈现几个例子（正例和反例），然后分析这些例子是如何代表这一定义的。①

"基因重组"适合以概念的同化方式进行教学，因为学生已经习得了基因的自由组合定律和减数分裂过程中同源染色体交叉互换等用来同化新概念的相关知识。教学时可以直接向学生陈述"基因重组是指在生物体进行有性生殖的过程中，控制不同性状的基因的重新组合"。然后提出质疑，即控制不同性状的基因是等位基因还是非等位基因？这样学生通过运用相关概念进行分析判断，就会明确控制不同性状的基因属于非等位基因，基因重组主要来源于非同源染色体上的非等位基因的重新组合和同源染色体上的非姐妹染色单体之间的基因互换。那么在有性生殖过程中，控制不同性状的基因为什么会重新组合？怎样重新组合？基因重组会产生什么结果？这一系列问题不仅能够促使学生对基因重组的原因、过程、结果进行深层次思考，而且也使得概念教学由"定义"向"例子"环节过度。

正例 1：孟德尔两对相对性状的遗传试验

为使学生领悟基因重组能够产生新的基因型和表现型，可采用由果推因的教学策略，即由 F_2 代新表现型推出新基因型，再由新基因型推出产生这些新基因型的配子基因型，最后再由配子基因型推出 F_1 产生配子时，非等位基因自由

---

① 陈琦等. 当代教育心理学［M］. 北京：北京师范大学出版社，1997：142—143.

组合导致基因重组。上述由果推因的过程可用图4-3表示。

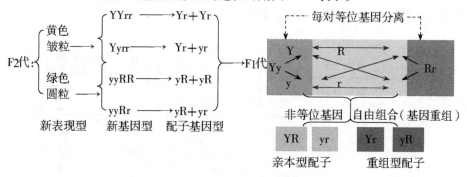

图4-3 "基因重组"因果分析

反例1：当 F_1 代 YyRr 进行无性生殖时，能否发生基因重组？当亲本 YYRR 或 yyrr 进行有性生殖时，能否发生基因重组？基因型为 YyRR 豌豆植株自花传粉时，能否发生基因重组？

分析上述反例的目的，一方面促使学生在新的问题情境中运用基因重组的概念进行分析判断，另一方面使之领悟到只有杂合子（基因型中至少含有2对等位基因）在进行有性生殖时才会发生基因重组，即发生基因重组需要满足两个前提条件：杂合子和有性生殖。

正例2：同源染色体交叉互换导致基因重组

当基因型为 AaBb（两对等位基因位于同一对同源染色体上）生物体产生配子时，假若四分体时期没有发生同源染色体之间的交叉互换，则会产生几种配子？假若四分体时期发生了同源染色体之间的交叉互换，情况又怎样？其中哪种是重组类型的配子？重组类型的配子是否为基因重组的结果？这种基因重组是怎样引起的？试画出配子产生的图解。

反例2：当基因型为 AaBb（两对等位基因位于同一对同源染色体上）生物体进行无性生殖时，能否发生基因重组？试分析原因。

当完成例证分析后，需要再从例子回到定义，再次陈述和讨论定义，从而完成概念同化教学的"三步曲"。由定义到例子属于演绎思维，而由例子再到定义，则属于归纳思维。这样，通过"定义—演绎"，使学生"发现"基因重组发生的条件和原因；通过"归纳—定义"，则使学生概括出基因重组的内涵，即在减数分裂过程中，无论是非等位基因的自由组合，还是等位基因的互换，都能引起控制不同性状的非等位基因重新组合（基因重组）。同时还能够将基因重组的条件、原因、结果、意义等概念要素有机地融合在一起，贯通成一个整体结构（见图4-4），以便于记忆、理解、索取和运用。

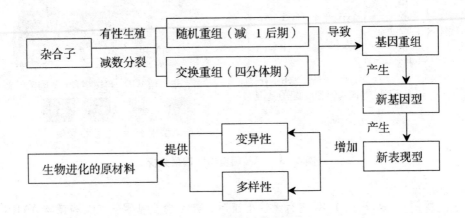

图4-4　基因重组概念要素整合

（二）概念的形成与要素整合

概念的获得，实质上是要理解一类事物共同的本质属性，也就是说，使符号代表一类事物而不是特殊的事物。所谓概念的形成，是指从大量的例子出发，以归纳的方式抽取出一类事物的共同属性，从而获得某些概念。① 基因突变适合以概念的形成方式进行教学，因为学生头脑中没有用以同化新概念的相关知识。

例证1：碱基对的替换——镰刀型细胞贫血症

①让学生查阅密码子表，完成镰刀型细胞贫血症病因分析图解，并按图解说明镰刀型细胞贫血症的病因，想一想它能否遗传？如何遗传？

②当血红蛋白基因的 $\dfrac{CTT}{GAA} \rightarrow \dfrac{CTC}{GAG}$，编码的氨基酸是否发生改变？这与密码子的兼并性有何关系？你认为密码子的兼并对生物的生存发展有什么意义？

对上述两个问题的分析，主要是让学生领悟到碱基对的替换可以导致基因结构发生改变，通常会引起一定的表现型变化，但并非一旦发生了这类碱基对的替换，就一定能引起表现型的改变。

例证2：碱基对的缺失或增加——血红蛋白α链基因的信息链移码突变

---

① 陈琦，等．当代教育心理学［M］．北京：北京师范大学出版社，1997：142.

正常血红蛋白 α 链从 137～141 位氨基酸序列及密码子序列为：

密码子顺序：ACC   UCC   AAA   UAC   CGU   UAA

氨基酸顺序：苏氨酸 丝氨酸 赖氨酸 酪氨酸 精氨酸 终止

①当 α 链基因的信息链缺失一个碱基 C，使信使 RNA 单链上为丝氨酸编码的第三个碱基 C 缺失，翻译成的氨基酸序列将如何变化？

②假若 α 链基因的信息链缺失三个碱基，使信使 RNA 单链上为丝氨酸编码的三个碱基都缺失，翻译成的氨基酸序列将如何变化？这种变化与缺失一个碱基相比，哪种对蛋白质结构的影响较大？

③想一想，如果在 α 链基因的信息链某一位点上增添 1 个碱基，对氨基酸的序列将有什么影响？如果增加 2 个或 3 个，情况又会怎样？哪种情况对蛋白质的结构影响较小？

归纳概括：DNA 分子中的碱基对发生哪些变化会引起基因发生突变？基因突变的实质是什么？提出上述问题，目的是促使学生归纳和概括，以把握基因突变的实质或内涵在于基因结构的改变，领会基因突变概念的外延包括碱基对的增添、缺失或替换。由此可见，通过概念的形成途径获得概念，所举例证必须涵盖概念的外延，以揭示概念的内涵。

学生获得基因突变概念后，迫切想知道基因突变的原因。既然基因是有遗传效应的 DNA 分子片断，其结构应具有相对稳定性，为什么会发生突变呢？在什么时候容易发生突变？教学中教师应鼓励学生质疑、猜测，如果学生限于认知水平不能提出疑问，教师也应该以参与者的身份提出自己的疑问，并与学生进行平等地探讨、交流与对话，而不能把知识以定论的形式直接交给学生，这将不利于学生思维的磨炼、智慧的增长。

当学生明确了 DNA 复制是基因突变发生的有利时机时，新的疑问又产生了。即①DNA 复制一般是高度准确的，由复制差错而引起的基因突变是否具有较低的频率？②是否只有杂合子才会发生基因突变？纯合子能否发生基因突变？是否只有进行有性生殖的生物才会发生基因突变？进行无性生殖的生物能否发生基因突变？病毒能否发生基因突变？在生物界中基因突变是否具有普遍性？试从理论上进行论证并列举实例加以说明。③基因突变可发生在配子中，也可以发生在体细胞中，一般说来哪类突变能够遗传给下一代？如果植物的体细胞发生了基因突变，可通过什么繁殖方式将突变基因传递给后代？这样，就以基因突变发生的原因及时机为知识的"生长点"，衍生出突变的低频性、普遍性、随机性等特点。

当学生明确了基因突变的概念和原因后，教师应及时引导他们对基因突变的结果进行逻辑推理"正常基因→碱基对增添、缺失、替换→碱基序列局部改变→遗传信息局部改变→突变基因（等位基因）"，并思考以下问题。

问题：

①基因突变为什么通常由一个基因变成它的等位基因而不会发生大幅度的改变而变成其他的非等位基因？基因突变是定向的还是不定向的？

②基因突变后，为什么多数是有害的？你能否从理论上予以分析？

③既然基因突变发生的频率很低且多数是有害的，它能否为生物进化提供原材料？

这样，以基因突变的概念和原因为知识的"生长点"，又衍生出突变的结果，突变的不定向性和多数有害性等特点。

将基因突变的内涵、外延、原因、结果、特点、意义等概念要素进行整合，结果如图4-5所示。

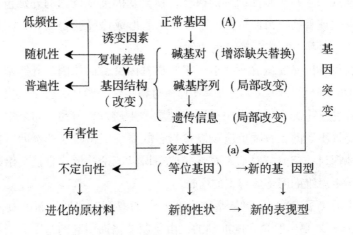

图4-5 基因突变概念要素整合

综上所述，不论是采用概念的同化方式，还是概念的形成方式，其目的都是让学生把握概念的本质属性，而要达成这一目的，必须让学生积极地参与认知活动，主动地建构信息的意义，进行有意义的学习，而不是被动地接受现成结论。学生学习概念，不仅要理解概念的内涵，把握概念的外延，而且还要洞悉概念要素之间的内在联系，而概念要素分析与整合不失为概念教学的一种有效方法。

三、染色体整倍体变异的教学分析

（一）内容分析

"染色体数目变异"是染色体变异的主要形式，包括整倍体变异与非整倍体变异两种类型。其中，整倍体变异是以染色体组为基数成倍的增加或减少形成的，对于育种实践具有重要的理论指导意义。该部分内容涉及染色体组、二倍体、多倍体、单倍体等基本概念，其中，染色体组作为核心概念，是建立二倍体、多倍体等概念的基石；单倍体是从其成因来定义的，是指体细胞中含有本物种配子中染色体数目的个体，因此，单倍体中含有一个或多个染色体组。

鉴于上述分析，不难发现，染色体组是该部分内容的教学重点，单倍体与一倍体、二倍体、多倍体之间的区别则是教学难点。另外，人教版新课标教材后置一章"从杂交育种到基因工程"，而把多倍体育种和单倍体育种融入"染色体变异"之中。事实上，只有当单倍体育种与杂交育种相比较时，才能凸显前者"排除显隐性干扰，提高选择效率，明显缩短育种年限"的优势。浙科版新课标教材则单列一节"生物变异在生产上的应用"，以集中探讨变异理论对育种实践的指导作用，却在教学的时序上割裂了理论与实践的关系，极易造成理论部分的重复教学。笔者认为，应该按照"STS"（科学、技术和社会）的思想展开教学，即"基因重组→杂交育种→培育性状重组类型；基因突变→诱变育种→大幅度改良某性状；多倍体的特点与成因→人工诱导多倍体→培育无子果实等；单倍体的特点与成因→人工诱导单倍体→加快育种进程等"，并适时地将杂交育种与诱变育种、杂交育种与单倍体育种、单倍体育种与多倍体育种进行比较。这样组织教材内容，既能促使学生领悟科学、技术、社会三者之间的互动关系，又能使教与学形成一个清晰的思维路径，减少不必要的重复教学，从而提高课堂教学的有效性。

（二）教学组织

基于上述分析，可以将"染色体整倍体变异"分为"概念的形成"和"概念的应用"两部分内容组织教学。

1. 概念的形成

染色体组是一个上位概念，而二倍体、多倍体则是下位概念，但是建立染色体组这个上位概念又离不开二倍体和多倍体这两个下位概念，而且多倍体又包括同源多倍体和异源多倍体。为了降低学生学习难度，暂且不宜探讨异源多倍体的染色体组，而是以学生熟知的果蝇为例，教师通过设置系列问题，调动学生观察、思考、印证、归纳等活动逐步形成染色体组概念并把握其特征。

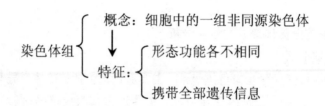

教学组织如下。

①呈现雄果蝇体细胞染色体组成图，引导学生观察并思考：果蝇的体细胞中有几对同源染色体？果蝇的精子中有哪几条染色体？这些染色体在形态、大小和功能上有什么特点？这些染色体之间是什么关系？

②呈现雄果蝇所产生的精子中染色体组成，以印证学生的思维成果。

③如果将果蝇精子中的一套非同源染色体看作一个染色体组，那么雄、雌果蝇的体细胞中各有几个染色体组？

④染色体组是否只存在于生殖细胞中？一个染色体组中的非同源染色体具有什么特征？

⑤染色体组与染色体组型是否为同一概念？二者有何区别？

二倍体和多倍体是在染色体组的基础上建立起来的，适合以概念同化的方式来获得概念；而单倍体概念是从成因来定义的，并且极为抽象，易与一倍体、二倍体、多倍体相混淆，因此，适合采用概念形成的方式组织教学。

①呈现工蜂、蜂王、雄蜂图片及染色体数目，引导学生思考：为什么雄蜂体细胞中只有一个染色体组（n = 16）？蜜蜂的性别是怎样决定的？

设置本问题不仅能够使学生认同"一个染色体组携带着生物生长发育的全部遗传信息"，引出单倍体的概念，还能丰富和完善学生关于"性别决定方式"的知识结构。

②分析表 4-1 数据，并尝试为单倍体下定义。

表 4-1

	体细胞中染色体数	配子中染色体数
玉米	2n = 20	n = 10
玉米的单倍体	n = 10	
马铃薯	4n = 48	2n = 24
马铃薯的单倍体	2n = 24	
普通小麦	6n = 42	3n = 21
普通小麦的单倍体	3n = 21	

从单倍体的具体实例入手，通过引导学生分析本物种体细胞和配子中的染色体数目与单倍体体细胞中染色体数目的数量关系，发现其中的规律，并用自己的语言进行描述，能够有效地训练他们的概况归纳能力。

③讨论：一倍体一定是单倍体吗？单倍体一定是一倍体吗？如果是四倍体、六倍体物种所形成的单倍体，其体细胞中就含有2个或3个染色体组，我们可以称它为二倍体或三倍体，这种说法对吗？

引发学生参与讨论争辩，不仅可以搞清单倍体与一倍体、二倍体及多倍体之间的区别和联系（见图4-6），而且从中还能有效地训练他们的批判性思维能力。

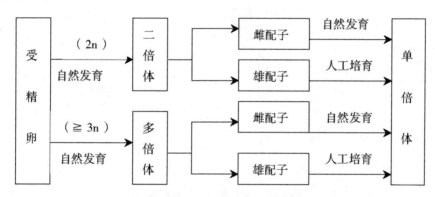

图4-6　单倍体与二倍体、多倍体之间的关系

2. 概念的应用

当学生建立起染色体组、二倍体、多倍体、单倍体等基本概念后，教师还应该引导学生及时地将这些概念应用到新的问题情境中，通过解释多倍体、单倍体的特点，分析同源多倍体和异源多倍体的成因，设计人工诱导多倍体和单倍体的育种方案等活动，从而深化对概念的理解。运用概念于实际就是概念具体化的过程，而概念的每一次具体化，都会使概念进一步地丰富和深化，对概念的理解也就更完全、更深刻。

（1）多倍体的成因及人工诱导

对同源多倍体和异源多倍体的成因进行分析（见图4-7、图4-8），具有多重教育价值。一是为学生深刻理解同源染色体的概念提供了背景支持。虽然一对同源染色体，从来源看，一条来自父方，一条来自母方，但均来自同一物种，故谓"同源染色体"。二是为人工诱导多倍体开启思路。人们只有搞清多倍体的自然成因，才能对此进行模拟而实现人工诱导，如三倍体无籽西瓜的培育，八倍体小黑麦的培育，况且经济作物中大多数多倍体为异源多倍体。三是为后续学习种间杂交后代出现"生殖隔离"现象奠定基础。

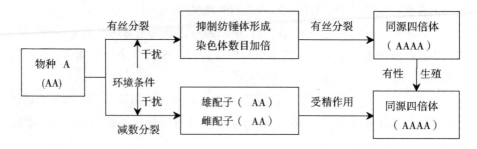

图4-7 同源多倍体的自然成因

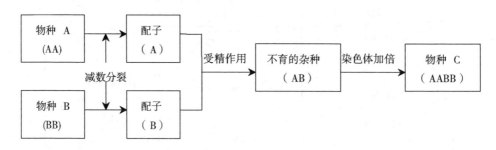

图4-8 异源多倍体的自然成因

在分析多倍体成因之后，"人工诱导多倍体"可以采用问题解决的方式组织教学，从而让学生体验运用知识解决问题的成功乐趣。

问题：

①三倍体的无籽西瓜不仅吃起来方便，而且较普通西瓜营养物质丰富。那么三倍体西瓜为什么无籽呢？假若只有二倍体西瓜的种子，怎样以此培育出三倍体的无籽西瓜？试设计育种方案。

②八倍体小黑麦较普通小麦具有穗大、粒重、抗病性强、耐瘠性强、抗逆性强和营养品质好等优点，已经在我国西北、西南高寒地区试种成功，并且正在进一步推广。怎样用普通小麦（$6n=42$）与黑麦（$2n=14$）来培育八倍体小黑麦？

（2）单倍体的特点及人工诱导

由于基因的剂量效应，单倍体植株矮小、瘦弱，而且一般高度不育。但是认识单倍体的这种特点必须通过学生的思考，而不是靠教师的机械注入。单倍体本身在生产上没有任何经济价值，但是其潜在优势需要人们去挖掘利用，以加快育种进程。通过教师引导，学生开始思考：单倍体究竟有什么潜在优势？怎样利用单倍体加快育种进程？学生问题意识的觉醒是主体参与教学的重要前提，而衡量教学设计是否有效的重要标志之一，则是看教师能否把握学生的认知特点，唤醒学生的问题意识。为了让学生掌握单倍体育种的程序，领悟其优势，教师需要设置具体问题情境，引导学生参与问题解决过程。

问题：

现有高杆抗病（DDTT）和矮杆不抗病（ddtt）两个小麦品种，怎样在尽短时间内培育出矮杆抗病（ddTT）的优良品种？假若一年内只种植一次，收获一次。

引导分析：

①若采用常规的杂交育种技术，需要几年才能培育出理想品种？

②若利用单倍体在育种上的潜在优势，至少需要几年就能培育出理想品种？

③自然情况下，单倍体是由未受精卵细胞直接发育成的，花药离体培养得到的植株是否为单倍体？采用谁的花药进行离体培养？为什么？

④获得单倍体后，应怎样处理才能获得基因型为 ddTT 的理想品种？由此可见，单倍体在育种上有何潜在优势？

⑤在二倍体的体细胞中，控制某一性状的基因大都是成对存在的，其中显性基因通常对隐性基因有显性作用，若要研究每个基因对性状发育的作用，可否以单倍体作为研究材料？

⑥单倍体育种的一般程序是什么？其关键环节（或核心技术）是什么？为什么单倍体育种能够明显地缩短育种年限？

四、"基因工程"基本概念的教学

现代生物科学技术揭示了一些新的原理、原则和规律，逐步建立了一系列新概念。笔者在听课过程中发现，对于《现代生物科技专题》的教学，存在两种教学倾向。一种是照本宣科，缺乏对教材内容再创造、再加工和再组织；另一种则是一味追求事实性知识的深和透，陷入了烦琐的技术细节而忽视基本概念的传递和重要概念的构建。高中阶段的教学不是培养学科专家，而是要全面提高学生的科学素养。如果学生没有对基本概念（不论是科学的还是技术的）的深入理解和把握，将会影响他们进一步的学习和发展。[①] 因此，教学的着力

---

① 朱正威，赵占良. 现代生物科技专题教师教学用书［M］. 北京：人民教育出版社，2008：5.

点应瞄准对学生的发展起根本作用的知识、能力和思想情感上，而那些基本的生物科学技术概念便是知识、能力和思想情感的凝结，是构建重要概念的基础，理应成为教学的重心。本章以"基因工程的基本操作程序"为教学案例，主要探讨"如何重组教学内容，凸显基本概念传递"的教学策略。

（一）教学内容分析

基因工程操作的"四部曲"依次涉及基因克隆、重组 DNA、转化、分子杂交等基本概念。每一个基本概念都蕴含着科学家深厚的知识储备、独特的思维视角和一定的价值取向。其中，价值不仅为思维指明了方向，而且还提供了激情和能量，使思维更加敏锐。正是人们按照自己的愿望，定向改造生物性状和获得所需要的生物产品，才催生了体外 DNA 重组技术和转基因技术；为了实现基因的分离和克隆，才设法建立基因文库；为了让目的基因导入受体细胞并在其中稳定存在、复制和表达，需要在体外构建表达载体；为了提高转化率，需要根据不同的受体细胞选择适宜的转化方法；"插入灭活法"的发明和运用，是为了筛选和鉴定吸纳重组 DNA 的受体细胞；以基因探针为工具，进行 DNA/DNA 或 DNA/RNA 之间的分子杂交，以及以相应的抗体为"探针"进行抗原—抗体之间的杂交，都是基于基因、mRNA、蛋白质分子特异性的技术创新，这种技术创新源于检测和鉴定目的基因在受体细胞中是否可以稳定维持和表达的需求。在教学设计中，教师应该充分挖掘蕴含于每一个基本概念的知识、方法和价值，使之成为一个有机整体传递给学生。让他们在此基础上主动构建"基于中心法则之上的，定向、安全、理性地改造生物"的重要概念。这样，学生的学习重心就能从记忆事实转移到对可迁移的重要概念和更为根本的知识结构的深层理解，以培养和发展其思维能力。

（二）教学目标设定

基于上述对本节基本概念的剖析，制定三维目标如下。

①知识目标。说出获取目的基因各种途径的前提、方法和适用范围；阐述构建表达载体的必要性和基本要求；解释"转化"的含义，说出常用的遗传转化的方法；说明分子杂交技术的原理和工具。

②能力目标。运用基因工程的基本工具和稀释涂布平板法，设想建立基因组文库的过程；能够正确地选取组织细胞以提取 mRNA，设想合成 cDNA 的过程和条件；能够根据基因表达的过程，利用恰当的工具酶，构建表达载体；能够根据受体细胞的不同选择恰当的转化方法，并运用"插入失活法"筛选含有目的基因的受体细胞；能够运用分子杂交技术对目的基因进行鉴定和检测。

③情感目标。体验分子克隆分离和纯化目的基因的基本思想；通过学习PCR技术扩增目的基因和利用分子杂交技术检测目的基因，领悟科学与技术之间的关系。

（三）教学设计思路

人教版教材对该部分内容的呈现特点是图文并茂、简约形象。以图片类比的方式说明基因组文库与cDNA文库的不同，这种内容呈现方式固然通俗易懂，可读性强，但教学如果仅止于此，学生对两种文库的建立目的、建立过程和应用范围还是说不清、道不明，这样的知识仍然是"死的知识"，自然不会转化为能力。因此，我们需要理出一条清晰的思维主线，将获取目的基因的四条途径贯穿起来，通过设置系列问题，逐步诱导、层层递进，最终让学生明确每条途径的前提条件、基本过程和适用范围。我们经过深度备课、集思广益，确定以1982年10月最先在美国上市的重组人胰岛素（Humulin）的研制过程作为教学情景，能够达到教学预期。"重组人胰岛素"属于基因工程制药的应用范例，它是1978年9月由加州大学的Itakuna等人用人工合成的胰岛素基因与pBR322质粒载体构成重组体，转化大肠杆菌成功生产的。虽然当时是人工合成的胰岛素基因，但只要教师设置好问题层次，是可以把获取目的基因的四条途径贯穿起来的。pBR322质粒载体上面有一个复制起始位点（ori），保证了该质粒只在大肠杆菌的细胞内行使复制功能；具有2种抗生素抗性基因，即氨苄西林素抗性基因（amp^r）和四环素抗性基因（tet^r）。其中，有7种限制酶的识别位点位于tet^r内部，有3种限制酶在amp^r内具有单一的识别位点①（见图4-9）。由此可见，选用这个实例的好处在于，一方面可以让学生更加直观地认识载体所具备的基本条件；另一方面便于教师设置具体问题，促使学生选择恰当的工具酶构建表达载体，加入启动子和终止子对载体加以修饰。教师还可以借此介绍转化大肠杆菌的常用方法，训练学生运用"插入失活法"鉴定和筛选含有重组DNA的大肠杆菌的分析和应用能力，以及鉴定胰岛素基因是否成功表达的实验设计能力。由此可见，"重组人胰岛素"这一教学情景的创设，不仅为学生学习抽象的基因操作过程提供了直观、生动的形象，而且能够将基因工程操作程序的四部曲贯穿始终，组成一个引人入胜，且符合学生认识发展特点的完整探究过程。这样，以重组人胰岛素的研制过程为主线，学习基因工程的基本操作程序，继而再扩展到转基因植物和转基因动物的培育。

---

① 吴相钰.陈阅增普通生物学［M］.2版.北京：高等教育出版社，2005：287—291.

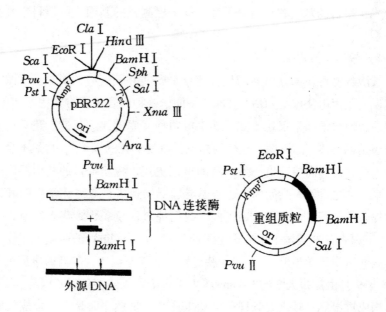

图 4-9 重组 DNA 分子的过程（引自吴春霞《基因工程》精品课程，2006）

（四）教学过程组织

1. 获取目的基因——基因克隆

教学伊始，向学生呈现重组人胰岛素图片，并诱发系列思考。

①怎样利用大肠杆菌生产人重组胰岛素？此问题能够调动学生运用基因工程的概念和基本工具等已有的知识，设想其大致过程。如果学生回答有困难，教师可以展示基因工程基本操作程序示意图，帮助他们初识操作程序的"四部曲"，并做简要板书（流程图），勾勒出大体框架，随着教学活动的推进，这幅框架将不断地变得丰满和完善起来。

②目的基因的成功分离是实施基因工程操作的前提。如果对目的基因及其编码的蛋白质的相关信息一概不知，那么怎样从人类基因组中分离出胰岛素基因？此问题指向基因组文库的建立，其中蕴含着基因克隆的思想。所谓基因克隆，是指用限制性内切酶将总 DNA 切开成许多小片段，把这些片段分别插入到质粒中，这些质粒载体可以转入到细菌并随着细菌的繁殖而复制的过程。① 如

---

① 吴庆余. 基础生命科学［M］. 北京：高等教育出版社，2006：436.

何帮助学生建立"基因克隆"的概念,领悟其中的思想,是我们设计问题时需要格外关注的。因为传递概念、领悟思想,不能靠教师的机械灌注,必须经过学生的积极思考、主动建构才能奏效,而学生的思维方向需要教师的正确引领,即在提取到的总 DNA 中,目的基因片段含量很低,且掩埋在无数其他基因片段中。依靠基因的分子量及所带电荷等理化性质的差异,能否把目的基因分离出来?如何实现目的基因的扩增以增加其含量?如果先在体外将各基因片段与克隆载体重组,再导入大肠杆菌中,这样就可以实现各基因片段在受体细胞中扩增。采用什么接种技术可使大肠杆菌分开并形成单一菌落,从而使受体菌所吸纳和扩增的基因分开呢?学生自然想到稀释涂布平板法。这样所涂布的若干个平板上生长的一个个菌落,均含有一种人类基因,就好比文献资料储存在图书馆一样,称为基因组文库。如此诱导,学生最终会领悟基因组文库的建立,是为了实现基因的分离和克隆。

③将从基因组文库中调取的胰岛素基因导入大肠杆菌中能否表达?为什么?向学生提供原核细胞和真核细胞基因表达过程的比较图片,帮助他们寻找分析问题的突破口:原核细胞中没有剪切内含子的酶。

④能否根据 mRNA 合成没有内含子的胰岛素基因?如果能,需要具备哪些条件?向学生提供真核细胞基因转录过程的相关图片,联系逆转录的过程,促使他们独立思考,分析过程、寻找条件。

⑤从什么细胞中才能提取到胰岛素的 mRNA 呢?通过逆转录所生成的 cDNA 都是胰岛素基因吗?如果还有其他基因,怎样将胰岛素基因与其他基因分离并克隆呢?细胞分化的原因在于组织特异性基因的选择性表达,但那些维持细胞基本生命活动的基因同样会在分化细胞中表达。因此,该问题能够有效地调动学生运用细胞分化的原因进行分析,并借鉴建立基因组文库的方法来建立 cDNA 文库。运用旧知识,解决新问题,就是能力的培养过程,同时也揭示了知识之间的内在联系。

⑥为了完成体外重组 DNA,需要获取大量的目的基因。那么,怎样快速扩增胰岛素基因(cDNA)呢?此问题指向 PCR 技术,由于学生已学过选修1,对 PCR 的原理和过程并不陌生,需要引导学生深入思考的是:如何合成特异性引物对?如果能够合成特异性的引物对,能否直接对所提取的总 DNA 进行 PCR 扩增和分离目的基因?

⑦能否根据氨基酸序列推测胰岛素基因的碱基序列?学生的疑问在于,一

个氨基酸往往有多个密码子，因而不能准确确定基因的碱基序列。这需要教师的及时指导，说明在简并密码子中，不同生物往往偏向于使用其中的一种，即密码子具有偏倚性。

教学实践表明，上述系列问题环环相扣，驱动学生思维活动逐步深入，最终建立起获取目的基因各种途径之间的关系。

2. 构建表达载体——重组 DNA

已制备的目的基因，如果没有合适载体的协助，是很难进入受体细胞的，即使能进入，往往也不能进行复制和表达，这就是为什么要体外重组 DNA 分子的原因，因而也应该成为组织教学的起点。

问题：

①能否直接将胰岛素基因（cDNA 或人工合成的基因）导入大肠杆菌中？若不能，应如何导入，并让其在大肠杆菌中进行复制和表达？

②观察图 4-9，pBR322 质粒具备载体的基本条件吗？构建重组质粒需用哪些工具酶？用 BamH I 对胰岛素基因和质粒切割，加入 DNA 连接酶后，得到的都是重组质粒吗？

③载体和目的基因自身环化的原因是什么？尝试提出一种避免自身环化的措施。

设置问题①旨在让学生明确构建表达载体的必要性和基本要求，无论是克隆载体还是表达载体，都应该具备三个基本元件：复制原点、标记基因、多克隆位点；表达载体除了上述三个基本元件外，还需要插入启动子、终止子等表达元件。问题②则能够激发学生的发散思维，使其认识到用同一种限制酶切割目的基因，其优势在于产生相同的黏性末端，便于形成重组 DNA 分子，而缺陷是易发生自身环化和不同分子间的串联。一旦学生找到了发生自身环化的原因，就可以提出解决问题的策略和方法，如"双酶切"策略，以实现目的基因的定向连接。

3. 将目的基因导入受体细胞——转化

虽然体外构建表达载体，解决了目的基因的导入、复制和表达问题，但是为了提高转化率，需要先用 Ca^{2+} 处理大肠杆菌，使之成为感受态细胞，再将体外重组混合物分子（包含着重组质粒、质粒自身环化物、目的基因自身环化物等）于缓冲液中与感受态细胞混合，完成转化过程。转化原本是一种自然现象，如 S 型细菌的 DNA 片段（控制荚膜的基因）进入 R 型细菌内，使之转化为 S 型。分子生物学家正是借鉴了发生在自然界中的转化方法，完成了目的基因的导入，如感受态细胞的制备；运用农杆菌转化植物细胞等。教学时，可以先联系肺炎双球菌转化实验，让学生明确，转化是指外源基因进入受体细胞内，并且在受体细胞内维持稳定和表达的过程。然后，借助图4－10，引发学生思考。

问题：

①应将体外重组反应混合物转化给那种类型的大肠杆菌（Amp^{s}Tet^s/Amp^{r}Tet^r）？

②将 Amp 琼脂平板上的菌落原位影印在 Tet 平板上生长，对比这两个平板上的菌落生长情况，如何挑出含有重组质粒的菌落？

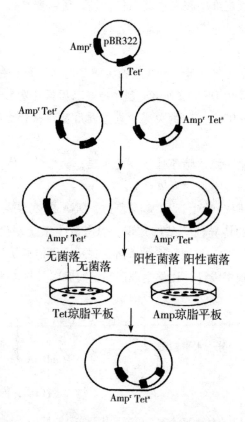

图4－10 应用插入失活法筛选转化子（引自吴乃虎《基因工程原理》，2002）

正确地选择实验材料，是达到实验目的的前提和保证，也是科学探究能力的重要体现。问题①旨在让学生能够根据两种抗生素抗性基因，选出适宜的受体细胞，学生只有选择 Amp^{s}Tet^{s}菌株，才算是真正理解标记基因的鉴别和筛选作用，因此这一问题还具有诊断功能。问题②则能够有效地训练学生思维的缜密性和连贯性，从中领悟"插入失活法"的原理和巧妙之处。

4. 目的基因的检测和鉴定——分子杂交

挑选出含有重组质粒的菌落后，接种到液体培养基中扩大培养，如何检测和鉴定胰岛素基因是否成功表达了呢？多数学生设计的方案可行性较强，先提取大肠杆菌的表达产物，然后注射实验小鼠，对照组注射等量的生理盐水，观察小鼠是否出现低血糖症状等。需要向学生说明，这只是在个体生物学水平上进行的鉴定。虽然通过表达载体上的标记基因筛选出来转化子，但是目的基因能否在受体细胞中稳定维持和表达其遗传特性，还需要从分子水平上进行检测和鉴定，从而引入"分子杂交"概念。

问题：

①如何根据基因的特异性，设法直接检测目的基因是否存在于受体细胞中？从转基因生物中提取的 DNA 应如何处理才能与基因探针发生分子杂交？

②根据基因与 mRNA 之间的关系，设想利用基因探针检测目的基因成功转录成 mRNA 的方法。

③尝试利用抗原—抗体特异性结合的原理，设想以抗体为"探针"来检测目的基因成功翻译成蛋白质的大体过程。

上述问题能够调动学生运用基因表达、DNA 的变性与复性，以及基因、RNA、蛋白质分子的特异性等基础知识，思考分子杂交理论基础和基本工具，深化对"中心法则"这一重要概念的理解，并从中领悟科学与技术之间的关系。最后，通过简明的板书设计，让学生理清知识的层次（见图4-11）。

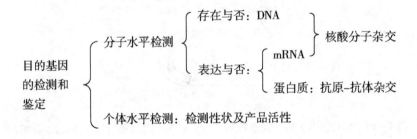

图4-11

第二节 原理教学重在说明道理

对于原理，《辞海》的解释是："通常指某一领域、部门或科学中具有普遍意义的基本规律。科学的原理以大量实践为基础，故其正确性多为实践所检验与确定。从科学的原理出发可以推演出各种具体的定理、命题等，从而对进一步实践起指导作用。"原理是对概念之间关系的言语说明，原理以概念为基础，同时原理又是方法的基础。因此，原理教学的中心在于说明概念之间的关系。例如，光照强度、温度、二氧化碳浓度影响光合作用的途径和规律；氧气浓度、温度、二氧化碳浓度影响呼吸作用的途径和规律等；基因表达的原理；体液免疫和细胞免疫相互协调、共同维持内稳态的原理；渗透作用的原理等。下面通过具体课例探讨生物学原理的教学策略。

一、"遗传信息的传递与表达"的教学组织

遗传信息的传递与表达是 DNA 分子的两项基本功能，也是决定遗传和变异现象的本质事件。要从分子水平上阐明基因型与表现型、基因与性状之间的关系，概述 DNA 分子的复制；概述遗传信息的转录和翻译。

（一）教学内容与目标分析

"概述 DNA 分子的复制"属于理解水平的目标要求，即学生能够说明 DNA 分子复制的过程、特点、条件及分子基础；联系细胞分裂过程，能够说出 DNA 分子复制的时间、场所，揭示 DNA 分子复制的意义。DNA 分子之所以能够精确地进行自我复制，是由其独特的双螺旋结构决定的。因此，应该让学生领悟 DNA 的结构与其功能之间的内在联系。DNA 分子半保留复制机制的揭示，不仅依赖"假说—演绎"科学方法的运用，而且还要依靠科学实验取得的实证。从能力培养的角度看，应该让学生亲历这一探究过程，从中接受"基于假说进行演绎推理，依据推理设计实验，以及分析数据、获取结论"的科学方法训练。

"概述遗传信息的转录和翻译"同样属于理解水平的目标要求。亲代通过 DNA 复制向后代传递遗传信息，而后代则通过转录和翻译表达遗传信息（见图 4 - 12）。因此，教学过程不仅要让学生明确 DNA 复制与转录的区别，概述翻译过程，还要使其体验翻译过程三种 RNA 的和谐美，基因表达原理的逻辑美和简约美，领悟到遗传信息的表达过程实际上是物质、能量、信息三位一体的运

动和变化。从能力培养的角度看，应该引导学生运用数学方法，分析碱基与氨基酸之间的对应关系，并运用证据和逻辑分析破译遗传密码的过程，得出相应的结论。

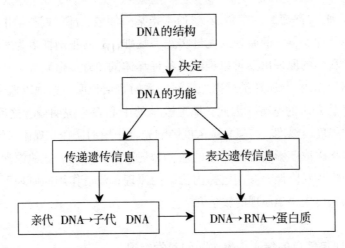

图 4 – 12　"遗传信息的传递与表达"思维导图

　　"中心法则"虽然在具体内容标准中没有相关的表述，但它却是遗传学的核心规律，是遗传信息传递与表达的分子表达式，教学中应当引导学生进行归纳和完善，以领悟科学的本质在于不断地探索与求真。

　　（二）教学过程与活动组织

　　1. DNA 的复制——遗传信息传递的物质准备

　　"DNA 的复制"一节内容包括复制的过程、特点、条件、分子基础、时间、场所、意义等多个知识点，如何将这些知识点有序地串联起来，形成一个清晰的思维路径，是教学设计时必须考虑的问题。笔者认为，以核心知识带动其他零散知识是一种有效的教学组织策略。

　　（1）DNA 复制的机制

　　如果教师直接讲解 DNA 半保留复制的特点，学生虽然可以较快地掌握结论，但这样会错失他们探究发现的机会，也就从源头上割裂了过程与方法、知识与技能之间的关系。因此，教师应该设置问题情境，引导学生作出假设，基于假设进行演绎推理；分析实验结果，从而发现 DNA 半保留复制的机制。

　　问题：

　　①DNA 作为遗传物质，怎样将遗传信息准确地传递给下一代？

②你能根据 DNA 分子双螺旋结构，设想 DNA 分子的复制方式吗？（为了促成学生做出半保留复制的假设，领悟 DNA 的复制依赖于碱基互补配对原则，教师可以呈现 DNA 分子平面结构图，并用一张纸挡住亲本 DNA 双螺旋链中的一条，由学生根据碱基互补配对原则，由没有被挡住的那条链中的碱基推断出被纸挡住的链中相应的碱基。）

③如果 DNA 分子是半保留复制，那么，亲代 DNA 分子复制后得到的第一代 DNA 分子和第二代 DNA 分子中两条链的组成情况是怎样的？

④你如何识别子代 DNA 分子中的哪一条链是母链，哪一条是子链？

⑤如果亲代 DNA 含有^{15}N，原料是含^{14}N 的脱氧核苷酸，请推测第一代 DNA 分子与第二代 DNA 分子中 N 的组成情况？

⑥怎样证实你的推测？如果对每一代 DNA 分子进行密度梯度离心，实验结果将会怎样？

设置问题③，旨在引导学生基于假设进行演绎推理，而后续三个问题层层递进，不断向学生的认知能力提出挑战，最终指向演绎推理的检验方法，使学生明确实验设计的可操作性和实验结果的可检测性。然后，呈现"证明 DNA 进行半保留复制的经典实验"图片，设计系列问题，组织学生分析、讨论，得出相应结论。

问题：

①该实验是如何区分亲代与子代 DNA 分子的？

②该实验结果是否支持 DNA 分子进行半保留复制的假设？为什么？

③请预测第三代 DNA 离心后的条带分布情况。

（2）DNA 复制的过程

当 DNA 半保留复制的机制被揭示后，学生迫切想知道 DNA 复制的具体过程。此时，如果条件允许，教师可以利用多媒体演示 DNA 复制的动态变化过程，也可以呈现 DNA 复制的静态图片，引导学生观察。不论采取哪种方式，最终都要使学生明确 DNA 复制过程大体分为三个阶段：①DNA 双螺旋结构在 ATP 供能和 DNA 解旋酶作用下解旋成 2 个单链片段；②以解开的每一条单链片段（母链）为模板，遵循碱基互补配对原则，与提供原料中的 4 种脱氧核苷酸互补配对，并在 DNA 聚合酶作用下连接成一段子链；③子链不断延伸并与对应母链盘绕成双螺旋结构，形成各含一条母链和一条子链的 2 个 DNA 分子。然后，设置问题让学生分析 DNA 复制过程的特点、条件，以及分子基础等。

问题：

①DNA 复制过程有何特点？

②DNA 复制需要哪些基本条件？

③DNA 复制为什么具有高度的准确性？这与 DNA 双螺旋结构有何关系？

（3）DNA 复制的意义

DNA 分子只有通过复制，才能把亲代的遗传信息传递给子代，从而使前后代保持一定的连续性。教学时，教师可以让学生比较子代 DNA 与亲代 DNA 的碱基序列特征，探讨 DNA 自我复制的生物学意义。需要学生明确的是，DNA 复制只是为遗传信息的传递做好物质准备，细胞分裂才是传递的过程。其中，传递的形式是染色体，即为传递遗传信息，染色质凝集成染色体。这样从细胞水平上分析，能够启动学生已有知识，使其深刻理解细胞分裂过程染色体行为变化的意义，并把握 DNA 复制的时间、场所。

2. 转录和翻译——遗传信息表达的过程

遗传信息的表达包括转录和翻译两个连续的过程，这是本部分内容的主干知识。除此之外，还有 DNA 与 RNA 结构的比较、核糖核苷酸与脱氧核糖核苷酸的比较、三种不同种类的 RNA 以及遗传密码的组成等侧枝内容。如何组织教学才使得教学流程通畅，既凸显主干知识又兼顾侧枝内容？教学实践表明，以"问题串"的方式组织教学内容能够很好地解决上述难题。

①DNA 通过半保留复制使得遗传信息得以传递，那么，后代的 DNA 分子又是如何控制遗传性状的呢？

[推测] 人们认识到性状的形成离不开蛋白质（特别是酶）的作用，于是推测基因通过指导蛋白质的合成来控制性状，并把这一过程称为"基因的表达"。

②细胞核中的基因如何指导核糖体中的蛋白质合成？

[推测] 在 DNA 和蛋白质之间，还有一种中间物质充当信使。后来发现细胞中的确有这样的物质，它就是 RNA。

③为什么 RNA 适于作 DNA 的信使呢？

[方法] ①比较 RNA 与 DNA 的化学组成；明确组成 RNA 分子的核糖核苷酸有 4 种碱基，可以储存遗传信息。②观察三种 RNA 示意图，并与 DNA 双螺旋结构比较；明确 RNA 一般是单链，而且比 DNA 短，因此能够通过核孔，从细胞核转移到细胞质。

④DNA（或基因）中的遗传信息是怎么准确地传给 mRNA 的？

［方法］观察"以 DNA 为模板转录 RNA 的图解"；明确 RNA 聚合酶和碱基互补配对原则在转录过程中的作用、明辨模板链和编码链、归纳转录的概念、比较转录与复制的异同（见表 4-2）。

表 4-2　DNA 复制与转录的异同

	转录	复制
单位	基因	DNA
解旋	局部	完全
模板	DNA 中一条特定单链	DNA 双链
原料	4 种核糖核苷酸	4 种脱氧核苷酸
产物	mRNA　tRNA　rRNA	DNA
酶	RNA 聚合酶	解旋酶和 DNA 聚合酶等
碱基配对	A-U	A-T
相同点	主要在细胞核中进行；均遵循碱基互补配对原则	

⑤mRNA 分子中 4 种碱基序列是如何决定蛋白质分子中 20 种氨基酸序列的？即碱基与氨基酸之间的对应关系是怎样的？

［方法］a. 理论推导。如果 1 个碱基决定 1 个氨基酸，那么 4 种碱基只能决定 4 种氨基酸。如果 2 个碱基编码 1 个氨基酸，最多能编码多少种氨基酸？1 个氨基酸的编码至少需要多少个碱基，才足以组合出构成蛋白质的 20 种氨基酸？

遗传密码果真是以 3 个碱基为一组吗？遗传密码的阅读方式究竟是重叠的还是非重叠的？密码之间是否有分隔符？解答这些问题，不能只靠理论推导，必须拿出实验证据。

b. 实验证据。克里克以 T₄噬菌体为实验材料，研究发现，在某个基因的相关碱基序列中增加或者删除一个碱基，无法产生正常功能的蛋白质；增加或删除 2 个碱基，也不能产生正常功能的蛋白质；但是当增加或者删除 3 个碱基时，却合成了正常功能的蛋白质。为什么会产生这样的结果？

克里克的实验虽然阐明了遗传密码的总体特征，即 3 个碱基编码 1 个氨基酸，但却无法说明由 3 个碱基排列成的 1 个密码对应的究竟是哪一个氨基酸。

c. 遗传密码对应规则的发现。展示尼伦伯格和马太的"蛋白质体外合成的实验示意图"，引导学生分析：为什么只有加入了苯丙氨酸的试管中出现了多聚苯丙氨酸的肽链？该实验中，加入的多聚尿嘧啶核苷酸起到了什么作用？结合克里克得出的3个碱基决定1个氨基酸的实验结论，与苯丙氨酸对应的密码子是什么？为什么要除去细胞提取液中的 DNA 和 mRNA？如果你是尼伦伯格和马太，你将如何设计对照组的实验，确保你的重大发现得到同行的认可？

科学家正是沿着蛋白质体外合成的思路，不断改进实验方法，破译出了全部密码子。然后，引导学生查阅密码子表并思考、讨论下列问题。

第一，地球上几乎所有的生物体都共用一套密码子表，根据这一事实，你能想到什么？为什么真核生物的基因能在原核生物中表达，反之亦然？

第二，假设编码亮氨酸的密码子 CUA 中的一个碱基发生了改变，可能的变化是：第1个碱基 C 变成 U、A 或 G；或第2个碱基 U 变成了 C、A 或 G；或第3个碱基 A 变成了 U、C 或 G。请分析在这9种可能的变化中，哪几种变化确实引起了氨基酸的变化。通过这个实例，你认为密码的兼并对生物的生存发展有什么意义？

⑥mRNA 分子中的密码子是怎样被翻译成氨基酸序列的？

［方法］ a. 观察"tRNA 分子结构示意图"，领会 tRNA 的结构与功能的适应性关系：每种 tRNA 只能识别并转运一种氨基酸；以反密码子与密码子相互识别而解读密码子。

b. 观察"蛋白质合成示意图"，搞清以下问题：翻译的起点、终点；tRNA 分子的进位、转肽、脱落、移位；核糖体的移动方向；肽链如何形成等，并小结翻译的概念，领悟3种 RNA 之间的协作关系和基因表达过程中的信息流（见图 4 - 12）。

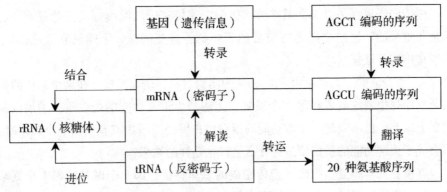

图 4 - 12 基因表达过程中的信息流及 3 种 RNA 之间的协作关系

3. 中心法则——遗传信息传递与表达的分子表达式

中心法则是生物学的核心规律，它不仅揭示了生物大分子间遗传信息转移遵循的基本法则，高度概括了遗传物质的作用原理，即遗传信息的传递与表达，而且提出分子遗传学研究的课题。可采用资料分析的方法组织教学，让学生切身感受科学发展的过程。

问题：

①你能根据 DNA 的复制和基因指导蛋白质的合成过程，画一张流程图，表示遗传信息在 DNA、RNA、蛋白质之间的传递方向吗？

②在蛋白质的合成过程完全弄清楚之前，科学家克里克于 1957 年首先预见了遗传信息传递的一般规律，并将这一规律命名为中心法则。你画的流程图与克里克提出的中心法则是否相同？哪些生物（真核生物、原核生物、DNA 病毒）遵循这一法则？

③科学发现不仅需要预见，更需要实证。随着蛋白质的合成过程被揭示，中心法则由此获得公认。但随着实验数据的积累，人们开始注意到传统的中心法则存在着不足之处。a. 1965 年，科学家在 RNA 肿瘤病毒里发现了一种 RNA 复制酶；b. 1970 年，科学家在致癌的 RNA 病毒中发现逆转录酶，它能以 RNA 为模板合成 DNA。c. 1982 年，科学家发现疯牛病是由一种结构异常的蛋白质在脑细胞内大量增殖引起的。你认为上述实验数据是否推翻了传统的中心法则，为什么？传统的中心法则是否需要修改？如果需要，应该如何修改？

二、"免疫调节"的内容解读与教学建议

"免疫调节"是高中生物课程标准实验教科书《稳态与环境》（人教版）中的核心内容。但教材对体液免疫和细胞免疫的过程作了简单化处理，甚至有不妥之处，结果给教师的教和学生的学带来了一定的困惑。本书拟根据《普通生物学》（陈阅增主编）和《生物科学》（美国 BSCS 著，吴相钰主编）的有关阐述，对该部分内容予以解读并提出相关教学建议。

（一）内容解读

免疫系统具有两项基本功能：防卫功能、监控和清除功能。防卫功能，即通过非特异性免疫和特异性免疫抵御病原体的攻击；监控和清除功能，则通过细胞免疫监控并清除已经衰老或因其他因素而被破坏的细胞，以及癌变的细胞。免疫系统正是通过它的防卫功能、监控和清除功能，实现它在维持稳态中的作用。即内环境的稳态是在神经调节、体液调节和免疫调节三级调节网络的共同

参与下实现的。

1. 体液免疫的过程

高中生物教材选修部分将体液免疫分为感应阶段、反应阶段、效应阶段，实际上这三个阶段是一个相当复杂的连续过程，并没有明确的界限。故教材必修3《稳态与环境》不再将体液免疫分段叙述，而是以文字和示意图的形式将体液免疫的连续过程进行整体描述。无论是分段叙述还是整体描述，都存在着弱化处理的倾向。例如，在感应阶段，除少数抗原直接刺激 B 细胞，大多数抗原要经过吞噬细胞的摄取和处理，暴露出这种抗原所隐藏的抗原决定簇，然后将抗原呈递给 T 细胞；再由 T 细胞呈递给 B 细胞。学生不禁要问，既然有少数抗原可以直接刺激 B 细胞，使之增殖、分化成效应 B 细胞和记忆 B 细胞，为什么大多数抗原还需要经过吞噬细胞的摄取和处理，以及 T 细胞对抗原的呈递？事实上，当一种特定的抗原进入人体时，它会结合在一个适合于其形状的 B 细胞表面受体上，当 B 细胞在连续接受了带有互补决定簇的抗原之后就会增殖、分化成效应 B 细胞和少数记忆 B 细胞。同时，吞噬细胞会吞噬同一类型的另一个病原体，并把它分解。病原体被分解后，来自病原体的抗原则出现在吞噬细胞质膜上的受体中。T 细胞中有一类辅助 T 细胞，能够靠其表面上的特定受体识别吞噬细胞质膜上的抗原，这样，辅助 T 细胞被激活并产生淋巴因子，淋巴因子刺激已经和特异的抗原分子结合的 B 细胞，使之分裂、分化成浆细胞和记忆 B 细胞。这一 B 细胞依靠辅助 T 细胞和吞噬细胞而活化的步骤比第一个不需要辅助 T 细胞参与的步骤作用更强大。

由此可见，在体液免疫过程中，并非是 T 细胞将抗原呈递给 B 细胞，而是通过分泌淋巴因子刺激已经和抗原结合的 B 细胞，以强化少数抗原直接刺激 B 细胞这条免疫途径，使之快速、大量增殖、分化为浆细胞和记忆细胞。笔者认为，向学生说明 T 细胞分为辅助 T 细胞、胞毒 T 细胞是非常必要的。一是因为参与体液免疫的是辅助 T 细胞和胞毒 T 细胞（教材笼统地称为 T 细胞）；二是因为淋巴因子是由活化的辅助 T 细胞分泌的（教材认为淋巴因子是由效应 T 细胞分泌的）。另外，应向学生说明 B 细胞和 T 细胞表面有特定的受体（糖蛋白分子），并且每个淋巴细胞的表面上可以有几千个受体，所有这些受体都是完全相同的，因此，每个淋巴细胞都只能识别一种特定的抗原。这样处理不会加重学生的负担，相反还会起到承上启下的作用。因为在必修课中学生已学过细胞膜上的糖蛋白分子与细胞识别有关，在人教版教材必修1《分子与细胞》中专门分析了细胞膜上的受体与细胞间的信息交流之间的关系，而且在选修课中还要讲述单克隆抗体的制备过程。

2. 细胞免疫的过程

教材将细胞免疫的感应阶段和反应阶段做了更为简单化处理，只是以图解的形式重点剖析效应阶段。学生难免要问，细胞免疫的感应阶段和反应阶段是如何进行的？因此，在教学中有必要向学生对此做详细分析。即感应阶段，一部分病原体如病毒侵入到宿主细胞内，其抗原分子可转移到宿主细胞表面；另一部分病原体经过吞噬细胞的摄取和处理，将抗原呈递给辅助 T 细胞和胞毒 T 细胞前体。在反应阶段，胞毒 T 细胞前体受到抗原的刺激后变为活化的胞毒 T 细胞（效应 T 细胞）和记忆 T 细胞；辅助 T 细胞受到抗原刺激后变为活化的辅助 T 细胞并分泌淋巴因子，以刺激胞毒 T 细胞前体，使之迅速地增殖、分化为活化的胞毒 T 细胞和记忆胞毒 T 细胞。

3. 体液免疫与细胞免疫之间的区别与联系

为了促使学生深刻地理解和把握体液免疫和细胞免疫之间的区别和联系，教学过程中可以建立特异性免疫应答的相互作用模型（见图 4 – 13）。

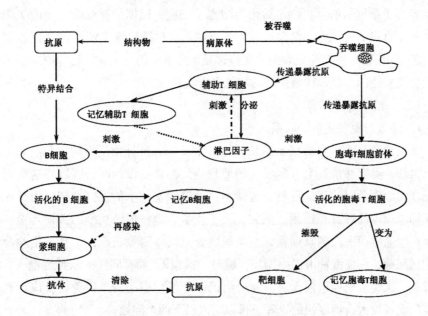

图 4 – 13 体液免疫与细胞免疫相互作用模型

该模型力求突出以下特点。

①反映体液免疫和细胞免疫的区别。从作用对象上看，体液免疫清除的是

游离在寄主细胞外的抗原及其产生的有毒物质；细胞免疫则摧毁侵入到寄主细胞内的病毒、胞内寄生菌或外来的组织团块、癌变的细胞等。从作用方式上看，体液免疫是通过浆细胞分泌抗体，并与抗原发生特异性结合来清除抗原；细胞免疫则是通过效应T细胞（胞毒T细胞）分泌穿孔素使靶细胞溶解死亡。

②体现体液免疫与细胞免疫的联系。在特异性免疫反应中，体液免疫和细胞免疫之间，既各自有其独特的作用，又可以相互配合，共同发挥免疫效应。当细菌、病毒等病原体侵入机体后，首先诱发体液免疫，因为T细胞不能识别入侵的病毒等抗原，只有当病毒或胞内寄生菌侵入宿主细胞，细胞表面出现了来自病毒等病原体的小分子蛋白质抗原，并与细胞表面的受体结合成复合物时，T细胞才能识别，进而引发细胞免疫，使靶细胞裂解，暴露出隐藏其中的病原体，再通过体液免疫将其清除。假若病原体不是胞内寄生的，则只能诱导体液免疫。

③凸显吞噬细胞和辅助T细胞在特异性免疫中的作用。吞噬细胞对病原体的无特异性地吞噬，一方面可以将抗原呈递给辅助T细胞，使之激活并分泌淋巴因子，以强化和扩大体液免疫和细胞免疫的效应；另一方面又可以将抗原呈递给胞毒T细胞的前体，使之活化为胞毒T细胞，以摧毁靶细胞。辅助T细胞虽然并不直接消灭抗原，但它对各种免疫细胞，包括胞毒T细胞和B细胞都有"帮助"作用，对体液免疫和细胞免疫都是十分重要的。例如，切除胸腺而失去细胞免疫功能的小鼠，体液免疫的功能也常常较低。

（二）教学建议

1. 注重与现实生活的联系

免疫调节与现实生活联系密切，如过敏反应、自身免疫疾病、艾滋病等的发病机理，器官移植发生排斥反应的原理等。在教学设计时，可以将这些现实问题作为原理学习的背景资料，这样不仅可以激发学生的探究欲望，而且还有助于抽象原理的理解和运用。例如，为了让学生理解体液免疫的关键环节，即一是产生高效而短命的浆细胞，由浆细胞分泌抗体清除抗原；二是产生寿命长的记忆细胞，在血液和淋巴中循环，随时"监察"，如有同样抗原再度侵入，立即发生二次免疫反应以消灭之。领会由记忆B细胞引起的二次免疫反应比初次免疫反应强度大、速度快的道理，可以引入以下两个问题。

问题：

①为什么成年人患传染病的机会比幼儿少？

②若想获得对乙肝病毒的免疫，必须在几个月的时间内连续注射3次疫苗，请解释其必要性。当营养不足或缺乏时，人体的免疫功能会下降，这是什么原因？

对这一问题的解释能够促使学生认清抗体的化学本质是免疫球蛋白，领悟营养与健康的关系。移植的外来器官之所以会发生排斥反应，是因为几乎所有细胞的表面都有糖蛋白分子，而 T 细胞能识别不同于自身的糖蛋白分子，进而诱导细胞免疫将移植器官摧毁。在同卵双胞胎之间进行器官移植手术较易成功，这是因为同卵双胞胎的基因组是一样的，因而细胞表面的糖蛋白分子也是一样的，所以两个都不排斥对方的器官，都可作为对方器官的供体或受体。又如，由记忆细胞引起的快速应答是许多传染病的预防接种的基础。疫苗是用减弱了的、杀灭了的或与病原体密切相关的、或经修饰的病原体制造的。注入人体时，疫苗刺激浆细胞和记忆细胞的产生，而一般不产生疾病的症状。对麻疹及其他疾病的免疫无效，说明由疫苗引发的免疫是特异性的。对一般感冒和流行性感冒等疾病，由于有很多相似而又不同的病毒，因此，不能产生免疫性，其疫苗的生产一直未获成功。因此，人们经常患流行性感冒、支气管炎、肺炎等传染病却无法获得终生免疫。骨髓移植是治疗白血病的一种有效方法，为什么在进行骨髓移植前，要对病人进行化疗？

2. 引导学生参与资料分析

倡导探究性学习是新课程的重要理念之一。探究性学习有两个基本路径：实验探究和理论探究（或称基于资料的探究）。笔者认为，就目前高中生物教学条件来看，两条路径都不可偏废。实验探究不仅能发展学生的科学探究思维，提高学生组织科学探究过程的能力，还能训练学生的科学探究技能。理论探究是将生物学的经典实验直接呈现给学生，虽然有"纸上谈兵"之嫌，不能在实际操作中训练学生的科学探究技能，但是通过引导学生对实验过程和结果的分析，同样可以有效地培养他们"做出假设、制定计划；分析数据、获取结论"的科学探究能力。

资料：

①科学家为了研究免疫系统的组成和免疫细胞的起源、分化、作用做了大量卓有成效的实验：用大剂量 X 射线照射去胸腺的小鼠，小鼠可失去全部免疫功能。此时如果输给来自胸腺的淋巴细胞，免疫功能虽能得到恢复，但仍与正常小鼠不同，即不能产生游离于体液中的抗体。如果在 X 射线照射后不输给来自胸腺的淋巴细胞，而输给来自骨髓的淋巴细胞，去胸腺小鼠的细胞免疫功能不能恢复，但产生抗体的功能却得到一定程度的恢复。若同时输入来自胸腺和来自骨髓的淋巴细胞，小鼠可恢复全部免疫功能。

②将同一品系小鼠和另一品系小鼠的皮肤同时移植于同一小鼠身上，不久，

同品系小鼠的皮肤固着生长，而另一品系小鼠的皮肤膨胀潮红，终至死亡脱落。如果此时将所用的另一品系小鼠的皮肤再取一块，第二次移植到该受体小鼠身上，移植的皮肤比第一次更快地死亡脱落。

讨论：

①去除小鼠胸腺后用 X 射线照射小鼠，可检验什么科学假设？

②输入不同类型的淋巴细胞，小鼠的免疫功能得到了不同程度的恢复，分析相应类型淋巴细胞的功能。

③为什么第二次移植到该受体小鼠身上，移植的皮肤比第一次更快地死亡脱落？

第三节　规律教学重在明确条件

规律亦称法则，是客观事物发展过程中的本质联系，具有普遍性的形式。规律和本质是同等程度的概念，都是指事物本身所固有的、深藏于现象背后并决定或支配现象的方面。然而本质是指事物的内部联系，由事物的内部矛盾所构成，而规律则是就事物的发展过程而言，指同一类现象的本质关系或本质之间的稳定联系，它是千变万化的现象世界的相对静止的内容。规律是反复起作用的，只要具备必要的条件，合乎规律的现象就必然重复出现。下面通过具体的课例探讨生物学规律的教学。

一、基因的分离定律的教学分析

基因的分离定律属于由等位基因、相对性状等基本概念构成的遗传原理。因此，让学生深刻理解分离定律的实质，就必须让他们建立相关概念并揭示概念之间的关系（见图 4 - 14）。

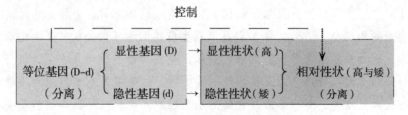

图 4 - 14　等位基因与相对性状之间的关系

上述概念图不是一次性全部呈现给学生，而是随着教学过程的逐渐展开，

通过师生互动而逐渐生成的。按照现行教材内容的呈现顺序，首先通过对豌豆
七对相对性状的比较分析，建立相对性状的概念；然后在观察"一对相对性状
的遗传试验"时建立显性性状、隐性性状和性状分离的概念；在分析"对分离
现象的解释"时建立显性基因、隐性基因的概念；在揭示"基因分离定律的实
质"时，通过分析等位基因在染色体上的位置关系、组成（包括一个显性基因
和一个隐性基因）以及所控制的性状建立等位基因的概念，从而揭示等位基因
与相对性状之间的控制与被控制的关系；在分析 F_1 产生配子以及雌雄配子随机
结合过程中，揭示等位基因分离导致性状分离这一因果关系。如此组织教学，
就能够使学生深刻理解等位基因的独立性、分离性和随机结合性等一系列遗传
行为（见表 4 - 13）。

表 4 - 13　性状分离的根本原因在于等位基因分离

杂合体（F_1）	等位基因行为	结果
基因关系	位于同源染色体相同座位上	保持基因独立（纯质）性
减数分裂	随同源染色体分离而分离	两类纯质配子比 1：1
受精过程	随配子传递（受精机会均等）	有一定比例隐性纯合子

　　另外，本节内容还有"纯合子、杂合子；基因型、表现型"等基本概念，
宜采用比较表、概念图的形式帮助学生建立概念。

　　纯合子和杂合子是遗传学中一对基本概念。教师可以首先说明，像基因型
为 DD 或 dd 的生物体叫作纯合子，基因型为 Dd 的生物体叫作杂合子。然后引
导学生追踪形成 DD、dd、Dd 的合子和配子的基因型，最后让学生尝试为纯合
子和杂合子下定义。为了让学生能够从基因型中正确分辨纯合子和杂合子，并
掌握其遗传特点，可以引导学生分析下列问题。

　　问题：

　　①基因型为 DD、dd、Dd 的生物体自交后代的基因型和表现型如何？能否
稳定遗传？

　　②为什么会出现上述结果（纯合子自交后代稳定遗传，杂合子自交后代出
现性状分离）？

　　学生通过对上述问题的思考与解答，完成纯合子和杂合子概念比较（见
表 4 - 4）。

表 4 - 4　纯合子与杂合子比较

	概念	特点
纯合子	D ⟋ ⟍→DD → DD D 配子　　合子　　纯合子	基因型中成对的基因相同 ↓导致 自交后代不出现性状分离
杂合子	D ⟋ ⟍→Dd → Dd d 配子　　合子　　杂合子	基因型中成对的基因不同 ↓导致 自交后代出现性状分离

　　基因型和表现型是遗传学中的另一对重要概念。教学时，不仅要援引实例说明表现型是基因型和环境条件共同作用的结果，而且还要引导学生从理论上进行层层剖析。

　　问题：

　　①基因型通过什么途径来决定表现型？

　　②基因怎样控制生物的性状？

　　③基因控制蛋白质的合成即基因的表达主要在什么过程中完成？

　　④生物的个体发育过程除了受基因控制外，是否还受到环境条件的影响？

　　通过对以上问题的分析，可以使学生深刻地认识，基因型决定表现型是通过基因控制蛋白质的合成实现的，而环境条件之所以影响表现型，是因为环境条件能够影响基因的表达过程。最后，师生共同完成下列概念图的构建（见图 4 - 15）。

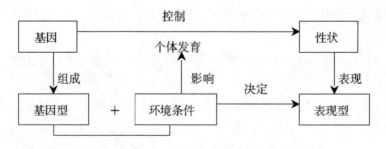

图 4 - 15　基因型、环境条件及表现型之间的关系

该概念图还能使学生领悟到基因与基因型、性状与表现型是两对不同的概念。例如，在孟德尔两对相对性状的遗传试验中，F₂代产生的黄色皱粒、绿色圆粒豌豆，我们只能说是两种新的表现型，不能说是两种新的性状，因为这两种表现型只是原来性状的重新组合，新性状的出现依赖于新基因的产生。但基因与基因型、性状与表现型两对概念之间又有内在联系，即基因型是由相关基因组成的，是决定性状表现的内在因素，而表现型则是生物体表现出来的性状，是基因型的表现形式。

二、"生态系统能量流动"的教学分析与设计

生态系统的存在与发展主要取决于能量持续不断的流动和物质周而复始的循环。生态系统作为一个动态开放系统，具有能量流动、生物生产、物质循环、信息传递等基本功能。其中，物质作为能量的载体，使能量沿着食物链（网）流动；能量作为动力，使物质能够不断地在生物群落和无机环境之间循环往返。正是由于能量与物质之间具有如此密切的关系，才使得能量流动的教学显得内涵异常丰富、难点凸现迷障。本书依据具体内容标准的要求，对"生态系统的能量流动"一节内容进行分析，以期与同行进行交流。

（一）教学内容与要求

具体内容标准的要求是：分析生态系统中的物质循环和能量流动的基本规律及其应用。"分析"属于知识性应用水平的目标动词，要达到这个标准，首先，需要学生搞清研究生态系统的能量流动的基本思路是什么；然后，通过对能量流动的过程进行定性分析和定量分析，探究发现其中的规律，并运用所"发现"的规律，对某些具体问题做出解释或提出解决问题的可行性措施。因此，具体教学目标的设定如表4-5所示。

表4-5　"生态系统的能量流动"三维教学目标

具体内容标准	知识	能力	情感态度价值观
分析生态系统中的物质循环和能量流动的基本规律及其应用	说出生态系统的基本功能； 描述能量流动的过程； 说明能量流动的方向、逐级传递的数量和效率； 认识能量金字塔的内涵和研究能量流动的意义	图解生态系统能量流动过程，增强处理信息的能力； 尝试对相应知识信息进行转换和解说； 应用有关知识对某些具体问题作出解释或提出解决问题的可行性措施	体会生态系统结构与功能之间的联系，增强维护生态系统结构稳定性的生态学意识； 领悟生态学的科学价值

（二）教学策略与方法

教学目标是教学设计的起点和归宿，也是选择教学策略的依据。在《生物课程标准》的课程目标中明确指出："课程具体目标中的知识、情感态度与价值观、能力三个维度在课程实施过程中是一个有机的整体。"因此，我们需要选择恰当的教学策略，将知识、能力、情感态度及价值观有机地统整于教学过程之中。

1. 能量流动规律的"发现"

能量流动的规律或特点（分析思路见图4-16）表现为单向流动、逐渐递减，传递效率为10%~20%。就知识目标而言，单凭教师的讲解，学生完全可以理解接受，但这样会剥夺学生探究发现的权利，也就从源头上割裂了过程、方法与知识、技能之间的关系。我们不能对"课堂上的收获"做狭义的理解，收获不仅包括认知方面的，如概念、定义、原理等的掌握以及认知策略的完善，也应包括态度、价值观的改变、丰富与提升，所经受的理智的挑战和内心的震撼，所获得的感动和鼓舞，以及精神的陶冶和心灵的净化，等等。因此，教师应该设置问题情境，引导学生进行定性和定量分析，探究发现能量流动的规律。

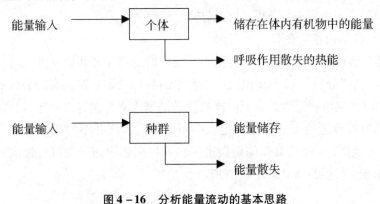

图4-16 分析能量流动的基本思路

（1）定性分析

①设置问题情境：在一个由植物、田鼠、鼬三个环节构成的食物链的荒地中，为什么鼬的数量不会很多？

②探讨分析能量流动的基本思路：个体生命的维持需要能量的输入，一个种群的存在与发展同样需要能量的推动。解答问题①，显然需要将种群作为一个整体来研究能量流动的情况。

③输入到鼬这个种群的能量是哪一部分？这些能量能否全部用于鼬的生长、

发育？引导学生分析田鼠种群未被捕食、未被食入、未被同化等多种能量散失途径（见图4-17）。接着追踪植物种群在流向田鼠种群过程中的多种能量流失途径，同时引入总初级生产量、净初级生产量、次级生产量等概念，并使这些概念在问题情境中具体化。

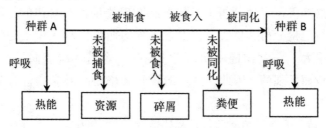

图4-17　能量流动的定性分析

其中，总初级生产量（GP）＝植物通过光合作用所制造的有机物质或所固定的能量；净初级生产量（NP）＝总初级生产量－植物的呼吸量（R）；总次级生产量＝田鼠或鼬所同化的能量；净次级生产量＝田鼠或鼬用于生长、繁殖的能量。

④引导学生尝试运用所建立的概念，解释问题①，从而领悟初级生产量与次级生产量之间的关系。

⑤上述分析仅仅停留在理论层面上，若要实际调查，应如何测量净初级生产量和净次级生产量呢？从而引入生物量这一概念。生物量实际上就是净生产量在某一调查时刻前的积累量，通常用 g 干重/m^2 或 J/m^2 表示。因此，生物量与净生产量是两个不同的概念，二者既有明显区别，又有内在联系。

首先，区别。生产量含有速率的意思，是指单位时间内有机物质的生产量（g 干重/$m^2 \cdot a$ 或 J/$m^2 \cdot a$），而生物量是指在某一调查时刻前积累的有机物质（g 干重/m^2 或 J/m^2）。

其次，联系。若 GP－R＞0，则生物量增加；GP－R＜0，则生物量减少；GP－R＝0，则生物量不变。

不同版本的教材对能量流动的分析各有特色，人教版没有引入上述相关概念，而是对能量流入第二营养级的流动情况做了微观分析；浙科版则引入了初级生产量、次级生产量、生物量等概念，并详细分析了次级生产量的生产过程；中图版建立了生态系统中能量流动模型，并通过一组探究活动——分析密执安荒地的食物链能流，让学生发现能量流动的特点。笔者认为，浙科版学术性较强，引入初级生产量、次级生产量、生物量等概念，不仅能够增强知识的科学性，而且能够将定性分析与定量分析结合起来；不仅让学生知道"测量什么？""怎样测量？"而且容易领悟能量与物质之间的关系。

（2）定量分析

如果仅仅停留在定性分析上，是不能发现能量流动规律的，因此还必须引导学生进行定量分析。事实上，生态系统的能量流动规律正是生态学家通过研究能量沿着一条食物链流动，或能量从一个营养级流向另一个营养级，经过定量分析而发现的。因此，恰当的教学策略是引导学生进行基于资料的探究。

资料1：密执安荒地的食物链能量流动（见表4-6）

表4-6　密执安荒地的食物链能流的定量分析

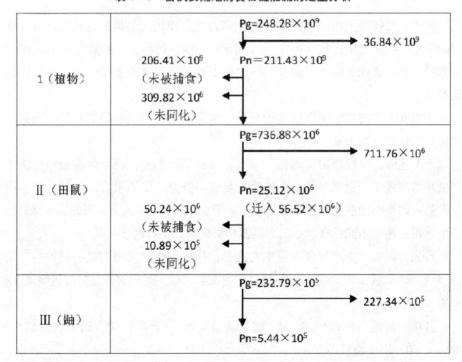

引导学生计算讨论。

①能量由第一营养级流入第二营养级的转化效率是多少？由第二营养级流入第三营养级的转化效率是多少？

②为什么荒地内鼬的数量不可能很多？哪些原因导致能量流动逐级递减？

资料2：赛达伯格湖的能量流动（见图4－18）

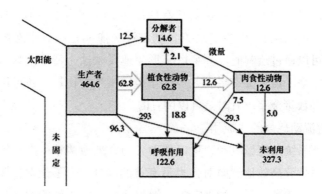

图4－18　赛达伯格湖的能量流动

引导学生分析数据，获取结论。

①太阳辐射能是怎样输入生物群落的？能量在生物群落中是以什么形式流动的？通过什么途径输出生物群落的？

②请用表格的形式，将图中的数据进行整理。例如，可以将每一营养级上的能量"流入"和"流出"整理成一份清单。

③分析每一营养级的能量"流入"和"流出"的情况，生态系统的能量流动是否遵循热力学第二定律？计算流入下一营养级的能量占流入该营养级能量的百分比。

④流入某一营养级的能量，为什么不能百分之百地流到后一个营养级？

⑤通过以上分析，你能发现什么规律？试总结能量流动的过程（见表4－7）。

表4－7　能量流动总结

能量流动	规　　律
过程	起点：始于生产者固定太阳能（输入能量）； 渠道：沿食物链的营养级依次传递（转移能量）； 终点：最终以呼吸热的形式散失（输出能量）。
能量流动的特点	传递数量：低于净初级生产量（总初级生产量与呼吸量之差）； 传递方向：单向流动（既不能循环流动，也不能逆向流动）； 传递效率：逐级递减，传递效率为10%～20%（遵循1/10法则）。

通过上述两组资料的计算分析，从而使学生明确：各营养级之间的能量传

递效率为10%～20%，仅仅是湖泊生态系统中能量传递效率的平均值。事实上，在不同的生态系统中，能量传递效率有的高达30%，有的只有1%或更低（如密执安荒地生态系统）。但能量沿着食物链逐级递减是所有生态系统的共同特点，因此，可以通过绘制能量金字塔来形象地反映这一特点。教学时，可以简介生物量金字塔、数量金字塔，并与能量金字塔进行比较，还可以举例说明生物量金字塔和数量金字塔有时是可以倒置的。

2. 能量流动规律的"应用"

研究生态系统的能量流动，可以帮助人们合理地调整生态系统中能量流动关系，使能量持续高效地流向对人类最有益的部分。为了让学生深刻体验这一点，教师应该创造条件引导学生完成《课程标准》所建议的"调查或探讨一个农业生态系统中的能量流动"的活动。如果限于时间紧促，可以免于"调查"，对现有的资料进行"探讨"。

例题：

①图4－19是传统农业生态系统的结构模式图，人们通常把作物秸秆当燃料烧掉，不能充分利用秸秆中的能量。请你设计一个改进"传统农业生态系统"的方案（见图4－20），以使能量更充分有效地得到利用。

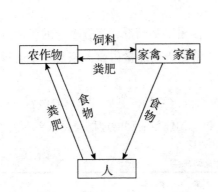

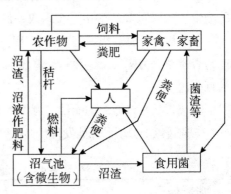

图4－19　传统农业生态系统的结构模式　　图4－20　改进后农业生态系统结构模式

②图4－21表示一个森林生态系统中森林地上部分总初级生产量、净初级生产量的变化情况。

问题：

①为什么当叶面积指数超过8时，森林的总初级生产量不再增加？而当叶面积指数超过4时，净初级生产量会逐渐下降？

②如果你是一位森林管理者，你会在叶面积指数为多大时，对森林进行开

采利用？说明理由。

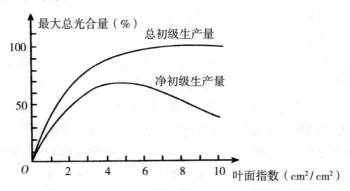

图 4 – 21　森林生态系统发育过程中总初级生产量、净初级生产量与叶面积指数的关系

第四节　理论教学重在阐明要点

　　理论是指人们关于事物知识的理解和论述，也指辩论是非、争论和讲道理。理论是一个组织起来的概念体系，可以用来解释一种或一系列现象。例如，生命活动调节的理论，生物进化的理论等。理论教学关键是阐明理论要点及要点之间的联系，使之成为一个严密的概念体系，从而增强理论的解释力。

一、高等动物和人体生命活动调节理论的教学

　　生命系统是开放系统，它们与外界环境之间不断进行着物质交流、能量转换和信息传递，这就决定了生命系统时刻处于动态变化过程中。生命系统的动态变化都是在一定的范围内进行的，否则就会解体，导致系统的崩溃。也就是说，稳态是生命系统能够独立存在的必要条件。生物体内的各种代谢过程，都将维持自身的稳态作为目标。稳态的维持靠的是生命系统内部的自我调节机制。

　　1857 年，法国生理学家贝尔纳（C. Bernard, 1813—1878）首先指出，细胞外液是机体细胞直接生活于其中的外环境，也就是身体的内环境。虽然机体的外部环境经常变化，但内环境基本不变，从而为细胞提供了一个比较稳定的理化环境。贝尔纳认为，内环境的稳定是独立自由的生命的条件。失去了这些条件，代谢活动就不能正常进行，细胞的生存就会出现危机。1926 年，美国生理学家坎农（W. B. Cannon, 1871—1945）发展了内环境稳定的概念，指出内环境

的稳定状态只有通过协调各种生理过程才能达成。内环境的任何变化都会引起机体自动调节组织和器官的活动，产生一些反应来减少内环境的变化。他将这种由代偿性调节反应所形成的稳定状态称为稳态（homeostasis）。他认为，稳态并不意味着稳定不变，而是指一种可变的相对稳定的状态，这种状态是靠完善的调节机制抵抗外界环境的变化来维持的。

　　在坎农之后，随着生物学的发展，以及系统论和控制论的思想方法对生物学的影响，稳态的概念突破了生理学范畴，延伸至生命科学的各个领域，成为整个生命科学的一大基本概念。人们认识到，不仅人体的内环境存在稳态，各个层次的生命系统都存在稳态。在微观领域，细胞内的各种理化性质也是大致维持稳定的，各种酶促反应的进行受到反馈调节；基因表达过程中同样存在稳态。在宏观领域，种群、群落、生态系统都存在稳态（见图 4-22）。就人体的稳态（见图 4-23）而言，通过神经调节和体液调节而实现稳态的观点也得到进一步发展，提出稳态是通过神经、内分泌和免疫调节网络来维持的，强调免疫调节在稳态维持中的作用。

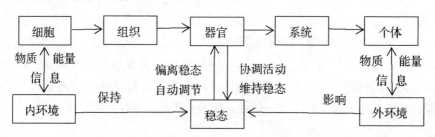

图 4-22　内环境的稳态及其调节

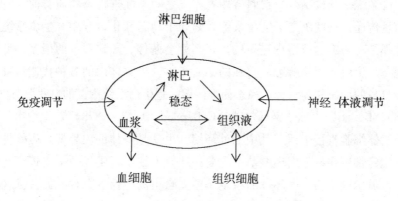

图 4-23　三大调节机制维持内环境稳态

神经调节、体液调节、免疫调节三大调节机制是各司其职、各具特色，既相互联系，又不可替代。

神经通过调节控制肌肉和腺体活动，使动物对外界环境变化做出快速反应；调节运动系统和内脏器官，维持内环境的稳态。神经调节反应迅速、精确，但作用范围局限，作用时间短暂。

体液调节通常通过影响细胞代谢来发挥作用。就人体激素的作用来看，可以分为以下三项功能：一是参与生长发育的调节，如生长激素、甲状腺激素、性激素等；二是参与内环境稳态的调节，如胰岛素、胰高血糖素、抗利尿激素等；三是配合神经系统参与应激反应，如肾上腺素等。体液调节具有反应缓慢，作用范围广泛、作用时间长等特点。

机体通过免疫调节识别自己和非己，维持内环境的无菌状态，以保证细胞代谢的顺利进行。特异性免疫具有特异性和记忆性等特点。

传统的观点认为，机体的两大调节系统（神经系统和内分泌系统）与免疫系统是相互独立的。但是，近些年来的研究发现，这三大系统之间有密切的联系，它们具有的共同的化学语言构成了它们之间相互联系的分子基础。神经系统、内分泌系统、免疫系统都有各自的信号分子（神经递质或神经肽、激素和细胞因子），而这些信号分子在其他系统也可能存在。例如，免疫系统可直接产生神经肽和激素，中枢神经系统可产生细胞因子等。这些信号分子的作用方式，都是直接与受体接触，免疫细胞上存在有神经递质及激素受体，同时，在中枢神经系统中也存在着许多细胞因子的受体，这就说明，这三大系统可以通过某些信息分子来实现统一协调。

越来越多的证据表明，神经内分泌与免疫系统之间存在着双向调节作用，通过它们之间共有的信息分子构成了复杂的一个网络。这三个系统各自以自身特有的方式在内环境稳态的维持中发挥着调节作用，它们之间的任何一方都不能取代另外两方（免疫系统能够感知神经内分泌系统不能感知的刺激物，如细菌、病毒等）。神经内分泌系统通过释放神经递质或激素作用于免疫系统，调节免疫系统的功能；而免疫系统则通过释放多种细胞因子、产生神经肽和激素两条途径作用于神经内分泌系统，从而使机体的调节系统间形成完整的调节网络，使机体的稳态得以保持。

将免疫系统列为调节系统之一，突出免疫系统对于机体稳态维持的作用，意在从更深层次上揭示生命活动的整体性，对于引导学生认识生命系统结构和功能的整体性具有重要的意义。同时也揭示了机体内各个系统之间联系的复杂性和多样性，说明了生命现象内在联系之间的普遍性。

鉴于以上考虑，教师在教学过程中，关于免疫调节的教学应注意以下两点：①引导学生在"生命活动的调节"主题下，去认识"免疫"，突出它在稳态维持中的作用，不要单纯地介绍免疫学知识；②关注免疫调节与神经调节、体液调节的关系，引导学生认识三者之间的关系，进而从整体上认识生命活动的调节。

神经系统、内分泌系统和免疫系统除了有共同的"语言"：信息分子之外，均具有反馈调节机制。激素分泌的反馈调节自不待言，事实上，神经调节的基本方式：反射也是一个闭合环路（见图 4-24），及时矫正调节幅度以实现精准调节。抑制性 T 细胞（Ts）对 B 细胞、杀伤性 T 细胞（Tc）和辅助性 T 细胞（Th）均具有抑制作用。

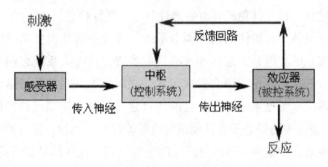

图 4-24　反射中的反馈调节

二、植物生命活动调节理论的教学

在植物的生长发育过程中，环境在不断变化，植物可以通过对生命活动进行调节而适应环境的变化。和动物一样，植物对自身的生命活动也有一套调控系统，不过植物没有神经系统，也没有体液调节系统，所以和动物的调控系统迥然不同，目前对于植物的调控系统了解比较清楚的只是其中的激素调节。通过教学应该使学生理解以下理论要点。

①植物激素是一类由植物体内产生，能从产生部位运输到作用部位，对植物生长发育有显著作用的有机物。

②植物激素主要有生长素、赤霉素、细胞分裂素、乙烯和脱落酸五类。植物体内还有一些其他的有机物也具有调节生长发育的作用。其中，生长素促进幼苗中细胞的生长；赤霉素促使茎伸长和种子萌发；细胞分裂素促进细胞分裂；脱落酸抑制植物体内的许多过程；乙烯引发果实成熟和其他衰老过程。

③在植物生长发育过程中，各种激素并不是孤立发挥作用，而是多种激素相互作用，共同来进行调节的。在多种激素共同进行调节时，它们之间可以相互促进或协调，也可以相互拮抗。例如，赤霉素与生长素协同作用，比单独一种激素促进幼苗生长的效果更显著；赤霉素能打破种子休眠，促进萌发；而脱落酸则能抑制种子萌发，促进休眠，两种激素表现为拮抗作用。

④在植物生长发育的过程中，各种激素含量的变化存在一定的规律，总体上与植物各发育阶段的需要相一致，从而调控其发育过程。但是，不同激素的变化规律又不一定相同。例如，种子在刚休眠时脱落酸含量很高，随着休眠期延长，脱落酸含量逐渐下降，到后熟阶段时，降到最低，而赤霉素的含量则达到最高值，这时种子就可以在适宜的条件下萌发。种子萌发后，IAA 和赤霉素的含量逐渐增加，从而促进种子萌发和幼苗生长。随着根系的不断生长，合成的细胞分裂素可以运到地上部分，促进芽的发育和茎叶的生长。落叶是由环境因素引发的，这些因素中首先是秋季的短日照，其次还有低温。这些环境条件显然引起了乙烯与生长素比例的变化。生长素防止脱落并有助于叶中正常代谢的进行，但叶片衰老时，所合成的生长素越来越少，与此同时，细胞合成乙烯，乙烯又促进一些酶的形成，这些酶是分解细胞壁物质的。

⑤植物的生长发育过程，本质上是受基因组程序性表达这一关键信息调控的，植物的激素调节只是植物生命活动调节的重要组成部分而不是全部（图4-25）。植物激素的合成从根源上来说也是基因组表达的结果，植物激素又通过信号转导最终作用于基因组而实现调节功能（图4-26）。

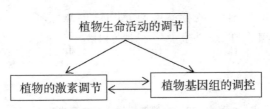

图4-25　激素调节与基因组调控之间的关系

三、现代生物进化理论的教学

以自然选择学说为核心的现代生物进化理论，较为深入地揭示了生物繁衍过程中物种形成和更替的原理，指出生物进化的实质是种群基因库在环境的选择作用下的定向改变，反映出生物与环境在大时空尺度下的发展变化和对立统一。为了帮助学生深入理解现代生物进化理论的主要内容，需要明晰自然选择

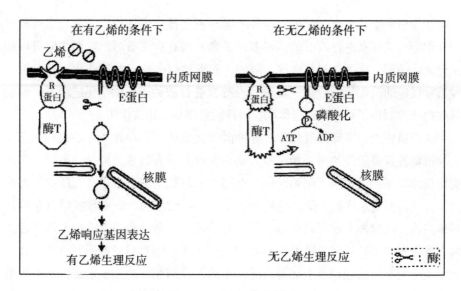

图4-26　乙烯调节机制

学说的重要贡献和历史局限性。

（一）自然选择学说的主要内容

自然选择学说的主要内容如图4-27所示。

物种起源和适应形成

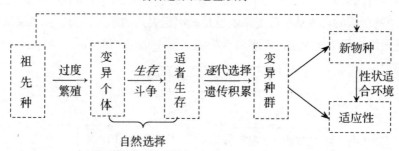

图4-27　自然选择学说的主要内容

自然选择学说认为，生物进化是变异、选择和遗传三者综合作用的结果。其中，遗传和变异是生物进化的内因、生存斗争是生物进化的动力、定向选择作用决定进化的方向、多样性和适应性是自然选择的结果。

①自然选择学说的重要贡献在于，科学地阐明了生物进化的原因；解释了生物的多样性和适应性。

②自然选择学说的历史局限性在于，对于遗传和变异的本质不能做出科学

的解释；将个体作为生物进化的单位；不能很好地解释物种大爆发现象。

随着生物科学的发展，对生物进化机制的探讨主要集中在两个方面：一是从性状水平深入到基因水平；二是从个体水平上升到种群水平，弥补了自然选择学说的缺陷，进而诞生了现代综合进化理论。

（二）现代生物进化理论的基本观点

1. 种群是生物进化单位

为什么种群是生物进化的单位？这是令学生倍感困惑的问题。有效的教学策略是让学生参与问题探讨。例如，某昆虫的翅色是灰色（基因型为 aa），偶然出现了一绿色的变异个体（基因型为 Aa），如果绿色翅比灰色翅更适应环境。按照达尔文"适者生存，不适者被淘汰"的观点，这一有利变异个体能永远生存下去吗？该个体中的有利基因 A，怎样才能世代传递下去？即使 Aa 个体能够繁殖，后代都是绿色个体吗？通过对上述问题串的探讨，可以让学生发现，某个体的有利变异基因只有在群体中，通过有性生殖才能世代延续，另外有利变异个体（Aa）的有性生殖后代，还会出现 aa 的个体。因此，研究生物进化，仅仅研究个体的表现型是否与环境相适应是不够的，还需要研究群体的基因组成的变化，这个群体就是种群，从而引入种群的概念。

那么，如何研究种群的基因组成的变化呢？应该从研究种群中全部个体所含有的全部基因（基因库）入手，而基因频率是分析和描述基因库中基因组成的重要概念。在学生理解了基因库的基本含义，以及学会了基因频率的计算方法后，教师就可以提出问题："一个种群基因库中的基因频率，在子代中是否发生变化？"从而引导学生运用数学方法讨论基因频率的变化。通过数学计算学生发现：①当一个种群非常大；②所有的雌雄个体都能自由交配；③没有迁入和迁出；④自然选择对不同表现型的个体没有作用；⑤这对基因不发生突变，并且携带这对基因的染色体不发生变异。符合上述五个条件时，一个种群的基因频率上下代稳定不变。显然，对于一个种群来说，上述五个条件不可能同时具备，也就是说，自然界中的种群的基因频率一定会发生变化，即种群的进化是必然的。

2. 突变和基因重组产生进化的原材料

基因突变可以产生等位基因，通过有性生殖过程中的基因重组，可以形成多种多样的基因型，从而为生物进化提供了大量的原材料。在一个大的种群中，短期内基因突变很难显著地改变基因频率。但是，突变加上自然选择的作用，突变基因可以迅速地增大它在种群中的频率，细菌的抗药性进化就是一例。

3. 自然选择决定生物进化的方向

自然选择是导致基因库变化的最重要的因素。自然选择作用的靶子是种群中遗传组成上互有差异的个体。那些能较好适应环境的个体将具有较强的存活能力和繁殖能力，会留下较多的后代；那些适应性较差的个体具有较弱的存活能力和繁殖能力，留下较少的后代，从而改变下一代的基因频率和基因型频率。自然选择并不是引起进化的唯一因素，但却是造成生物适应的唯一因素和过程。

从桦尺蠖工业黑化的实例中可以看出，具备以下三个条件就会发生自然选择[①]：①种群内存在不同基因型个体；②不同基因型的表型性状影响了个体的存活率和生殖率或其中任何一项；③不同基因型个体世代之间的增长率产生了差异。增长率高的基因型个体，相比增长率低的基因型个体，给下一代群体留下相对多的后代，从而导致种群内的基因频率和基因型频率发生变化。总之，只要不同基因型个体之间，在存活率和生殖率方面出现差异，因而在增长率上出现差异，哪怕这个差异是很轻微的，就会发生自然选择。

4. 隔离导致物种的形成

当一个群体的少量个体迁徙到一个新的领地时，新群体的遗传结构同初始群体已经有了不同。在新的环境中，由于气候、土壤、食物资源、捕食者和竞争者等方面和原始地不尽相同，由于自然选择的作用，迁徙群体的遗传结构朝着适应当地环境条件的方向变化，它和初始群体之间出现越来越大的遗传差异。然而要使群体之间的遗传差异发展为物种之间的遗传差异，需要一定程度的遗传差异的积累，而隔离则是有效积累的一个重要条件。如果在迁徙群体和初始群体之间存在迁入、迁出（基因交流），形成中的遗传差异就会因基因交流而被减弱甚至完全消失。因此，地理隔离是阻止基因交流，积累遗传差异的重要机制。当遗传差异积累到一定程度时，就可能形成生殖隔离，导致新物种的产生（见图 4 - 28）。

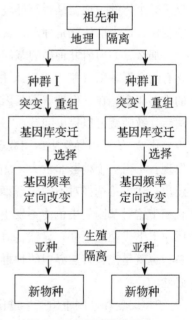

图 4 - 28 异域物种形成

---

① 吴相钰，陈守良，等. 陈阅增普通生物学 ［M］. 北京：高等教育出版社，2014：336.

第五节　模型教学重在反映要素

什么是模型？钱学森先生提到，"模型就是通过我们对问题现象的了解，利用我们考究得来的机理，吸收一切主要因素，略去一切不主要因素所制造出来的'一幅图画'，一个思维上的结构，这是一个模型，不是现象本身"。笔者认为，在中学阶段，学生学习的数学、化学、物理等知识有限，对一些生物学现象和规律的理解有一定困难。在某些章节的学习中，作为一种把现象简单化了的图画、结构或概念，模型比原型更符合中学生的认知层次和理解水平。但模型并不是一味地简单化，它是略去次要因素、保留核心要素的一种呈现，能一定程度使抽象概念具体化，微观结构宏观化，隐性内容显性化，更易于揭示原型中的科学原理，有助于学生对学科概念的深入理解。①

利用模型进行教学的意义何在？除了模型相对于原型的优势之外，利用模型的教学还有利于学生科学思维的发展。"中学生物核心素养"中"科学思维"包括："崇尚并形成科学思维的习惯；能够运用归纳与概括、演绎与推理、模型与建模、批判性思维等方法探讨生命现象及规律，审视或论证生物学社会议题。"在真实的科学研究过程中，科学家在研究一个新的生命现象或规律时也可能使用模型来研究，教学中可让学生像科学家一样在构建模型中认识科学现象，亲身体会科学家是如何困惑于问题、如何构建模型解释现象、从哪些途径去使用和研究模型，并不断地修正模型，从中发展学生逻辑推理、批判性思维等科学思维。北京四中特级教师陈月艳认为，教学环节的逻辑关系中应体现"假说—模型—检验—修正—应用"的模型研究基本科学方法。②

一、"减数分裂"探究教学与模型构建

"减数分裂"在整个高中生物学课程中占据重要地位，具有承前启后的作用：它既是进行有性生殖的生物在产生配子时所进行的一种特殊的有丝分裂，又是遗传和变异发生的细胞学基础。因此，新授课教学既要以有丝分裂为新知

---

① 吴丹丹．模型构建在中学生物学中的教学实践研究与反思［J］．生物学通报，2017（2）．

② 陈月艳．"种群的增长模型"的教学组织［J］．生物学通报，2013（3）．

识的"生长点",揭示减数分裂的特殊性,又要为遗传和变异的教学奠定坚实的基础。传统教学通常先讲授减数分裂的过程,再与有丝分裂进行比较。这样,虽然配有直观的动画图像,但由于缺乏主动探究,容易导致学生被动观察、死记硬背、表层理解,甚至使部分学生陷入混沌之中。本书是对传统教学的反思与改进,引入探究性学习理念,对"减数分裂"这一教学难题重新设计,收到了良好的教学效果。

(一)由果推因,感知整体

新课导入的方式有多种。可以承前启后,如"在生物体的有性生殖过程中,有性生殖细胞是怎样形成的"。科学研究表明,有性生殖细胞的形成需要经过一种特殊方式的有丝分裂——减数分裂;也可以学生熟知的人体发育情况,引导学生推测精子和卵细胞中的染色体数目。笔者认为,还是以科学发现史为背景材料,引导学生做出假设,并说明所作假设的依据和思维过程,教学实效最好。

科学事实:1883年,比利时学者比耐登(E. van Beneden)在研究马蛔虫受精作用时观察到,精子和卵细胞中含有数目相同的染色体,这些染色体通过受精作用传给子代。

做出假设:生殖细胞中的染色体数目是体细胞中的一半。所作假设的依据是,精子和卵细胞中的染色体数目相等,这些染色体通过受精作用传给子代。构思假设的思维过程是,假若生殖细胞中的染色体数目不是体细胞中的一半,那么生物每繁殖一代,体细胞中的染色体数目就会增加一倍。

收集证据:从19世纪到20世纪初,许多科学家相继观察到,无论动物还是植物的生殖细胞,在形成过程中染色体数目都要减少一半。

推理:顺势呈现1个精原细胞(含有2对同源染色体)最终产生4个精细胞(每个精细胞含2条染色体)的直观图,引导学生推算:染色体是否需要复制?复制几次?细胞分裂几次?然后,演示精子形成的动画过程,以肯定学生的推算并使之初步感知减数分裂的整个过程——染色体复制1次,细胞连续分裂2次。

(二)层层推进,明理归因

探究1:染色体何时复制?染色体数目何时减半?怎样减半?

演示精原细胞变成初级精母细胞的动画过程,让学生通过观察说出初级精母细胞不同于精原细胞的特点,即体积变大、染色质进行了复制。

设计假设:

①假若复制后的染色体着丝点都排列在赤道板上(如图4-29中a所示),

那么，着丝点分裂，染色单体分开后，形成的子细胞中的染色体数目能否减半？

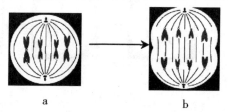

图 4 - 29　假设 1 的变化

②假若复制后的染色体两两配对后，规则地排列在赤道板的两侧（如图 30 所示），那么，染色体如何变化可使子细胞中的染色体数目减少一半？（提示：着丝点是否分裂？染色体如何移动？）

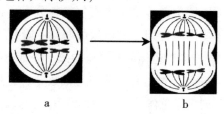

图 4 - 30　假设 2 的变化

设计假设①，旨在促使学生运用已习得的有丝分裂知识解释、推断新情景中的问题，使之产生心理困惑，达到欲求不能，欲罢不忍的境地。假设②则让学生充分想象，茅塞顿开，从而领悟子细胞中染色体数目减半的机制，并在与有丝分裂的对比中深刻认识减数第一次分裂染色体行为变化的特殊性。

探究 2：染色体怎样变化，才能两两配对并规则地排列在赤道板的两侧？

让学生仔细观察图 4 - 31a 中配对的两条染色体的大小形态、来源（不同颜色显示）行为变化等特点，建立同源染色体、联会、四分体等概念。为了深化这三个重要概念，良好的教学策略是师生相互质疑。首先，学生质疑：为什么在初级精母细胞中的每对同源染色体总是一条来自父方，一条来自母方？教师可溯本求源、释疑解惑"初级精母细胞→精原细胞→受精卵→精子（父方）＋卵细胞（母方）"。然后，教师质疑：

①若图 4 - 31b 所示细胞进行有丝分裂，可形成多少个四分体？人的初级精母细胞中可形成多少个四分体？

②从染色体的行为变化分析，你认为次级精母细胞中染色体数目减半的直接原因是什么？根本原因是什么？

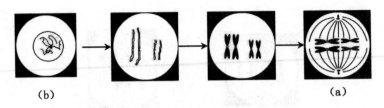

(b)   (a)

图 4 – 31

问题①旨在让学生明确四分体的形成有两个重要前提：染色体复制和同源染色体联会，即"复制→联会→四分体"。问题②则重在让学生领会同源染色体的行为变化与染色体数目减半之间的关系，即同源染色体分离是导致染色体数目减半的直接原因，而同源染色体要实现有规律地分离，必须先通过联会，形成四分体，进而四分体规则地排列在赤道板的两侧。即前期的"联会"是为了后期的"分离"。因此，同源染色体的联会是导致子细胞染色体数目减半的根本原因。事实上，有无"联会"也是有丝分裂与减数分裂这两种分裂方式最根本的区别。有丝分裂时，同源染色体单独行为，没有联会。每一染色体经过复制，着丝点分裂后，两染色单体分开，分别分配到 2 个子细胞中，结果每个子细胞得到和亲代细胞同样的一组染色体，即使连续 2 次有丝分裂，结果还是如此。减数分裂有"联会"，即每一条染色体复制成 2 个染色单体在第一次分裂中不分开，而是 2 个同源染色体（各含 2 个紧密靠拢地染色单体）分别走向 2 个子细胞，结果 2 个细胞各只含有每对同源染色体中的一个染色体。

探究 3：次级精母细胞中的染色体怎样变化，使产生的每个精细胞中的染色体数目与之相同？

这是一个相对容易的问题，学生根据已掌握的有丝分裂的知识能够很快做出回答。至此，教师应设置问题将学生思维引向深入。

问题：

①纵观整个减数分裂过程，你认为精细胞中染色体数目减半发生在第一次分裂还是第二次分裂？

②从染色体的行为来看，减数第二次分裂很像一次有丝分裂，但并非完全相同。请指出其不同点。

探究 4：卵细胞的形成与精子的形成有何不同？

为培养学生的对比观察能力，可让他们观察教材插图或演示卵细胞形成的动画过程，并思考以下两个问题，以促进学生对卵细胞形成过程的深层理解。

①为什么1个卵原细胞只产生一个卵细胞？

②初级卵母细胞和次级卵母细胞的不均等分裂有何生物学意义？

经过一系列探究活动，师生应及时地对探究成果进行归纳与整合，以建立减数分裂的概念，形成清晰的知识结构并掌握染色体数目及DNA含量变化规律。

（三）模型建构，链接变异

高等植物和动物一般都是从受精卵发育而来的，受精卵含有父本和母本的2组染色体，每一对染色体中一个来自父本，一个来自母本。减数分裂第一次分裂后期，每对同源染色体中的2个染色体都是随机地分配到2个子细胞中去的，因而减数分裂产生的配子的染色体组成具有多样性。由于基因在染色体上，因此配子的基因组合也具有多样性。如果一个生物体内有n对同源染色体，则其产生的精子和卵细胞均有2^n种。这还没有考虑四分体时期同源染色体之间的交换，如果考虑四分体的非姐妹染色单体之间的交换，那么配子中的染色体（基因）组合的种类将会更多。因此，减数分裂能够极大地丰富配子中的染色体（基因）组合，导致配子变异类型多，进而通过受精作用引起后代具有更大的变异性（见图4-32），这就为自然选择提供了丰富的材料，有利于生物的进化。

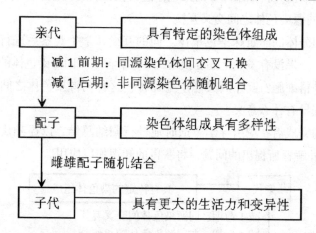

图4-32　减数分裂过程中染色体行为变化与后代变异性之间的关系

组织该部分内容教学时，教师应引导学生通过模型建构，揭示减数分裂中染色体的行为变化与配子中染色体组成多样性之间的关系。

事实：子女与父母之间，或者兄弟姐妹之间性状会有明显的差异。

问题：父亲体内的精原细胞染色体组成并无差别，同样，母亲体内的卵原细胞染色体组成也无差别，同样的精（卵）原细胞会产生不同的配子吗？

探究：模型建构

1. 模拟非同源染色体的自由组合

将全班学生分为两大组，第一组将两对染色体横向排列在赤道板处，红色橡皮泥制作的染色体放在赤道板一侧，黄色橡皮泥制作的染色体放在另一侧；第二组在赤道板的每一侧放两条不同颜色的染色体。两组同时模拟减数分裂的整个过程。将两组活动的结果一并考虑，含两对同源染色体的初级精母细胞能产生几种配子？然后，两组交换模拟，即第一组在赤道板的每一侧放两条不同颜色的染色体，第二组在赤道板的每一侧放两条相同颜色的染色体。这样，每位学生都能体验到非同源染色体的自由组合与产生配子种类之间的关系，并能深刻地理解1个初级精母细胞只能产生2种精细胞；众多初级精母细胞才能产生4种精细胞。我们认为人教版新课标实验教材中，先让全体学生模拟第一种组合（赤道板每一侧放两条不同染色的染色体），再让全体学生模拟第二种组合情况，其教学效果远不如将全班学生分为两组，同时模拟两种组合情况，然后交换模拟。

进一步模拟探究：如果用3对染色体进行模拟，将产生多少种类型的配子？

2. 模拟同源染色体之间交叉互换

先演示四分体的非姐妹染色单体之间的互换，学生观察后进行模拟，并提醒学生思考：如果没有发生上述互换情况，1个含2对同源染色体的初级精母细胞能产生几种精细胞？互换后又能产生几种？这种同源染色体之间的互换对生物的遗传与变异有什么意义？

模型建构完成后，应引导学生适时地进行归纳总结，以提升认识成果（见图4-33），并解释所提出的问题，将获得的知识加以应用。

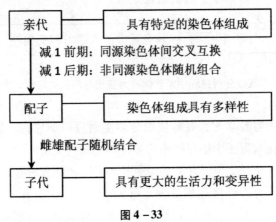

图4-33

第五章

程序性知识的教学重心

程序性知识是关于如何做某事的知识。这里的"某事"可能是完成相当程式化的练习，也可能是解决新问题。通常程序性知识亦需要遵循的一系列或序列步骤的形式出现，它包括技能、算法、技术和方法等被统称为程序性知识。在很大程度上，具体学科的技术和方法的知识是通过达成共识，取得一致意见的或学科规范等途径得到的结果，而不是直接来源于观察、实验或发现。通常，具体学科的技术和方法的知识反映的是学科专家思考和解决问题的方式，而不是这些思考和问题解决的结果。除此之外，程序性知识还包括确定何时使用各种程序的准则知识。事实上，专家不仅拥有本学科的丰富知识，而且他们的知识是"条件化"的，所以他们知道何时何地使用知识。①

认知过程维度的"应用"涉及用程序去完成练习或解决问题，因此，应用与程序性知识有着紧密的联系。应用认知类别包括两个具体的认知过程，一是执行即其任务是完成练习（学生熟悉的），二是实施即其任务是解决问题（学生不熟悉的）。如果任务是熟悉的练习，学生通常知道需要使用哪些程序性知识；如果任务是不熟悉的问题，那么学生必须首先确定解决问题将要运用的知识。如果任务看起来要求程序性知识而严格符合问题情境的程序又无法获得，那么，学生也许需要对备选的程序性知识进行一些必要的修改。与"执行"不同，"实施"要求对问题以及解决问题的程序都有一定程度的理解。因此，在"实施"时，理解概念性知识是应用程序性知识的前提。②

高中生物选修3《现代生物科技专题》以专题的形式介绍现代生物科学和技术中一些重要领域的研究热点、发展趋势和应用前景。本模块，教材既重视

---

① 洛林·W. 安德森. 布鲁姆教育目标分类学修订版［M］. 蒋小平，等，译. 北京：外语教学与研究出版社，2009：40.

② 洛林·W. 安德森. 布鲁姆教育目标分类学修订版［M］. 蒋小平，等，译. 北京：外语教学与研究出版社，2009：58.

基本的科学原理，又重视原理如何转化为技术、技术又如何推动科学的新发展。教材内容把技术放在了重要位置，甚至包括了若干重要的科研或生产的工艺流程。通过对这些内容的了解，会较深切地体会到技术的重要性，树立科学和技术互动的观念。

　　基因工程、细胞工程、胚胎工程、生态工程等现代生物技术均属于程序性知识，但是，理解基本的生物科学技术概念是应用程序性知识的重要前提。现代生物科学技术揭示了一些新的原理、原则和规律，逐步建立了一系列新概念，没有对基本概念（不论是科学的还是技术的）的理解和把握，将影响学生进一步的学习和发展。

第一节　"基因工程的基本操作程序"的教学分析与设计

　　"基因工程的基本操作程序"是基因工程的核心内容，起着承上启下的作用。它既是对"基因工程原理和技术"的综合运用，又是对"基因工程的应用"等后续内容的概括和开启。由于该节内容难点、疑点较多，学生学习起来有一定的困难，教师必须采取简约、形象、诱思的教学策略，才能消除学生的疑惑和对高深技术的畏惧感，引领学生登上这一科技前沿的舞台。

　　"基因工程的基本操作程序"属于程序性知识。程序性知识是关于"怎么做"的知识，而要学会"怎么做"，必须先知道"是什么""为什么"和"怎么样"等陈述性知识。因此，教学应强调知识的渐进性、系统性、科学性和通俗性，遵循从整体到部分再到整体的教学思路。首先，依据转基因植物的培育过程示意图，让学生初识基因工程的基本程序；其次，依次简述各个步骤的常用方法；最后，引导学生用概念图等形式概括基因工程的基本流程。

一、整体感知

　　本节学习的基因工程的基本操作程序和方法是对转基因植物、动物、微生物的概括。教学时，可以先援引我国拥有自主知识产权的转基因抗虫棉培育过程的成功案例，从中总结出基因工程的基本操作程序，进而启发学生依据基因工程的原理和技术，设计完成每个操作步骤的方法，同时还能增强学生奋发图强的紧迫感，培养他们自强不息的民族精神，从而激起他们学习的积极性。这样处理能够把学生的知识、能力、情感态度与价值观有机地统一起来。

二、分步探讨

通过整体感知，学生已初步建立起基因工程的基本操作程序，因此，分步探讨的重点应放在每一步操作的必要性以及操作对象、方法和原理上。

（一）获取目的基因

获取目的基因是实施基因工程的第一步，可以设置系列问题引导学生深思，以弄清获取目的基因各种途径的前提、方法和适用范围。

[问题] 如果我们对抗虫基因的碱基序列完全不知，怎样从苏云金芽孢杆菌体内获取目的基因？

解决此问题，首先可以结合图5-1向学生介绍基因文库的构建过程，并将基因文库形象地比喻成一个国家图书馆，有助于他们理解基因文库中每个受体菌DNA分子都包含一段不同的外源DNA片段。然后，简介基因探针的制作过程，让学生设想运用基因探针从基因文库中调取目的基因的原理和方法。最后，引导学生对"直接分离法"（鸟枪法）做出如下分析。

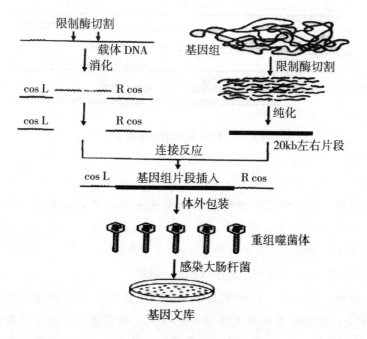

图5-1 基因文库的建立

分析：

[操作前提] 对目的基因碱基序列完全不知。

[操作对象] 载体 DNA 和苏云金芽孢杆菌的 DNA。

[操作方法] 从细胞或组织中提取 DNA→酶切、纯化、分级→与克隆载体连接→侵染大肠杆菌→建立基因文库→用基因探针调取目的基因。

[适用范围] 一般适用于获取原核细胞的基因。

如果抗虫基因碱基序列已完全知道并且较为短小，则可以直接进行化学合成；如果抗虫基因碱基序列只知道其中的一部分，则可以通过 PCR 技术来扩增。

[**问题**] 运用 PCR 技术扩增目的基因，需要什么前提和条件？过程如何？原理是什么？PCR 技术扩增目的基因与细胞内 DNA 的复制有何异同？

教学时，结合图 5-2 引导学生对上述问题进行分析，以深刻理解 PCR 技术的原理，并领悟科学、技术与社会之间的互动关系。

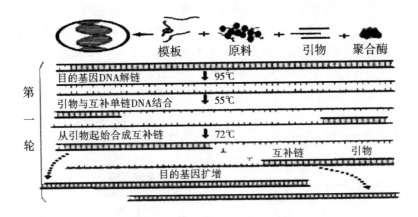

图 5-2 PCR 反应原理示意图

分析：

[操作前提] 有一段已知目的基因的碱基序列，以便根据这一序列合成引物。

[操作条件] 模板、原料、引物、TaqDNA 聚合酶。

[操作方法] 变性→退火→延伸→第二轮循环。

[操作原理] ①变性：在95℃高温下，作为模板的双链 DNA 解链成单链 DNA；②退火：反应体系的温度降至 55~60℃，使得部分引物与模板的单链 DNA 的特定互补部位相配对并结合；③延伸：反应体系的温度回升到72℃左右，TaqDNA 聚合酶以解开的单链 DNA 为模板，逐个将四种脱氧核苷酸按照碱基互补配对原则连接在引物之后，使合成的新链延伸，形成互补的 DNA 双链，

如表 5 − 1 所示。

表 5 − 1 体内 DNA 复制与体外 DNA 扩增的比较

	体内 DNA 复制	体外 PCR 扩增
模板	DNA 分子	目的基因
解链	解旋酶打开母链的双螺旋	加热至 95℃打开母链的双螺旋
引物	RNA 引物	DNA 引物
酶	解旋酶、DNA 聚合酶、DNA 连接酶等	TaqDNA 聚合酶

问题：

①通过直接分离法，即从基因文库中获取人的胰岛素基因，导入大肠杆菌能否成功表达？为什么？（提示：直接分离法获取的胰岛素基因中是否含有内含子？在大肠杆菌细胞中能否加工成成熟的 mRNA？）

②能否通过逆转录的方法获取不含内含子的胰岛素基因？你能推测出由 mRNA 反转录形成 cDNA 的过程（见图 5 − 3）大致分为哪些步骤吗？

③基因文库如同国家图书馆，而 cDNA 文库则像某单位的图书馆，二者除了大小不同之外，还有哪些区别？如果想知道一种生物在个体发育的不同阶段表达的基因有什么不同，需要构建哪一种基因文库？

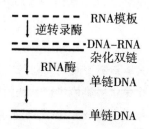

图 5 − 3 由 mRNA 反转录形成 cDNA 的过程

通过对上述问题的分析与解答，学生已基本弄清了获取目的基因各种途径的前提、方法和适用范围。此时，教师应引导学生对相关知识进行整合（见图 5 −4），以达到融会贯通、灵活应用的教学功效。

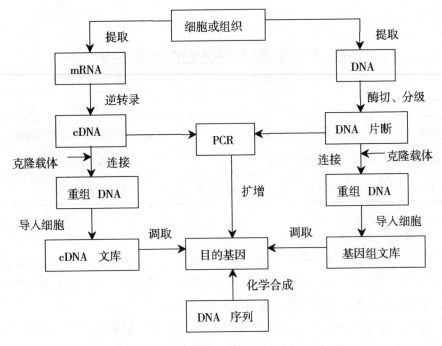

图 5-4　获取目的基因的途径示意图

（二）构建表达载体

基因表达载体的构建是实施基因工程的第二步，也是基因工程的核心。教学时，通过设置问题串，引导学生首先领悟构建表达载体的必要性，进而思考构建表达载体的要求和方法。

问题：

①将目的基因直接导入受体细胞不是更简便吗？如果这么做，结果会怎样？

②怎样使目的基因免于被受体细胞的防御系统摧毁呢？

③怎样将目的基因与质粒进行重组？形成的重组质粒导入受体细胞后，除了能够稳定存在外，还必须能够进行复制，从而遗传给下一代。因此，需要对重组质粒做怎样的修饰？（插入复制起点）

④从 cDNA 文库中获取的胰岛素基因，导入大肠杆菌细胞中，要实现成功表达，还需要做哪些修饰？（插入宿主细胞的启动子、终止子等表达元件）

然后，结合图 5-5，让学生观察基因表达载体的构成，并说明各个元件的作用，使之发现：无论是克隆载体还是表达载体，都应该具备三个基本元件，即①复制起点，即控制复制起始的位点；②抗性基因，便于检测目的基因是否导入受体细胞；③多克隆位点，含有多个限制酶切点，便于携带多种外源基因。表达载体除了上述三个基本元件外，还需要插入启动子、终止子等表达元件。

（三）导入受体细胞

将目的基因导入受体细胞是实施基因工程的第三步。基因工程常用的受体细胞有大肠杆菌、枯草杆菌、土壤农杆菌、酵母菌和动植物细胞等。受体细胞和克隆载体的类型不同，导入方法不尽相同。教学时，可通过借助教材插图向学生重点介绍常用的农杆菌转化法，然后逐步扩展到花粉管通道法、基因枪法、显微注射法和 $CaCl_2$ 处理法（见图5-6）。

图5-5 基因表达载体模式图

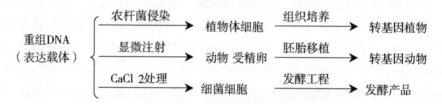

图5-6 目的基因导入受体细胞的方法

由图5-6可知，基因工程是生物工程的上游技术，组织培养、胚胎移植、发酵工程等则是生物工程的下游技术。教学设计应该关注各种生物工程技术之间的联合作用，并鼓励学生质疑或者通过教师设置问题，引导学生运用已习得的知识尝试解答。

问题：

①培育转基因动物时，受体细胞能否采用动物体细胞？试说明理由。

②利用大肠杆菌可以生产出人的胰岛素，联系前面有关细胞器功能的知识，结合基因工程操作程序的基本思路，若要生产人的糖蛋白，可以用大肠杆菌作为受体细胞吗？若大肠杆菌不能作为受体细胞，应选择什么样的受体细胞？（提示：有些蛋白质肽链上有共价结合的糖链，这些糖链是在内质网和高尔基复合体上加工完成的）

③怎样筛选出已经接纳基因表达载体的受体细胞？

如何根据表达载体上的标记基因检测目的基因是否成功地导入受体细胞，是学生普遍感到困惑的问题。教学时可以结合实例进行分析，例如，首先向学生说明载体质粒上有氨苄青霉素抗性基因（amp^R），它使细菌能在含氨苄青霉素的培养基中生长。载体质粒上多克隆位点区还有一个 *lacZ* 基因，编码 β-半乳糖苷酶的一个蛋白亚基，它能使细菌在含有半乳糖的培养基上形成蓝色菌落，即半乳糖被 *lacZ* 基因编码产生的 β-半乳糖苷酶水解成蓝色。当外源基因插入到多克隆位点区时就隔断了 *lacZ* 基因，使 *lacZ* 基因失去活性和表达功能。然后，让学生进行选择：导入目的基因的菌落是蓝色菌落还是白色菌落？并说明选择的依据，并思考为什么有的大肠杆菌不能形成菌落？

（四）目的基因的检测与鉴定

目的基因在受体细胞中属于"异地插足"表达，虽然通过表达载体上的标记基因筛选出来了导入目的基因的受体细胞，但是目的基因能否在受体细胞中稳定维持和表达其遗传特性，只有通过检测与鉴定才能知道。因此，首先应该检测转基因生物的染色体 DNA 上是否插入了目的基因，这是目的基因能否在真核生物中稳定遗传的关键。教学时，可以结合 DNA 分子杂交检测示意图，向学生阐述从分子水平鉴定目的基因是否整合到受体生物染色体 DNA 中的大体方法，从中领会基因探针的工作原理。其次，要检测目的基因是否成功表达。可以采用"问题解决"的教学策略，引导学生运用已习得的基因表达、基因探针、抗原抗体特异性反应等原理，设想解决问题的方法。

问题：

①根据中心法则，目的基因怎样表达？成功表达的标志是什么？

②如何用基因探针检测目的基因是否转录出了 mRNA？

③如何运用抗原抗体特异性结合的原理检测目的基因是否翻译出了蛋白质？

④除了上述分子检测外，你能否在个体生物学水平上进行检测？例如，如何检测转基因抗虫棉具有抗虫特性？

三、归纳整合

通过分步探讨，学生虽然对每一步的操作对象、原理和方法做到了"知其然，知其所以然"，但尚未从理性上形成一个完整的操作程序。因此，引导学生运用比较表（见表 5-2）或概念图（见图 5-7）的形式对零散的知识进行比较、归纳就显得格外重要。

表 5 – 2　基因工程的基本操作程序比较表

步骤	I	II	III	IV
目的	获取目的基因	构建表达载体	导入受体细胞	目的基因检测与鉴定
方法	直接分离法 PCR 反应法 逆转录法 化学合成法	插入复制起始位点、抗性基因、多克隆位点等基本元件；插入启动子、终止子等表达元件；酶切、连接	农杆菌转化法 基因抢法 花粉管通道法 显微注射法 感受态细胞吸收法	标记基因产物的鉴定；基因探针检测目的基因的插入和转录；"抗原—抗体"杂交检测翻译的蛋白质；个体生物学水平上的鉴定
原理	基因是有特定遗传效应的 DNA 片段；DNA 半保留复制的过程及条件；逆转录的过程及条件	基因的结构及表达；限制酶与连接酶的作用原理；DNA 分子的碱基互补配对原则	克隆载体的遗传特性：如农杆菌的 T – DNA 能够整合到受体细胞的染色体 DNA 上	DNA 分子的碱基互补配对原则；抗原抗体特异性结合的原理；遗传物质的作用原理即中心法则

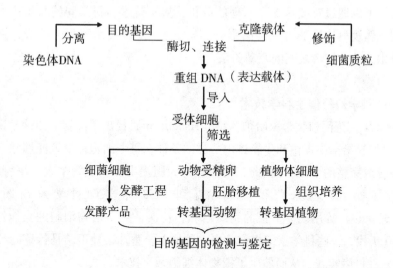

图 5 – 7　基因工程的基本操作流程图

四、尝试应用

程序性知识，主要涉及对已习得的概念、原理的运用，学习原理的目的在于学生能在体现原理的变化的情境中适当应用原理。因此，当学生掌握了基因工程的基本操作程序后，应及时地引导他们根据这一流程，设计某一转基因生物的具体过程。这样，可以促使学生将基因工程操作程序有机地串联起来，从而加深对这一程序的认识。例如，烟草是人类健康的"杀手"，如果让它生产出人类需要的药物蛋白，应如何操作？通过这一实例，引导学生结合目的基因从何而来、表达载体如何构建、如何导入烟草、如何检测药物蛋白产生与否等问题加以设计。不同学生会有不同的方法，通过相互比较、相互借鉴、相互评判，从而达到相互学习、共同提高的教学功效。

第二节 "植物细胞工程"的教学策略

"细胞工程"是指以细胞为对象，应用生命科学理论，借助工程学原理与技术，有目的地利用或改造生物遗传性状，以获得特定的细胞、组织产品或新型物种的一门综合性科学技术。该技术具体包括植物细胞工程和动物细胞工程。

如何组织植物细胞工程的教学？北京师范大学附属实验中学特级教师林祖荣认为，可以通过对技术操作原理的分析，揭示技术与科学间的联系；关注技术应用，体现科技发展对社会的影响。[①] 总之，应以技术流程为主线，体现科学、技术、社会三者之间的互动关系。

一、科学幻想催生科学技术

1902 年，德国植物学家哈伯兰特（Haberlandt）提出了细胞全能性学说，并预言："如果给细胞提供和生物体内一样的条件，每个细胞都应该能够独立生活并且发育成完整的个体。"据此，哈伯兰特大胆提出要在试管中人工培育植物，并进行了实践，但未获得成功，直到 1958 年美国科学家斯图尔德（F. C. Steward）等用胡萝卜根的组织培养，首次证明了植物细胞的全能性。20世纪 60 年代，一些科学家幻想培育出一种地上长番茄，地下结马铃薯的"超级作物"，并付诸实践，从而催生了植物体细胞杂交技术。

二、通过实验或录像观察，归纳组织培养技术流程
问题：

①为什么胡萝卜根部一块组织甚至一个细胞就可以培育出一个完整的植株？

---

① 林祖荣."细胞工程"的教学实践与体会［J］.中学生物教学，2010（10）.

②怎样把胡萝卜根部组织培育成一个完整的植株？

问题①指向组织培养的理论基础——细胞的全能性，而问题②则驱动学生思考组织培养的技术流程。

通过实验或观察组织培养技术的录像片，概况出植物组织培养技术的流程简图，并思考以下问题。

问题：

①离体的器官、组织或细胞如果不进行脱分化处理，能否培养成完整的植株？

②决定植物细胞脱分化、再分化的关键因素是什么？

问题①能够调动学生运用细胞分裂、细胞分化与个体发育之间关系的相关知识，独立地分析问题；问题②在于通过对技术操作原理的分析，揭示科学与技术之间的关系。植物细胞脱分化是已有特定结构和功能的植物组织，在一定的条件下，其细胞被诱导改变原有的发育途径，逐步失去原有的分化状态，转变为具有分生能力的胚性细胞的过程。脱分化需要两个条件：创伤和外源激素，再分化主要取决于细胞分裂素和生长素的配比。在植物组织培养中，生长素主要用来刺激细胞分裂和诱导根的分化，而细胞分裂素主要是引起细胞分裂，诱导芽的形成和促进芽的生长。

三、关注技术应用，体现科技发展对社会的影响

科学技术的价值在于应用，在于技术的成果对于社会的作用。在细胞工程的教学中，让学生了解技术的应用不仅是教学的目标，而且可以使学生体会到技术的实用价值，有助于激发学生的学习兴趣。

问题：

①现有一批杂合子珍贵的花木，拟打算快速繁殖以抢占市场，你认为应采用哪种繁殖方式？说明理由。若要得到显性纯合子，又该采用哪种育种方式？

②植物组织培养技术有何优势或特点？

可以保持优良品种的遗传特性；高效快速地实现种苗的大量繁殖。

③长期进行无性繁殖的作物，易积累感染的病毒，导致产量下降，品质变差。怎样运用组培技术培育出脱毒苗？

④农业、林业生产离不开种子，但不少树木需要生长数年后才能结出种子；一些作物优良杂种的后代也会因发生性状分离而丧失其优良特性。另外，常规种子的生产还会受到季节、气候和地域的限制，并且需要占用大量的土地来实

现制种,是否可以运用组培技术生产出天然种子的替代品（人工种子）?

⑤现有基因型为 DdTt 小麦品种,怎样快速获得基因型为 ddTT 的优良品质?

⑥在植物组织培养过程中,可能会发生基因突变和染色体变异吗?为什么?如何获得和筛选抗盐的烟草?如果发生了染色体数目变异,应如何鉴定?

上述问题的解答,不是对植物组培应用的简单罗列,而是将应用与组织培养的各个环节以及技术操作特点相联系,使应用建立在技术的基础上。

四、重视归纳总结,形成知识的网络结构

揭示知识间的内在联系,使学生的知识结构化、网络化是教学的基本要求。根据生物工程内容的特点,笔者引导学生从科学、技术、社会三个层面进行构建,具体指导以技术操作流程为核心,在此基础上分析操作的原理（科学）,分析应用（社会）与技术的联系。

通过图 5-8 揭示以下问题,并将它们联系成一个相对完整的结构。

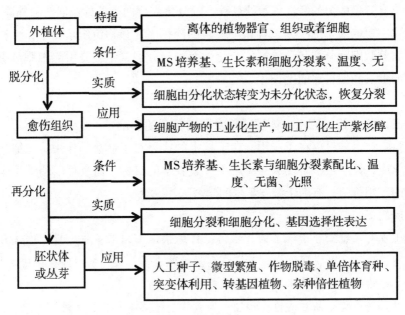

图 5-8

问题:

①植物组织培养的操作流程是什么?

②什么可以作为外植体?为什么?

③脱分化在什么条件下才能实现？为什么？

④愈伤组织有什么特点？

⑤再分化的实现需要什么条件？

⑥植物组织培养有哪些应用？分别是哪个阶段的应用？这些应用的依据是什么？

第六章

生物学实验教学的功能与目标

第一节 经典实验的教育功能

生物学经典性实验具有三项教学功能：一是促进对原理、规律的深层次理解；二是发展科学探究能力；三是培育科学精神和科学态度。基于新课程理念的经典性实验教学应着力开发第二项功能，并与探究性实验、研究性课题相匹配，使之成为培养学生科学探究能力的重要载体。

《普通高中生物课程标准（实验）》（以下简称《标准》）倡导探究性学习，逐步培养学生搜集和处理科学信息的能力、获取新知识的能力、批判性思维的能力、分析和解决问题的能力，以及交流与合作的能力，重在培养学生的创新精神和实践能力。以上能力固然可以通过开展探究性实验和研究性课题得以达成，可是那些闪烁着智慧光芒的经典性实验也是一个不容忽视的重要途径。本书试图将经典性实验教学置于《标准》所阐释的课程理念之下，充分挖掘其蕴含的能力要素，使之成为培养学生科学探究能力的重要载体。

一、生物学经典性实验的教学功能分析

经典性实验作为教科书的正文组成部分，有以下三项教学功能：一是追溯生物学概念、原理、规律衍生的轨迹，从而达到深刻的理解；二是领悟科学家如何提出问题，寻找证据，不断深入解决问题的思路和方法，从而理解科学探究的本质；三是展现科学家求实创新、不畏权威和艰难的探索过程，培育学生的科学精神和科学态度。因此，经典性实验教学能够将知识、能力和情感态度与价值观三维课程目标有机地结合起来，从而全面提升学生的科学素养。

经典性实验是科学家在探索生命奥妙的历程中所做的富有创新性工作，生

命科学史上每一个重大发现、每一个新的突破，无不凝聚着科学家那辛勤的汗水、智慧的结晶。教学中向学生展示生命科学发展史上一幅幅经典的画面，使其沿着科学家探索生命世界的道路，追溯科学家如何"提出问题，构想假设；制定计划、预测结果；执行计划、搜集数据；分析数据、得出结论"的探索过程，从而有效地促进学生科学探究能力的发展。

二、总结遗传物质的探索过程，培养科学探究能力

确认 DNA 是遗传物质，先后经历了 24 年的艰苦探索。其中涉及三个著名的经典实验。即 1928 年格里菲斯（F. Griffith）的肺炎双球菌体内转化实验；1944 年艾弗里（O. Avery）的肺炎双球菌体外转化实验；1952 年赫尔希（A. Hershey）和蔡斯（M. Chase）的噬菌体侵染细菌实验。展现、分析这些经典性实验，可以促使学生在以下三个方面得到发展。

1. 体验科学探究实验的设计思路

艾弗里为寻找转化因子而设计的肺炎双球菌体外转化实验，是基于他对格里菲斯实验结果的批判性思考。他认同格里菲斯的结论，即已被加热杀死的 S 型细菌中含有某种促进转化的活性物质，但他没有浅尝辄止，而是将 S 型细菌的组成物质进行分离、提纯，然后将它们分别加入已培养 R 型细菌的培养基中，从而确定了转化因子是 DNA。教学时，教师应该给学生留下足够的思考时间，让他们也去设想寻找转化因子的方法，并与艾弗里的设计进行比较，从而受到科学方法的训练和教育。艾弗里的实验虽然引起了人们的注意，但并不是所有的人都信服这一结果，因为他的实验中提取的 DNA，纯度最高时也还有 0.02% 的蛋白质。于是科学家们设想，最好把 DNA 与蛋白质区分开，以便直接、单独地去观察 DNA 和蛋白质的作用，于是便诞生了噬菌体侵染细菌的实验。如此组织教学，就能促使学生深刻体验科学实验的设计思路和选择噬菌体作为实验材料的巧妙性。

2. 增强搜集和处理科学信息的能力

搜集和处理信息的能力是一项重要的科学探究能力，因为科学结论的获得基于对实验数据的搜集和解读，没有足够的信息或者不能对信息进行科学的处理都会影响到结论的获取。上述三个经典性实验的过程和结果，为我们训练学生搜集和处理信息的能力提供了很好的素材。例如，引导学生将噬菌体侵染细菌的放射性同位素标记、侵染过程和结果归纳如图 6-1 所示。

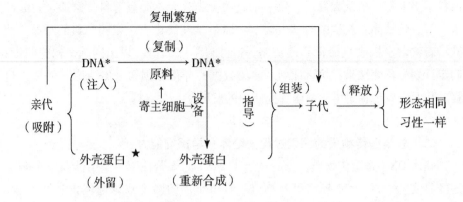

图 6-1 噬菌体侵染细菌的放射性同位素标记、侵染过程和结果

3. 发展科学思维能力

科学思维是科学探究的核心和灵魂，支配着探究思路的设计、探究方法的选择和使用以及对实验数据的分析、解读，获取相应的结论等。因此，科学思维能力训练可以在探究程序设计、探究方法选择、实验数据分析等多个环节进行。对于经典性实验教学来说，可以着重引导学生分析科学家的实验过程及结果，得出相应的科学结论，从而发展他们的科学思维能力。对上述经典性实验过程和结果的分析可得到如下结论（见表 6-1）。

表 6-1

序号	证　据	结　论
1	S 型菌的 DNA + R 型菌→R 型菌和 S 型菌（且 S 型菌后代仍是 S 型）。	结论 1：DNA 能够引起可遗传的变异。
2	S 型菌的 DNA + DNA 水解酶 + R 型菌→只有 R 型菌。	DNA 只有保持分子结构稳定才能行使其遗传功能。
3	被 ^{32}P 标记的噬菌体与细菌混合，经搅拌、离心，上清液的放射性很低，而沉淀物的放射性很高，并在新形成的噬菌体中检测到 ^{32}P。	DNA 是连续的，子代 DNA 是亲代 DNA 模板的复制产物。
4	被 ^{35}S 标记的噬菌体与细菌混合，经搅拌、离心，上清液的放射性很高，而沉淀物的放射性很低，并在新形成的噬菌体中没有检测到 ^{35}S。	蛋白质是不连续的，子代蛋白质是在 DNA 指导下重新合成的。

（三）分析孟德尔遗传实验，领悟假说演绎的科学方法

"观察—归纳"和"假说—演绎"是生物科学发展史中所采用的两种重要

研究方法。细胞学说和自然选择学说的建立基于科学家对大量事实的占有，众多现象的观察、分析和归纳，而遗传定律的发现则归功于孟德尔采用了"假说—演绎"的科学方法。后者与培养学生科学探究能力的关系更为密切，因为构想假说需要大胆设想，演绎推理需要缜密思维，验证假设则需要设计实验、寻求证据。如果我们按照孟德尔的发现历程组织教学内容，凸现其中的方法论价值，不仅使学生深刻地理解基因分离定律的实质，而且还能使他们领悟"假说—演绎"的科学方法（如表6-2所示）。

表 6-2

过程	主要内容
提出问题	F_1代为什么全部呈现高茎？F_2代为什么会出现性状分离且分离比为 3∶1？
构建假说	生物性状由遗传因子（后来被约翰森改称为基因）控制，相对性状是由相对基因控制的。基因在体细胞中成对存在，在配子生成时成对的基因彼此分离，因而配子中总是含有成对基因中的一个。杂合体（F_1）内等位基因的互不融合或混杂，保持其独立性，但显性基因对隐性基因有"显性作用"。
演绎推理	当杂合体生成配子时，等位基因分离，生成两种数量相等的纯质性配子；精卵结合时，不同类型的雌雄配子间随机结合，因而F_2中有 DD、Dd、dd 3 种基因组成，比例为 1∶2∶1，性状分离比例为 3∶1。
验证假说	选用隐性纯合子与F_1测交，如果后代出现两种表现型且比例为 1∶1，则证明等位基因的分离具有真实性。
获取结论	基因的分离定律。

在教学过程中，除了彰显"假说—演绎"的科学方法外，还应让学生明白构想假设的依据并学会如何在假设和推理的基础上对实验结果做出预测。假设是根据已有的客观事实、科学知识或科学原理对所探究的问题所做的一种假定性的说明。就其组成而言，包含已知事实和推测性假定两种基本成分。（已知事实：F_1代虽然全部显现高茎，但F_2代既有高茎又有矮茎；推测性成分：控制矮茎的遗传因子在F_2代没有消失，只是隐而未现。基因在体细胞中成对存在，显性基因对隐性基因有"显性作用"。）假设通过这两种成分的搭配明确问题解决途径，在条件与结果之间建构设想。

验证假设通常需要先对假设做出实验预期，然后通过搜集数据判断是否与此相符。如果相符，则假设被证实；否则，假设被证伪。因此，在讲授"测交"试验时，有两种教学方案可供选择。

方案1：先向学生介绍孟德尔曾选用让 F_1 与隐性纯合子进行测交的试验，并让其根据孟德尔的假设对测交试验结果做出预测，并画出相应的遗传图解。然后向学生呈现孟德尔的测交试验结果，引导学生尝试根据测交后代的表现型及其比例，推知 F_1 的配子种类及其比例，进而推知 F_1 的基因组合方式及其遗传行为，从而掌握科学的测交验证方法。

方案2：先让学生根据孟德尔的推理，领悟到性状分离的根本原因在于等位基因的分离。然后向学生提供三种验证方案：①Dd×DD、②Dd×Dd；③Dd×dd，引导学生通过比较、讨论选出最佳方案，以验证 F_1 产生配子时等位基因分离的真实性，从而领悟测交试验的设计原理及其巧妙性。

"假说—演绎"作为一种科学的思维方法，其核心环节在于建立假设、基于假设的逻辑推理和对假设及其推理的验证。在设计经典性实验教学方案时应锁定上述核心环节，尽量还原科学发现的本来面目，不能以现代科学的已知事实去代替或冲淡原本对假设及其推理的预测和求证。例如，根据现代遗传学的研究，等位基因位于同源染色体的相同座位上，在减数分裂过程中随着同源染色体的分离而分离，这已是不争的事实。但如果以此代替或冲淡对测交试验的设计和分析，将不利于学生探究能力的培养，教学时还是将"等位基因随同源染色体的分离而分离"移到"测交试验"的后面，作为验证假说的一个证据比较恰当。

（四）参与生长素的发现过程，领会对照实验的设计原则

发现生长素的系列实验是科学探究的典范，是科学思维、科学探究程序和探究技能的有机统一。该经典实验的主要教学价值在于磨练学生的科学思维，理解对照实验的设计原则。为此，有效的教学策略是引导学生参与生长素的发现过程，使其深入思考科学家的工作过程，领悟科学家是怎样发现问题、建立假设、寻找证据、合理推理的，体验科学家不断深化对问题的认识过程和科学探索精神。

表 6 - 3

探究程序	教师指导活动	学生参与活动
经典实验1	呈现 1880 年达尔文用金丝雀虉草所做的向光性实验结果：黑暗条件下胚芽鞘直立生长、单侧光照射下弯向光源生长	领悟对照实验设计的原则，并得出相应结论：单侧光能引起胚芽鞘的弯曲生长

探究程序	教师指导活动	学生参与活动
提出问题1	胚芽鞘的向光性生长与其哪个部位有关	假设1：既然是胚芽鞘的上端发生弯曲，则很可能与其尖端有关
验证假设1	怎样验证你的假设	设计验证方案（切去尖端或在胚芽鞘的不同部位遮光）
经典实验2	呈现1880年达尔文用金丝雀虉草所做的向光性实验结果：锡箔小帽罩住尖端，直立生长；遮住尖端下面一段，弯向光源生长	进一步理解对照实验的设计原则，并得出相应结论：尖端是感受单侧光的敏感部位
提出问题2	尖端接受单侧光的照射后，为什么会引起下面一段弯向光源生长	假设2：尖端很可能产生了某种物质影响了下面一段的生长
验证假设2	怎样验证你的假设	设计对照实验，验证假设
经典实验3	呈现1910年詹森所做的实验：在尖端与其下部之间插入一小片明胶，使两者的细胞不能接触，但化学物质可以扩散过去，结果发生正常向光弯曲。但若用不透水的云母片代替明胶片，则不能发生向光弯曲	实验结果支持假设2：即尖端产的化学信号能够传递到下部，进而影响下部的生长
经典实验4	呈现1914—1919年特尔在黑暗条件下的实验结果：切下尖端，放回胚芽鞘一侧，向对侧弯曲生长	胚芽鞘弯曲生长与那种化学物质的不均匀分布有关
提出问题3	单侧光对向光性生长有何作用？	类比推理：导致尖端所产生的物质在背光一侧多，向光一侧少
经典实验5	1928年温特用离体燕麦胚芽鞘顶端沾染的琼脂小块代替胚芽鞘顶端的实验	分析现象，获取相应的结论：证实了这种化学信号物质的存在
经典实验6	1934年凯格等人从一些植物中分离出这种物质，经鉴定是吲哚乙酸	明确生长素的化学本质是吲哚乙酸

第二节 验证实验的教学重点
—— "观察植物细胞的质壁分离与复原" 实验功能分析

"观察植物细胞的质壁分离与复原"作为一个经典性的验证性实验，在新教材中虽然把它穿插在正文之中，但有些教师由于没有把握住教材编排的逻辑体系，仍然把该实验安排在系统讲授完教材内容之后进行；或虽与讲授同步，但仅仅是让学生"照方抓药"做完实验，缺乏对实验现象的分析论证；或虽进行了分析论证，但因偏离了该实验的逻辑起点（假定原生质层是一层半透膜），仍然得不出应有的结论。凡此种种，均造成该实验固有的教学功能丧失，使之沦为操作技能的训练和满足学生的猎奇心理而已。本书拟在分析教材编写的逻辑体系基础上，还原其固有的实验功能。

（一）实验功能的定位

欲将"观察植物细胞的质壁分离与复原"实验功能进行定位分析，需先展现相关教材内容的逻辑体系。"植物对水分的吸收和利用"一节，共包含四个二级标题，其编排循序为：渗透作用的原理，植物细胞的吸水和失水，水分的运输、利用和散失，合理灌溉。"观察植物细胞的质壁分离与复原"实验安排在"植物细胞的吸水和失水"这一小标题后，但在"渗透作用的原理"中，教材首先以定论的形式说明"植物细胞在形成中央液泡以后主要以渗透作用吸收水分"。然后，做演示实验：渗透作用与水分的流动，得出渗透作用的产生必须具备两个条件：一是具有一层半透膜，二是这层半透膜两侧的溶液具有浓度差。接着教材对成熟的植物细胞是一个渗透系统进行理论探究，包括：细胞壁具有全透性，水和溶质分子都可以透过；细胞膜和液泡膜具有选择透过性，如果将选择透过性与半透膜的性质进行类比，就会发现选择透过性具有半透膜的性质：水分子可以透过，大分子不能透过。这时，教材做出假定，即从整个植物细胞来看，可以把原生质层看作是一层半透膜。由于细胞液具有一定的浓度，当成熟的植物细胞与外界溶液接触时，细胞液就会通过原生质层与外界溶液发生渗透作用（见图6-2）。

由上述分析可知，"观察植物细胞的质壁分离与复原"实验，其主要功能是验证理论探究中的假设，即原生质层具有选择透过性，是一层半透膜。如果原生质层是一层半透膜通过实验得以验证，那么，成熟的植物细胞就是一个渗透系统。

（二）实验功能的发挥

为了充分发挥"观察质壁分离与复原"的实验功能，关键是引导学生对实验现象进行论证分析。

1. 分析细胞质壁分离及复原的原因

在分析细胞质壁分离与复原的原因时，应从学生所观察到的现象（液泡体积缩小与增大，颜色深浅变化，原生质层的回缩与扩展，如图6-3所示）入手。例如：①原生质层为什么与细胞壁分离？试从内外因两个方面解释；②当液泡体积缩小，颜色变深时，液泡中的水

图6-2

分子流动方向如何？色素分子能否通过原生质层扩散到细胞外？当液泡体积增大，颜色变浅时，情况又如何？这样，通过引导学生进行逻辑推理和辩证思维，得出结论，即成熟的植物细胞发生质壁分离与复原的实质在于水分通过原生质层渗出或渗入，原生质层确实是一层半透膜。

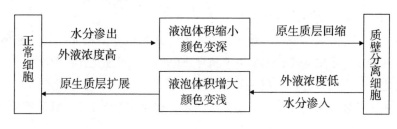

图6-3

2. 论证原生质层是否具有选择透过性

如果说上面的分析是肯定判断的话，那么下面的论证则属于否定判断：①假设原生质层是全透性结构，其实验结果将会怎样？②假设原生质层是不透性结构，其实验结果又会怎样？学生就会从假设的条件出发，做出如下判断：若原生质层是全透性结构，由于细胞内外溶液浓度相等，水分进出细胞数量相等，就不会发生质壁分离；若原生质层是不透性结构，由于水分不能进出细胞，同样不会发生质壁分离。这种否定判断往往更有说服力，从而雄辩地论证了原生质层确是一层半透膜，成熟的植物细胞是一个渗透系统。

（三）实验功能的拓展

①由于教材首先以定论的形式说明"植物细胞在形成中央液泡以后主要以

渗透作用吸收水分"，这就决定了"观察细胞质壁分离与复原"是一个验证性实验。假若教材编写不是直接呈现结论，而是一个疑问句：植物细胞在形成中央液泡以后主要以渗透作用吸收水分吗？或者说成熟的植物细胞是一个渗透系统吗？那么，该实验就成了一个探究性实验。可以引导学生参照"渗透作用与水分流动"的演示实验设计探究实验方案并对实验结果做出预测。

　　资料：

　　②教师提供实验性资料。

　　用高浓度蔗糖液诱发细胞发生质壁分离后，不能再使其复原，你怎样解释这种现象？怎样鉴定一个成熟的植物细胞的死活？

　　③让学生自己配制一系列不同质量浓度的蔗糖溶液，探索洋葱鳞片叶的表皮细胞在什么质量浓度范围内质壁分离最快，什么质量浓度范围内不发生质壁分离，什么质量浓度以上发生了质壁分离之后不能复原？让学生探索质量浓度为 0.3g/mL 的蔗糖溶液是否是洋葱鳞片叶表皮细胞发生质壁分离的最佳质量浓度溶液？怎样测定洋葱表皮细胞中细胞液的浓度？

　　④用质量浓度为 0.3g/mL 的蔗糖溶液对不同植物的组织做质壁分离实验比较它们的质壁分离速度是否相同？

　　⑤采用其他溶质的一定质量浓度的溶液，探索这些溶液能否使洋葱鳞片叶的表皮细胞发生质壁分离，如果不能诱导质壁分离，可能是什么原因？

　　总之，只有认真分析教材编排的逻辑体系，找准实验的逻辑起点，并对实验现象或实验数据进行充分的论证分析，才能充分发挥验证性实验的教学功能。

第三节　探究实验的教学误区
——如何在实验探究中做出假设与预期

　　全国高考理综生物考试大纲关于"实验与探究能力"明确规定：具有对一些生物学问题进行初步探究的能力。包括确认变量、做出假设和预期、设计可行的研究方案、处理和解释数据、根据数据做出合理的判断等。如何做出假设和预期？从 2004 年江苏卷第 42 题到目前流行的各种资料、模拟题对这一问题存有误区，本书拟以《普通高中生物课程标准（实验）解读》为依据，援引生命科学史中的经典实验，对现存的问题予以辨析，以期与同行共同研讨。

（一）误区与问题

1. 实验预期结果混同于实验可能结果

我们不妨先回顾 2004 年江苏卷第 42 题（2），以明察问题症结所在。

[例题] 工业生产中产生的 SO_2 是酸雨（pH < 5.6）形成的主要原因之一。有人设计实验研究酸雨对植物的毒害作用。实验过程如下图（图 6-4）所示。（除图中特别说明的外，其他条件甲、乙均相同）：

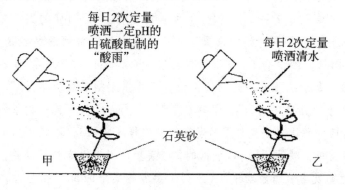

图 6-4

实验结果表明，"酸雨"使植物叶片变黄，而对照实验中的植物没有变黄。该实验说明"酸雨"对植物的生长发育有影响。

参照上述装置和试剂以小麦种子为实验材料尝试设计实验，探究 2 种不同 pH 的酸雨对种子萌发率的影响。

①探究的问题：不同 pH 的酸雨对小麦种子萌发率的影响。

②做出的假设：_____。

③实验步骤（简要叙述）：_____。

④实验预期结果与分析（实验预期结果多种多样，写出其中 3 种并加以分析）：_____。

参考答案：

②不同 pH 的酸雨对小麦种子萌发率的影响程度不同（或相同）。

③用上述实验装置和试剂，采用两种 pH < 5.6 的"酸雨"进行实验，设置清水对照；

在 3 个花盆中播种同样数量（如 50 粒）的小麦种子；在相同而适宜的环境中培养；一段时间（7 天）后，分别统计 3 个装置中的种子萌发率。

④ a. 如果 3 个装置中种子萌发率没有差异，那么说明酸雨对种子萌发率没

有影响；b. 如果3个装置中，pH越小，种子萌发率越低，说明酸雨对种子萌发有抑制作用，且随着pH的减小，抑制作用增大；c. 如果3个装置中，pH越小，种子萌发率越高，说明酸雨对种子萌发有促进作用，且随着pH的减小，促进作用增大。

[分析] 本题要探究2种不同的pH的酸雨对小麦种子萌发率的影响，这实际上是一个复合问题：酸雨对小麦种子的萌发有影响吗（酸雨使植物叶片变黄不等于就一定影响小麦种子的萌发）？如果有影响，不同pH的酸雨对种子萌发率的影响程度是否相同？因此设置了3个装置，其中喷洒清水装置为对照组，而喷洒不同pH的酸雨的2个装置为实验组。既然做出了"不同pH的酸雨对小麦种子萌发率的影响程度不同"的假设，实验预期结果就应该是"3个装置中种子萌发率不同且差异显著"，即参考答案中的b、c2种可能；如果做出的假设是"不同pH的酸雨对小麦种子萌发率的影响程度相同"，实验预期结果就应该是"3个装置中，喷洒不同pH酸雨的2个装置萌发率没有显著差异，但与喷洒清水的装置萌发率有明显差异"（不同于参考答案中的a）。很显然，该题把实验预期结果和实验可能出现的结果混为一谈。

2. 假设的猜测性混同于假设的不确定性

假设是根据已知的客观事实、科学知识或科学原理对所探究的问题所做的一种假定性说明。由于个体所拥有的知识，占有的事实以及对问题的认识程度不同，不同的人对同一问题所做的假设就可能不同。但对于某一个体而言，他对所要探究问题做出的假设应该具有单一性（最大可能性），试题不能要求考生同时对某一问题做出多种假设。例如，植物各部分间具有密切的关系，表现为相互促进或相互抑制，这些现象主要与养料供应和激素的影响有关。植物的生殖器官是否对营养器官的生长有影响呢？对于那些生物学基础较好，熟悉植物的生殖生长与营养生长之间营养和时序关系的考生，可能会做出"生殖器官的生长会抑制营养器官的生长"的假设，而那些不明确生殖生长与营养生殖之间关系的考生，则可能会做出"生殖器官的生长会促进营养器官的生长"或"生殖器官的生长对营养器官的生长没有影响"的假设。上述三种假设虽然没有对错之分，但有优劣之别，因为它反映了考生的相关基础知识水平，对植物生长的观察能力和洞察问题能力的高低。假若命题者强求每位考生写出上述三种假设，显然没有理解"做出假设"在科学探究中所起的作用，把假设的猜测性混同于假设的不确定性。走出这一误区，需要从科学探究的过程与技能谈起，以正本清源。

（二）本源与对策

1. 来自课程标准的诠释

发展科学探究能力是高中生物课程的重要目标。具体包括：①客观地观察和描述生物现象；②通过观察或现实生活中提出与生物学相关的、可以探究的问题；③分析问题，阐明与研究问题相关的知识；④确认变量；⑤做出假设与预期；⑥设计可行的实验方案；⑦实施实验方案，收集数据；⑧利用数学方法处理、解释数据；⑨根据证据做出合理判断；⑩用准确的术语、图表介绍研究方法和结果，阐明观点；听取他人意见，利用证据和逻辑对自己的结论进行辩护以及做必要的反思和修改。

表 6 – 2

评价要点和分值	符合标准的模拟表现
（1）识别和定义问题：（3分） 　　认识并写出与问题有关的科学背景知识；（1分） 　　确定一个可以通过探究活动回答的问题；（1分） 　　根据对问题的研究，提出一种可检验的假设。（1分） （2）构思解决问题的策略并制定实验计划：（7分） 　　明确最初的假设；（1分） 　　确定自变量和因变量的关系；（2分） 　　描述观察或测量变量的方法；（1分） 　　列出重要的步骤和材料器具；（1分） 　　实验是可以重复的；（1分） 　　指出实验的预期结果。（1分）	植物各部分间具有密切的关系，表现为相互促进或相互抑制。这些现象主要与养料供应和激素的影响有关。植物的生殖器官是否对营养器官的生长有影响呢？它是促进还是抑制营养器官的生长呢？ 　　假设：由于生殖器官的生长是在营养器官的基础上进行的，它又需要大量的养料，因此生殖器官的生长会抑制营养器官的生长。 　　实验设计： 　　实验目的：验证植物生殖器官的生长会抑制营养器官的生长。 　　实验材料器具：生长中的番茄；尺、天平。 　　步骤：在田间或温室中选择生长健壮一致的番茄若干株，分为两组。第一组经常摘取花蕾或花序，使其不能开花结果，只进行营养生长；第二组任其开花结果。最后，观察比较它们的株高、分枝数、枝叶鲜重，以及生存时间。 　　预期结果： 　　第一组植株在株高、分枝数、枝叶鲜重等指标上都优于第二组，生存时间也比第二组长。

由此可见，《考试大纲》对实验探究能力的考查要求与《课程标准》关于发展科学探究能力的目标要求是一致的，只是选取了易于纸笔测试的④⑤⑥⑧⑨五项目标。那么，假设与预期在实验探究中究竟起什么作用？怎样做出假设

与预期？如何评价考生的实验探究能力？下面呈现一个来自《普通高中生物课程标准（实验）解读》中的典型案例，从中我们可窥见一斑。

案例：探究课题：探究植物生殖器官对营养器官生长的影响。

评价方式：要求考生书面设计一个探究实验。

评价目标：《课程标准》中探究能力目标①②③④⑤⑥。

由上述案例可以看出，假设的制定是基于事实、知识、线索或是所拥有的任何其他资料，而不是毫无根据、盲无方向地猜测。换言之，假设是以已有的知识、事实等为依据，对未知的自然现象及其规律性，经过一系列的思维过程，预先在自己头脑中做出的假定性解释。就其组成而言，包含已知事实和推测性假定两种基本成分。假设通过这两种成分的搭配明确问题解决途径，在条件与结果之间建构设想。因此，在命制实验探究试题时，不仅可以让考生回答做出的假设是什么，而且还可以让其说出做出假设的依据，以考查考生运用相关基础知识、事实等做出假设的思维方式和过程。

制定假设是问题解决的先导。首先根据所探究的问题确认变量，而当某一变量被选定便可设定一个可被检测的假设。例如，探究植物生殖器官对营养器官生长的影响，生殖器官的生长状况是自变量，营养器官的生长状况则是因变量，于是根据已有知识和事实做出"生殖器官的生长会抑制营养器官的生长"的假设。实际上，假设是在预测自变量与因变量之间的相互关系，引领数据的收集，并且指明实验设计的方向以进行检测。假设可以用一个简单的陈述句来表述，如"生殖器官的生长会抑制营养器官的生长"。但以这种简单的陈述句表述的假设有时难以检验，这时可以先对假设进行演绎推理，得出一个基于假设的推论，再设计实验去检验这一推论正确与否。因此，假设也可以用"如果……那么……"的句式来表述。"如果"后面跟着研究者对问题的猜测，"那么"后面则是对猜测的推论。例如，如果生殖器官的生长能够抑制营养器官的生长，那么当阻止生殖器官的生长时将有利于营养器官的生长。

预期结果是在实验方案实施之前，对实验结果的基本预测。由于所设计的实验方案是用于检验假设的，所以实验预期结果应是探究者所期盼的与假设（或推论）相吻合的结果，而不是实验可能出现的各种结果。预期实验结果，不仅是探究者继提出问题、确认变量、做出假设、设计实验等探究过程的延续，而且也是一项重要的探究技能，其目的是便于与实验的现实结果进行比较，以确定假设是否得到支持。因此，有些实验探究试题，要求考生预测实验的各种可能结果（预测不全不给分），其功能只是考查考生思维的广阔性，而不是考查探究过程技能。因为在真实的实验探究中，探究者所关心的并非实验的各种可能结果，而是基于假设的预期结果是否出现。为了寻求充分的证据，探究者需要重复收集实验数据，当重复这个实验多次，每次的实验结果都与预期结果一致时，就可以确认最初的假设是成立的；反之，假设则不成立。

2. 来自经典实验的佐证

经典性实验是科学家在探索生命奥妙的历程中所做的富有创新性工作，生命科学史上每一个重大发现、每一个新的突破，无不凝聚着科学家那辛勤的汗水、智慧的结晶。我们应该沿着科学家探索生命世界的道路，追溯科学家如何"提出问题，构想假设；制定计划、预测结果；执行计划、搜集数据；分析数据、得出结论"的探索过程。例如，在学习基因的分离定律时，应掌握"假设—演绎"科学探究方法，体会如何根据实验现象构思假设，基于假设进行演绎推理，设计测交实验并预期实验结果；学会如何将预期实验结果与测交实验结果进行比较，进而论证 F_1 代产生配子时成对的遗传因子分离的真实性（见图 6-5）。

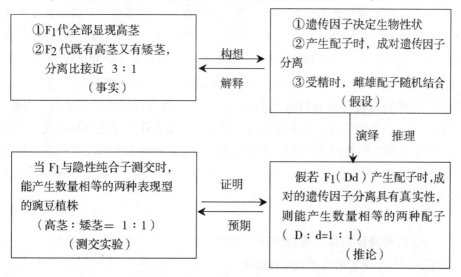

图 6-5

笔者认为，目前加强经典性实验教学显得尤为重要，因为《考试大纲》明确提出考查学生的实验探究能力，而现行教材中的探究性实验屈指可数，且不具有典型性。经典性实验教学应充分展示其探究过程技能，为学生进行实验探究提供范式，使之成为培养学生实验探究能力的重要载体，从而有效地促进学生科学探究能力的发展。

第七章

高三复习课的目标与策略

第一节　高考考核目标与能力要求

在全国卷及北京卷等各省市的高考生物考试说明中有如下一段概述："生物学科的命题要体现生物课程属于科学课程的性质。要重视对考生科学素养的考查，在生物科学和技术的基础知识、科学探究的方法、获取新知识和处理信息的能力、思维能力、分析和解决实际问题的能力等方面对考生的表现进行测量。要重视理论联系实际，关注科学技术、社会经济和生态环境的协调发展。""考核目标"不仅是高考命题的指导思想，而且也是备考复习的重要依据。因此，对高考"考核目标"进行诠释就显得十分必要。笔者作为课题组核心成员，参与了北京市海淀区教师进修学校组织的《关于北京卷高考考试说明的研究与思考》课题研究工作，对"考核目标"及"能力要求"进行了研读、解析，达成了某些共识，现撰文与广大教师交流。

一、高考考核目标的诠释

（一）科学课程的性质及考查形式

"生物学科的命题要体现生物课程属于科学课程的性质。"那么，科学课程的性质是什么？这需要从科学的本质谈起。科学，不仅是人们研究自然界所形成的概念和构建的概念体系，而且还包含人们对自然界的探究过程。科学的本质和终极目的是认识自然界的规律，以求真为根本任务的理性精神体现了科学研究的精髓。因此，生物学科的命题要体现科学课程的性质，也就是要注重考查学生理性的思维方法和探究问题的思维过程。其中，理性的思维方法包括直觉思维基础上的逻辑推理，演绎和归纳是其基本的两条思路，重视观察和实验是其根本特征，数量化和精确化是其追求的目标。

早期生物学的重大发现更多地得益于"观察—归纳"法的运用，如细胞学说的建立、达尔文自然选择学说的提出等；而现代生物学研究成果则表明，"假设—演绎"法在科学发现中起着越来越重要的作用。现代科学探究活动重视对认识对象的条件控制，通过提出假设和检验假设，力图认清各种变量之间的相互关系。杜威将探究问题的思维过程规定为五步，即疑问的产生、确定疑问之所在、提出解决疑问的假设、推绎出假设所包含的结果、通过验证以接受或抛弃这种假设。"大胆地假设，小心地求证"是上述思维过程的简化形式，道出了科学方法的重要特征。因此，《高中生物课程标准（实验）》（以下简称《标准》）在"课程设计思路"部分中，明确提出："领悟假说演绎、建立模型等科学方法及其在科学研究中的应用"；而在"课程目标"部分则将科学探究能力细化为 11 项技能指标。与《标准》相呼应，高考北京卷考试说明将"生物学研究中的科学思想和一般方法"具体为"生物学重大发现的启迪""做出假设和预期""设计可行的实验方案和实验装置""收集、分析数据，做出合理的判断""对简单的实验方案做出恰当的评价和修订"等多项适合纸笔测量的指标。

高考命题通常以一个真实的科学研究过程为背景材料，通过巧妙设问，考查考生探究问题的思维过程和理性的思维方法。

[例题]（北京卷 2011 年第 30 题）果蝇的 2 号染色体上存在朱砂眼（a）和褐色眼（b）基因，减数分裂时不发生交叉互换。aa 个体的褐色素合成受到抑制，bb 个体的朱砂色素合成受到抑制。正常果蝇复眼的暗红色是这两种色素叠加的结果。

（1）a 和 b 是_____基因，就这两对基因而言，朱砂眼果蝇的基因型包括_____。

（2）用双杂合体雄蝇（K）与双隐性纯合体雌蝇进行测交实验，母本果蝇复眼为_____色。子代表现型及比例为暗红眼：白眼 =1：1，说明父本的 A、B 基因与染色体的对应关系是_____。

（3）在近千次的重复实验中，有 6 次实验的子代全部为暗红眼，但反交却无此现象。从减数分裂的过程分析，出现上述例外的原因可能是：_____的一部分_____细胞未能正常完成分裂，无法产生_____。

（4）为检验上述推测，可用_____观察切片，统计_____的比例，并比较_____之间该比值的差异。

[分析] 第（3）小题旨在考查考生根据所学的减数分裂知识对测交实验的反常结果进行"大胆地假设"能力；而第（4）小题则重在考查考生设计可行的

实验方案和实验装置对上述假设进行"小心地求证"。

自 2011 年以来，高考生物北京卷对"实验与探究能力"的考查，秉持了一种较为固定的命题模式：①提出探究问题→②呈现实验结果→③分析数据、做出推测→④设计实验、检验推测（或基于假设、做出预期），并且设问集中在③、④两个环节上。事实上，这种固定的模式还原了科学探究的真实过程，反映了科学研究的一般规律。北京卷这一命题特点比全国卷和其他省市的试题更为凸显。而既然高考命题注重考查学生理性的思维方法和探究问题的思维过程，以体现生物学科属于科学课程的性质，那么，高三备考复习要如何应对呢？功夫应下在平时的课堂教学中。要知道"中学学科教学能否取得成功的奥秘，在于教师是否教会学生学习和思维"。即以思维过程指导教学过程，将思维训练贯穿课堂教学始终，尤其是重视假设的构想、演绎推理及其验证过程的训练。因为构思假设需要依据已有信息进行大胆设想，演绎推理需要基于假设缜密思维，验证假设则需要设计实验、寻求证据并根据证据做出合理的判断。

（二）科学素养的内涵及考查重点

高考生物考试说明中指出，生物科学的命题要重视对考生科学素养的考查。那么，科学素养的内涵是什么？科学素养与生物科学素养之间有着不可分割的包含关系。《标准》指出："生物科学素养是公民科学素养构成中重要的组成部分。生物科学素养是指公民参加社会生活、经济活动、生产实践和个人决策所需的生物科学知识、探究能力以及相关的情感态度与价值观，它反映了一个人对生物科学领域中核心的基础内容的掌握和应用水平，以及在已有基础上不断提高自身科学素养的能力"。我们可以从四个维度来理解和把握生物科学素养的内涵，即①生物科学和技术的基础知识；②科学探究方法与技能；③科学态度与科学世界观；④科学、技术与社会之间的关系。

提高生物科学素养是新课程的首要任务，因而科学素养也就成为高考命题的直接考查目标。那么，高考命题对科学素养的考查内容有哪些？考查重点是什么？考试说明"考核目标"部分明确指出："在生物科学和技术的基础知识、科学探究的方法、获取新知识和处理信息的能力、思维能力、分析和解决实际问题的能力等方面对考生的表现进行测量。"亦即要对考生的理解能力、实验与探究能力、获取信息的能力、综合运用能力等四项能力进行测量和考查。从上述对生物科学素养的定义中可以看出，科学素养最基本的含义是指学生能够合理地将所学到的科学知识运用到社会及个人生活中。因此，运用所学知识、探究方法和获取的信息，来分析和解决实际问题的能力，应是高考命题对科学素养的重要考查内容，这也凸显了以能力立意的命题指导思想。

　　[**例题**]（北京卷 2012 年第 4 题）下图（见图 7-1）所示实验能够说明

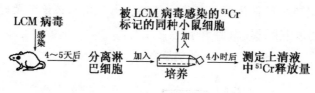

图 7-1

A. 病毒抗原诱导 B 细胞分化的作用　　　　B. 浆细胞产生抗体的作用

C. 病毒刺激淋巴细胞增殖的作用　　　　　D. 效应 T 淋巴细胞的作用

　　[**分析**]该题以一个真实的免疫学实验为背景，以图解的形式展示了特异性免疫应答的过程，考查考生从图中获取关键信息，并结合所学的细胞免疫和体液免疫过程的知识，对实验过程和结果进行分析和判断的能力。当 LCM 病毒感染小鼠时，能够诱导小鼠产生体液免疫和细胞免疫应答。那么，怎样检测效应 T 细胞的作用效果呢？研究者精心设计了"感染→分离→体外培养→测定"实验，使得原本发生在小鼠体内、难以检测的细胞免疫应答过程变得可控和可测了。解答本题时，考生需抓住图中的"被 LCM 病毒感染的^{51}Cr 标记的同种小鼠细胞""测定上清液中^{51}Cr 的释放量"等关键信息，同时结合细胞免疫的特异性和作用对象（被 LCM 病毒感染的^{51}Cr 标记的同种小鼠细胞）等已有知识，以确定研究者的研究目的在于通过测定上清液中^{51}Cr 的释放量来分析效应 T 细胞对靶细胞的作用。

　　由此可见，知识、信息及探究方法等要素决定着考生分析和解决实际问题能力的高低。就知识而言，知识可分为事实性知识、概念性知识和方法性知识。细胞免疫的过程属于事实性知识，细胞免疫所具有的特异性和记忆性，体现了结构与功能的统一以及生物对环境的适应（即时适应和延时适应）属于概念性知识，而研究者采用的"感染→分离→体外培养→测定"实验程序则属于方法性知识。一个知识点所包含的三类知识对于增进学生的理解力，提高分析和解决问题的能力都是不可或缺的。

　　科学态度是人基于对科学知识的正确理解和对科学发展的认识而形成的科学的信念和科学习惯。它包括好奇心、诚实、合作等。用纸笔测验的高考很难直接对考生的科学态度进行测量，但是 2010 年的高考生物北京卷以非常自然、灵活的方式对考生"诚实品质"的科学态度进行了考查，开创了高考纸笔测量科学态度的命题先河。

[**例题**]（北京卷2010年第29题节选）（5）图（见图7-2）中，浓度为0.1 mg/L时实验二所得数据与实验一偏差较大，在做原始记录时对该数据应_____（选填下列选项前的字母）。

A. 舍弃　　B. 修改　　C. 如实填写

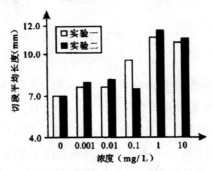

图7-2　用不同浓度的A溶液处理切段的结果（$n=7$）

（三）命题素材的选取及设问要求

生物学科的命题"要重视理论联系实际，关注科学技术、社会经济和生态环境的协调发展"。这一表述实际上是对《标准》所倡导的"注重与现实生活的联系"，"帮助学生理解生物科学、技术和社会的相互关系，增强学生对自然和社会的责任感，促进学生形成正确的世界观和价值观"等的回应。我们认为这一表述也是对命题素材选取及设问的要求。

[**例题**]（北京卷2010年31题）环境激素是指由于人类的生产和生活活动而排放到周围环境中的某些化学物质。为研究环境激素H对小鼠产生精子数的影响，用玉米油和环境激素H分别处理对照组和实验组雄性小鼠（每千克体重注射12.5 mL，每天1次，连续21天，$n=20$）。实验结束后，对每只小鼠产生的精子计数。实验内容及结果见下表（见表7-1）。

表7-1

	对照组	实验组	
		1	2
注射物	玉米油	H（浓度100 mg/L）	H（浓度200 mg/L）
精子数均值（×10^7个）	7.13	5.09	4.35

请分析并回答：

（1）表中数据显示，环境激素 H 浓度增高，小鼠生成精子数_____。

（2）小鼠脑中的_____调节_____释放的相关激素能刺激睾丸分泌雄激素和少量雌激素，并生成精子。精子是由睾丸中_____细胞（2 n）经_____发育来的。

（3）正常雄鼠体内性激素浓度偏高会抑制脑中相关激素的释放，该调节方式称为_____。

（4）有的环境激素可造成精子染色体缺失，这是精子 DNA 分子发生_____和 DNA 片段_____所致。

（5）环境激素可沿着_____传递进入人体，被靶_____接受后干扰精子生成，从而使人的生育能力降低。

[分析] 该题以全球性的生态环境问题为背景，考查激素调节过程中几种激素间的关系、激素调节的方式和作用机理；同时考查了综合运用减数分裂、遗传变异和生态学方面的知识解决实际问题的能力。其中，第（4）小题具有较好的区分度，主要考查考生思维的深刻性、灵活性等品质，即能够深入分析染色体缺失的内部机制在于组成染色体的 DNA 分子的断裂和丢失。该小题为我们备考复习提供了有益启示，即教会学生"知其然，知其所以然"，才能做到深入分析、灵活运用。第（5）小题分别在生态系统和细胞两个层次设问，让考生分析环境激素降低人的生育能力的原因。考生如果明白"生命系统是有层次的，不同层次的生命系统又是层层相依，紧密联系的"，就能够为准确作答提供思路。该小题给高三备考复习启示，不仅要强调对核心概念的理解和应用，而且还要注重引导学生提炼"生命的系统观与层次观""生物与环境相适应""结构与功能相统一"等生物学基本观点。因为生物学观点是对生物学事实、概念、原理、规律等知识的凝练，是组成生物科学素养的最高层次要素，是学以致用、解决问题的灵魂。

高考属于选拔性考试，试题应具有良好的区分度，这就要求试题的设问除具有一定的难度梯度外，还需要具有一定的灵活度，强调测试考生对知识的活学、活用，而不是对概念、原理的死记硬背。试题的答案最好不是专有名词或者书本上直接背记下来的词条、短语、句子，而是需要考生根据基础知识、概念、原理，结合题目信息深入分析得出的结论。

二、高考能力要求的解读

众所周知，注重能力考查是高考命题的永恒追求。考试说明要求对学生

"理解能力、实验与探究能力、获取信息的能力和综合运用能力"等四项能力进行考查，广大教师对此虽然能够耳熟能详，但对每项能力具体要求的内涵及其逻辑关系缺乏深刻的认识，因而不能充分发挥考试说明应有的指导作用。作为课题组核心成员，我们参与了北京市海淀区教师进修学校组织的《关于 2013 年北京卷高考考试说明的研究与思考》课题研究工作，对上述四项能力具体要求的内涵进行挖掘、理顺其逻辑关系，并结合试题予以分析，使高三教师对此产生较为清晰、直观的感悟，从而提高备考复习的针对性和有效性。

（一）理解能力

1. 理论分析

考试说明对高考生物理解能力有以下三点要求：

①能理解所学知识的要点，把握知识间的内在联系，形成知识的网络结构；

②能用文字、图表以及数学方式等多种表达形式准确地描述生物学方面的内容；

③能运用所学知识与观点，通过比较、分析与综合等方法对某些生物学问题进行解释、推理，做出合理的判断或得出正确的结论。

理解能力是其他各项能力的基础。理解需要在将要获得的"新知识"和已有知识之间建立联系，即理解是新获得的知识与现有的心理图式和认知框架的整合。因为概念是组成这些图式和框架的基本模块，所以概念性知识是理解的基础。① 鉴于上述认识，我们认为，理解能力的第①点是针对概念性知识的复习而提出的要求。例如，基因重组，应该从其发生的条件、原因、结果、意义、应用等角度予以梳理，形成一条有序的知识链条，才算是真正理解了这一概念要点（见图 7 - 3）。第②点指向考生的表达能力，因为《高中生物课程标准（实验）》（以下简称《标准》）明确指出，让学生"领悟系统分析、建立数学模型等科学方法及其在科学研究中的应用"。因此，在大纲版考试说明的基础上增加了"数学方式"这一表达要求。第③点则是对命题形式、考生答题的思维过程及结果提出的要求。"理解"这一认知过程包括解释、举例、分类、总结、推断、比较、说明等不同的层级，但《考试说明》所规定的理解能力主要有解释和推理两种考查方式，涉及的思维活动主要有比较、分析与综合。

---

① 洛林·W·安德森. 布鲁姆教育目标分类学修订版［M］. 北京：外语教学与研究出版社，2009.11：54—58.

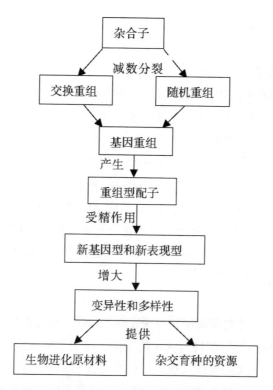

图 7 - 3　基因重组的概念要素

2. 例题分析

（1）考查知识之间的内在联系

[例题]（北京卷 2006 年第 4 题）用 ^{32}P 标记了玉米体细胞（含 20 条染色体）的 DNA 分子双链，再将这些细胞转入不含 ^{32}P 的培养基中培养，在第二次细胞分裂的中期、后期，一个细胞中的染色体总条数和被 ^{32}P 标记的染色体条数分别是

A. 中期 20 和 20、后期 40 和 20　　　B. 中期 20 和 10、后期 40 和 20

C. 中期 20 和 20、后期 40 和 10　　　D. 中期 20 和 10、后期 40 和 10

[分析]本题以放射性同位素示踪技术在生物学研究中的应用为命题背景，主要考查考生把握染色体与染色单体、染色体复制与 DNA 半保留复制等知识之间内在联系，对细胞及遗传学问题进行解释、推理，得出正确结论的能力。

（2）考查解释能力

[例题]（全国卷 2011 年第 1 题）将人的红细胞放入 4℃蒸馏水中，一段时间后红细胞破裂，主要原因是

A. 细胞具有水溶性　　　　　　　　　B. 细胞的液泡体积增大

C. 蒸馏水大量进入红细胞　　　　　　D. 低温时红细胞膜流动性增大

[分析] 本题考查考生运用渗透作用的原理等知识对"红细胞在蒸馏水中破裂"现象做出解释的能力。

（3）考查推断能力

[例题]（全国卷2010年第5题）将神经细胞置于相当于细胞外液的溶液（溶液S）中，可测得静息电位。给予细胞一个适宜的刺激，膜两侧出现一个暂时性的电位变化，这种膜电位变化称为动作电位。适当降低溶液中S中的Na^+浓度，测量该细胞的静息电位和动作电位，可观察到

A. 静息电位值减小   B. 静息电位值增大

C. 动作电位峰值升高   D. 动作电位峰值降低

[分析] 本题以研究动作电位的经典实验为命题背景，主要考查考生运用静息电位和动作电位形成的离子基础等知识，推断或预期实验结果的能力。

（二）实验与探究能力

1. 理论分析

考试说明对高考生物发展实验与探究能力有以下四点要求：

①能独立完成生物学教材所规定的实验，包括理解实验目的、原理、方法和操作步骤，掌握相关的操作技能，并能将这些实验涉及的方法和技能进行综合运用；②具备验证简单生物学事实的能力，并能对实验现象和结果进行解释、分析和处理；③具有对一些生物学问题进行初步探究的能力，包括运用观察、试验与调查、假说演绎、建立模型与系统分析等科学研究方法；④能对一些简单的实验方案做出恰当的评价和修订。

第①点是指教材中的基础性实验，除训练基本技能外，主要是验证性实验和探究性实验。只有完成好教材所规定的实验，包括理解实验目的、原理、方法和操作步骤，掌握相关的操作技能，才能将这些实验方法和技能用于对简单生物学事实的验证和一些生物学问题的初步探究，并对简单的实验方案做出恰当的评价和修订。为简约起见，可将考试说明所涉及的实验归纳为：技能性实验、验证性实验、探究性实验、评价性实验。其中，验证性实验是对某个已知命题的真实性进行验证的一类实验。它强调操作的规范性、实验数据的可靠性、论证方式的科学性、实验结论的真实性。[①] 探究性实验则是对未知的问题事先做出假设（尝试性解释），有时还需要基于假设进行演绎推理，再通过实验检验

---

① 郑春和. 高中生物实验教学指导及备考指南［M］. 北京：人民教育出版社，2012：186—189.

假设或推理是否成立，以求得对问题的解决。两类实验的异同如图 7 - 4 所示。当然，对生物学问题进行科学探究除运用实验法外，还有调查法、建立模型、系统分析等科学方法。

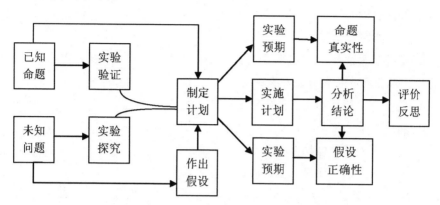

图 7 - 4　验证性试验与探究性实验的异同（引自郑春和，2012）

发展学生的科学探究能力是新课程的重要目标之一，因此，高考命题格外青睐对考生实验探究能力的考查。如果从变量的视角来看，探究性实验实际上是变量的确认、预测、操纵、控制、测量的过程（见图 7 - 5）。就高考生物北京卷而言，常见的命题切入点有两种。一是分析已有数据做出推测（假设）、设

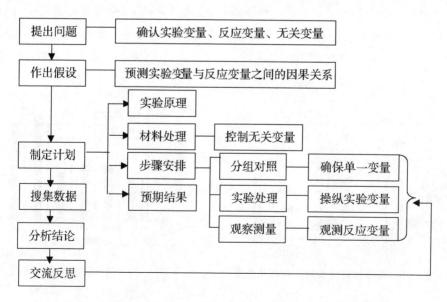

图 7 - 5　科学探究的基本程序与变量确认、操控、观测的关系图解

计实验，二是检验假设或基于假设预期结果。在"设计实验"中，材料的预处理、分组对照以及实验处理是常见的考点。另外，"交流反思"在全国卷和其他省市的命题中早已出现，但北京卷尚未涉及。

2. 例证分析

（1）技能性实验

[例题]（北京卷 2012 年第 5 题）高中生物学实验中，在接种时不进行严格无菌操作对实验结果影响最大的一项是

A. 将少许干酵母加入新鲜的葡萄汁中

B. 将毛霉菌液接种在切成小块的鲜豆腐上

C. 将转基因植物叶片接种到无菌培养基上

D. 将土壤浸出液涂布在无菌的选择培养基上

[分析] 本题设问灵活，通过"不进行严格无菌操作对实验结果的影响"的设问，综合考查考生参与生物技术实践活动的程度以及运用所学的微生物的分离培养、培养基对微生物的选择作用、利用微生物进行发酵来生产特定产物、植物组织培养、基因工程的基本技术等知识解释实验操作原理的能力，凸显了走进实验室在实践中学习生物学知识的重要性。

（2）验证性实验

[例题]（北京卷 2010 年第 29 题节选）在验证生长素类似物 A 对小麦胚芽鞘（幼苗）伸长影响的实验中，将如图 1（见图 7-6）所示取得的切段浸入蒸馏水中 1 小时后，再分别转入 5 种浓度的 A 溶液（实验组）和含糖的磷酸盐缓冲液（对照组）中。在 23℃ 的条件下，避光振荡培养 24 小时后，逐一测量切段长度（取每组平均值），实验进行两次，结果见如图 2（见图 7-7）。

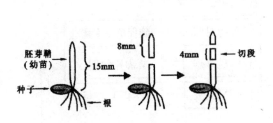

图 7-6　实验材料（切段）截取示意图

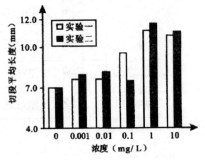

图 7-7　用不同浓度的 A 溶液处理切段的结果（n=7）

请分析并回答：

（1）生长素类似物是对植物生长发育有重要_____作用的一类化合物。本实验中_____mg/L 浓度的溶液促进切段伸长的效果最明显。

（2）振荡培养的目的是：①增加溶液中的_____以满足切段细胞呼吸的需求；②使切段与溶液成分接触更_____。

（3）生长素类似物 A 应溶解于_____中，以得到 5 种浓度的 A 溶液。切段浸泡在蒸馏水中的目的是减少_____对实验结果的影响。

（4）图 7-7 中，对照组切段的平均长度是_____mm。浓度为 0.001 mg/L 的溶液对切段伸长_____（选填"有"或"无"）促进作用；与浓度为 1 mg/L 的结果相比，浓度为 10 mg/L 的溶液对切段的影响是_____。

[分析] 本题以验证生长素类似物 A 的生理作用的一个真实实验为背景，主要考查考生对实验操作原理、实验现象和结果进行解释、分析和处理的能力。其中，第（2）、（3）小题主要考查考生对实验操作原理的分析。要求考生从实验目的出发，运用细胞呼吸、生长素的生理作用等知识来解释振荡培养和将切段浸泡在蒸馏水中的目的，以及对实验组中生长素类似物 A 应溶解在何种溶液中做出选择。第（4）小题考查考生对实验结果进行解释、分析和处理的能力。

（3）探究性实验

[例题]（北京卷 2012 年第 29 题）为研究细胞分裂素的生理作用，研究者将菜豆幼苗制成的插条插入蒸馏水中 [图1（见图 7-8）]。对插条的处理方法及结果见图2（见图 7-9）。

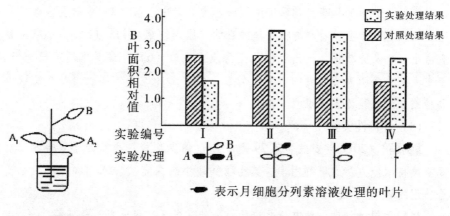

图 7-8　插条插入
　　蒸馏炎国

图 7-9　插条的处理方法及结果

（1）细胞分裂素是一种植物激素。它是由植物体的特定部位_____，再被运输到作用部位，对生长发育起_____作用的_____有机物。

（2）制备插条时除去根系和幼芽的主要目的是_____，插条插在蒸馏水中而不是营养液中培养的原因是_____。

（3）从图2（见图7-9）中可知，对插条进行的实验处理包括_____。

（4）在实验Ⅰ中，对A叶进行实验处理，导致B叶_____。该实验的对照处理是_____。

（5）实验Ⅲ、Ⅳ的结果表明，B叶的生长与A叶的关系是：_____。

（6）研究者推测"细胞分裂素能够引起营养物质向细胞分裂素所在部位运输"。为证明此推测，用图1（见图7-8）所示插条去除B叶后进行实验，实验组应选择的操作最少包括_____（填选项前的符号）。

a. 用细胞分裂素溶液涂抹 A_1 叶　　　　b. 用细胞分裂素溶液涂抹 A_2 叶

c. 用 ^{14}C -淀粉溶液涂抹 A_1 叶　　　　d. 用 ^{14}C -淀粉溶液涂抹 A_2 叶

e. 用 ^{14}C -氨基酸溶液涂抹 A_2 叶 f. 用 ^{14}C -细胞分裂素溶液涂抹 A_2 叶

g. 检测 A1 叶的放射性强度

[分析] 本题以研究细胞分裂素对菜豆叶片生长发育调节作用的一个真实实验为背景，主要考查考生从新背景素材中获取关键信息、准确分析实验数据并进行合理的逻辑推理的能力。同时还通过设计实验检验推测的设问，从更高层次考查考生潜在的从事科学研究的创新能力。其中，第（2）小题要求考生从实验目的来思考对实验材料进行处理的目的或原因；第（4）、（5）两小题主要考查考生分析实验数据，得出合理结论的能力；第（6）小题是本题的精华部分，要求考生首先明确研究者的推测是什么，然后选择适当的实验用品、处理方法和检测方法来验证上述推测。

（4）评价性实验

[例题]（2011年安徽卷第29题节选）保水剂是一类高分子聚合物，可提高土壤持水能力及水肥利用率。某生物兴趣小组探究"保水剂和氮肥对小麦光合作用的影响"，进行了以下实验：

材料用具：相同土壤基质栽培的小麦幼苗若干，保水剂，氮肥等。

方法步骤：①选取长势一致的小麦幼苗若干，平均分为A、B、C三组，分别施用适量的保水剂（60kg·hm^{-2}）、氮肥（255kg·hm^{-2}）、保水剂

（$60kg \cdot hm^{-2}$）+ 氮肥（$255kg \cdot hm^{-2}$），置于相同的轻度干旱条件下培养，其他培养条件相同且适宜。

②在小麦灌浆期选择晴朗无风的上午，于 10：00—11：00 从每组选取相同数量的叶片，进行 CO_2 吸收量及叶绿素含量的测定。结果（均值）如下表（见表 7－2）：

表 7－2

组号	CO_2吸收量/$\mu mol \cdot m^{-2} \cdot s^{-1}$	叶绿素含量/$mg \cdot g^{-1}$
A	10.66	3.07
B	13.04	3.02
C	15.91	3.05

实验结论：适量的保水剂与氮肥配施有利于提高小麦光合作用强度。

（1）请指出上述方法步骤的缺陷并改正：步骤① ＿＿＿＿＿＿＿＿＿；步骤② ＿＿＿＿＿＿＿＿＿。

[分析] 该实验研究保水剂和氮肥 2 个实验变量，属于定性研究，因为要研究实验变量之间的相互关系，所以应设置 4 组。步骤①的缺陷是没有设空白对照组，不能达到探究"保水剂和氮肥对小麦光合作用的影响"的实验目的；步骤②取材不科学，如果选取的叶片不是来自植株的相同部位，即使数量相同，那么所检测的 CO_2 吸收量和叶绿素含量本来就存在固有的差异，因而不能很好地揭示自变量与因变量之间的关系。

评价性实验要求考生在把握实验目的的基础上，通过确认变量、合理取材、分组对照等思维活动，对原来的实验方案做出中肯的评价，既要找出、吸纳其合理成分，又要发现、弥补其不足之处，从而设计出达到预期实验目的的合理方案。

（三）获取信息的能力

1. 理论分析

《标准》在"课程目标"部分明确提出了"能够利用多媒体搜集生物学的信息，学会鉴别、选择、运用和分享信息"的能力要求。与此相呼应，《考试说明》也提出了以下两点具体要求：

①能从课外材料中获取相关的生物学信息，并能运用这些信息，结合所学知识解决相关的生物学问题；

②关注对科学、技术和社会发展有重大影响和意义的生物学新进展以及生

物科学发展史上的重要事件。

我们认为，第①点是针对考生答题过程提出的要求。即能够鉴别、选择试题给出的相关生物学信息（文字信息或图表信息）；并能运用所获取的信息，结合所学知识解决相关的生物学问题。第②点则是对备考复习的要求。即关注对科学、技术和社会发展有重大影响和意义的生物学新进展及生物科学发展史上的重大事件。例如，我们在复习"细胞分化""细胞全能性"等重要概念时，是否关注到了 2012 年诺贝尔生理学或医学奖对"细胞核重新编程"的研究成果？这一研究成果与现行教材中关于细胞分化不可逆转的观点是否有冲突？在理论研究和实践应用中有何价值？《标准》指出，科学是一个发展的过程。学习科学史能使学生沿着科学家探索生物世界的道路，理解科学的本质和科学研究的方法。因此，生物科学史作为培养学生科学素养的重要载体，可以成为高考命题的素材或考查目标。

2. 例证分析

[**例题**]（2012 年北京卷第 3 题）金合欢蚁生活在金合欢树上，以金合欢树的花蜜等为食，同时也保护金合欢树免受其他植食动物的伤害。如果去除金合欢蚁，则金合欢树的生长减缓且存活率降低。由此不能得出的推论是

A. 金合欢蚁从金合欢树获得能量

B. 金合欢蚁为自己驱逐竞争者

C. 金合欢蚁为金合欢树驱逐竞争者

D. 金合欢蚁和金合欢树共同（协同）进化

[**分析**]本题主要考查考生从题干中获取关键信息并结合所学的竞争、生态系统的能量流动、生物进化与生物多样性的形成等知识进行分析和判断的能力。从题干中"金合欢蚁以金合欢树的花蜜等为食"，可推知金合欢树为金合欢蚁提供有机物和能量，所以 A 选项为正确推论。竞争是指两种或两种以上的生物相互争夺资源和空间等，其结果常表现为相互抑制，有时表现为一方占优势，另一方占劣势甚至灭亡。从题干中"金合欢蚁能够保护金合欢树免受其他植食动物的伤害"这一信息可知，金合欢蚁与其他植食动物之间为竞争关系，金合欢蚁会驱逐自己的竞争者，所以 B 选项是正确推论。金合欢树的竞争者应是其他植物而不是植食动物，题干中并没有金合欢蚁和其他植物关系的表述，不能得出 C 选项所述推论。"如果去除金合欢蚁，则金合欢树的生长减缓且存活率降低"，从中可以推知金合欢蚁与金合欢树是互利共生关系。物种之间形成的这种相互作用、相互依存的关系形成驱动进化的因素，使生态上密切相关的物种发

生相互关联的进化，即协同进化，所以 D 选项是正确推论。

（四）综合运用能力

1. 理论分析

综合运用能力是指能够"理论联系实际，综合运用所学知识解决自然界和社会生活中一些简单的生物学问题"。它取决于知识的结构性、层次性以及思维的灵活度；而思维的灵活度取决于学生对知识的理解水平，理解得越深，知识就越活；活的知识是由事实性知识、概念性知识、方法性知识、价值性知识构成的，四个层面的知识层层增进学生的理解力，必然增进学生综合运用知识解决问题的能力。所谓知识的结构性是指知识之间固有的内在联系，反映了知识的横向联系即广度。例如，基因、环境、性状之间的关系（见图 7 – 10）。而知识的层次性则是指一个知识点的层次结构，显示了知识的纵向联系即深度。例如，基因突变的类型、原因与结果之间的关系（见图 7 – 11）。

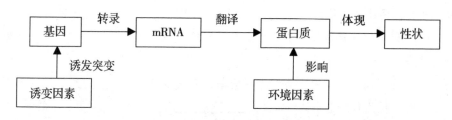

图 7 – 10　知识的结构性——基因、环境、性状之间的关系图解

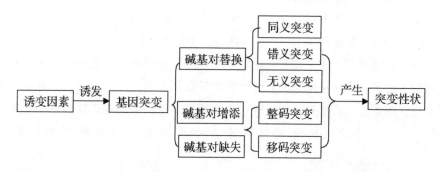

图 7 – 11　知识的层次性——基因突变的类型、原因与结果图解

2. 例证分析

［例题］（北京卷 2012 年第 30 题）在一个常规饲养的实验小鼠封闭种群中，偶然发现几只小鼠在出生第二周后开始脱毛，以后终生保持无毛状态。为了解

该性状的遗传方式，研究者设置了 6 组小鼠交配组合，统计相同时间段内繁殖结果如下（见表 7-3）。

表 7-3

组合编号	I	II	III	IV	V	VI
交配组合	●×❙	◑×■	●×❙	●×■	●×□	○×■
产仔次数	6	6	17	4	6	6
子代小鼠总数只　脱毛	9*	20	29	11	0	0
子代小鼠总数只　有毛	12	27	110	0	13	40

注：●纯合脱毛♀，■结合脱毛♂，○纯合有毛♀，□纯合有毛，◑杂合♀，❙杂合♂。

（1）已知 I、II 组子代中脱毛、有毛性状均不存在性别差异，说明相关基因位于_____染色体上。

（2）III 组的繁殖结果表明脱毛、有毛性状是由_____基因控制的，相关基因的遗传符合_____定律。

（3）IV 组的繁殖结果说明，小鼠表现出脱毛性状不是_____影响的结果。

（4）在封闭小种群中，偶然出现的基因突变属于_____。此种群中同时出现几只脱毛小鼠的条件是_____。

（5）测序结果表明：突变基因序列模板链中的 1 个 G 突变为 A，推测密码子发生的变化是_____（填选项前的符号）。

A. 由 GGA 变为 AGA　　　　B. 由 CGA 变为 GGA

C. 由 AGA 变为 UGA　　　　D. 由 CGA 变为 UGA

（6）研究发现，突变基因表达的蛋白质相对分子质量明显小于突变前基因表达的蛋白质，推测出现此现象的原因是蛋白质合成_____。进一步研究发现，该蛋白质会使甲状腺激素受体的功能下降，据此推测脱毛小鼠细胞的_____下降，这就可以解释表中数据显示的雌性脱毛小鼠的_____原因。

[分析] 本题以 6 组相关的遗传学实验为命题素材，综合考查考生运用遗传、变异、代谢、生理等知识，探究脱毛性状的成因、遗传方式以及雌性脱毛小鼠代谢速率下降、产仔率较低的原因。随着研究不断深入，设问也层层递进：第（1）、（2）、（3）小题先在在个体水平上考查考生分析实验数据，确定脱毛性状的成因、脱毛基因的显隐性、在染色体上的座位以及所遵循的遗传定律；

第（4）小题在群体水平上考查了突变基因频率与突变性状出现概率之间的关系；第（5）小题则深入到分子水平，考查基因突变发生的机制、遗传信息的转录、基因碱基序列改变与密码子改变之间的关系。第（6）小题承接第（5）小题，考查了遗传信息的翻译、甲状腺激素的生理作用及作用机理、细胞代谢与个体繁殖之间的关系，这样就实现了分子水平、细胞水平和个体水平研究成果的融合统一。

第二节　单元复习课的目标与策略

单元复习是总复习进程中的第一阶段，其主要任务有三项。第一，把握命题结构，解析知识要点；第二，剖析知识要点之间的内在联系，建立单元命题网络；第三，打通基本概念、基本原理与现实问题的联系。单元复习的知识目标可以分解为解析知识要点，建立单元命题网络两个子目标；能力目标应以理解能力为核心，同时兼顾其他能力训练。为达成上述目标可采取精细加工策略、系统分析策略、自上而下的策略和情境性教学策略。

一、"细胞的结构与功能"单元复习

单元复习课的基本任务是什么？教学设计思路与新授课到底有什么不同？如何让知识生成能力？这是高三教师必须面对和回答的问题。如果说新授课教学是在课程标准的指导下，采用"自下而上"的程序逐步建构核心概念的话，那么单元复习课则是以考试说明为依据，围绕核心概念"自上而下"地展开，从而调动学生运用已有的知识解释、论证核心概念，或者寻找支撑核心概念的一般概念和相关的生物学事实，力求对原有知识进行必要的拓展、深化，建立知识之间固有的联系，并确定知识点的应用范围，实现知识的迁移运用的过程。本书以"细胞的结构与功能"为案例，主要探讨如何围绕核心概念展开单元复习的教学策略。

（一）核心概念及其界定

核心概念是学科最核心的概念性知识，是反映学科本质的概念，它们相互组合构成了学科基本结构的骨架。核心概念具有统领一般概念和事实的作用，可以揭示一般概念之间的联系，因而具有统整学科知识的功能。对生物学核心概念的掌握程度反映了一个人的生物学素养的高低。美国课程专家艾里克森

（Erickson）认为，核心概念是指居于学科中心，具有超越课堂之外的持久价值和迁移价值的关键性概念、原理或方法。① 这些核心概念具有广阔的解释空间，源于学科中的各种概念、理论、原理和解释体系，为领域的发展提供了深入的视角，还为学科之间提供了联系。

基于上述对核心概念的理解和认识，结合高考北京卷考试说明的具体要求（见表7-4），界定本单元的核心概念是"细胞是最基本的生命系统，各组分间既分工又协作"。

表7-4　考试说明（北京卷）具体要求

主题	内容		要求
分子与细胞	细胞的结构与功能	1. 细胞的类型	Ⅰ
		2. 膜系统的结构与功能	Ⅱ
		3. 细胞器的结构与功能	Ⅱ

（二）任务分析与目标确定

"细胞的结构与功能"是高中生物（浙科版）必修1《分子与细胞》的第二单元的知识内容，学生通过新授课的学习，已习得了细胞膜、细胞质、细胞核的结构与功能，但对三个组分之间的内在联系缺乏深刻的认识，尚未真正建立起"细胞是最基本的生命系统"的核心概念；对真核细胞与原核细胞的认识大多停留在机械记忆水平上，没有用"生命演化"的学科观点来审视其异同。因此，单元复习应瞄准上述薄弱环节进行教学设计，具体教学目标如下。

①知识目标。阐明细胞膜、细胞质、细胞核三者之间的关系；说明真核细胞三大结构体系的功能；说出真核细胞与原核细胞在结构上的差异，概述两类细胞的统一性。

②能力目标。通过分析细胞核与细胞质之间的关系，训练系统分析的方法和能力；通过对蓝藻与叶绿体、细菌与线粒体的比较，训练类比思维的能力。

③情感目标。领悟"生命的系统观、层次观"，以及"生物进化"的学科观点；认同"细胞是最基本的生命系统"。

（三）教学过程分析与组织

1. 细胞是最基本的生命系统

---

① 艾里克森. 概念为本的课程与教学［M］. 北京：中国轻工业出版社，2003.

"细胞是最基本的生命系统",这是生命的层次观和系统观的核心命题之一,正如美国著名细胞生物学家 E. B. Wilson 所言:"每一个生物科学问题的答案都必须在细胞中寻找。"复习时,可以先让学生重温 E. B. Wilson 的论断,并鼓励他们说出认同(或不认同)这个论断的理由,由此引出并强化"细胞是最基本的生命系统"的核心概念。既然细胞是一个生命系统,那么这个系统的基本组分有哪些?各组分的作用是什么?各组分间又有什么联系?这三个系列问题旨在向学生渗透系统分析的思想和方法。系统分析作为一种科学的思维方法,着眼于整体,从组成系统的各要素之间的关联性、结构性以及系统与环境之间的开放性,寻求解决问题的方法和途径。教学实践表明,多数学生对细胞核与细胞质之间的关系把握不住,因此需要教师因势利导、循循善诱,如细胞核中贮存的遗传信息通过什么途径来控制细胞代谢?细胞核中的 DNA 的复制及转录所需的原料、酶及能量由哪里来提供?这样,学生在解答问题的过程中,就容易发现并建立细胞核与细胞质之间的关系(见图 7-12)。然后,借助图 7-12 设置问题串,以训练学生综合分析能力,最终使其认同"细胞是最基本的生命系统"。

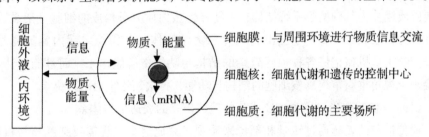

图 7-12 细胞膜、细胞质、细胞核三个组分之间的关系

问题:

①细胞进行生命活动的基本要素有哪些?

②病毒具备生命活动的三要素吗?病毒是怎样进行增殖等生命活动的?

③"细胞是生命活动的基本单位",对病毒来讲这一概念是否合适?

④为什么说"内环境的稳态是人体进行正常生命活动的必要条件"?

[解析] 问题①、②属于基础题。问题③的设计意图是让学生明确,病毒虽然不是独立的生命体,但必须在细胞内才能表现出基本的生命特征(增殖与遗传)。解答问题④,需要学生对所学概念及其相互关系进行梳理:第一,细胞是生物体基本的结构与功能单位;第二,细胞直接生存的液体环境叫作机体的内环境;第三,内环境的稳态是细胞维持正常生命活动的基础。

细胞作为一个生命系统，其突出特征是这个系统具有整体性，不能把系统割裂成要素孤立地研究和学习，要注意研究要素与要素间的相互作用和相互影响。另外，系统还具有层次性，不同层次的生命系统又是层层相依、紧密联系的。整个机体的生命活动以细胞的正常代谢为前提，而细胞的正常代谢又以机体的内稳态为保障。

由此可见，围绕核心概念来组织知识，是一种非常经济和有效的组织教学活动的方式。教学内容围绕核心概念展开，课堂教学帮助学生掌握核心概念，将有助于学生对知识的深入理解和迁移应用。

2. 真核细胞的三大结构体系

新授课教学中，教师习惯于按照教材内容的呈现方式，分别讲述细胞膜、细胞质和细胞核的结构与功能。这种内容组织方式，对于初学阶段无可厚非，但如果单元复习阶段仍然重复过去的程序模式，难免让学生生厌。事实上，真核细胞虽然结构复杂，但是可以在亚显微水平上划分为三大基本结构体系，即以核酸（DNA 或 RNA）和蛋白质为主要成分的遗传信息表达系统结构；以脂质及蛋白质成分为基础的膜系统结构；由特异性蛋白质分子构成的细胞骨架系统。笔者认为，按照翟中和先生提出的这"三大结构体系"组织单元内容的复习，不仅使学生从机械记忆各种琐碎繁杂的结构与功能中解脱出来，而且能够让学生换一个视角重新审视真核细胞的结构与功能，再次领悟生命的系统观。

（1）以核酸和蛋白质为主要成分的遗传信息的表达结构体系

遗传信息的表达通过转录和翻译来实现，完成这个过程需要细胞核与核糖体之间的协作（见图 7 - 13）。其中，染色质的主要成分是 DNA 和蛋白质，而核糖体则是由 rRNA 和数十种特定的蛋白质组成。因此，遗传信息的表达结构系统主要是由"DNA—蛋白质"与"RNA—蛋白质"复合体形成的。分析细胞核与核糖体之间的协作关系，可以很好地将必修 1《分子与细胞》与必修 2《遗传与进化》的相关内容整合起来，帮助学生形成有序的知识结构。例如，有的学生已经知道核孔是某些大分子进出细胞核的通道，但究竟是哪些大分子出核孔，哪些大分子进核孔，却不甚明了。教师可以借助图 7 - 11 循循善诱，以帮助学生拓展和深化核孔的功能，实现相关知识的联系与综合。

问题：

①翻译过程需要 mRNA、tRNA 及 rRNA3 者之间的协作，那么这三种 RNA 是怎样产生的？又是怎样进入细胞质的？

②转录所需的 RNA 聚合酶，DNA 复制所需的解旋酶、DNA 聚合酶等，组

成核糖体和染色质的蛋白质都是在哪里合成的？又是怎样进入细胞核的？

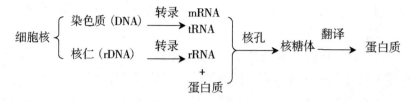

图 7 – 13　遗传信息的表达结构体系

（2）以蛋白质和磷脂为主要成分的生物膜结构体系

如果把细胞看作一个生命系统，那么由细胞膜、核膜和各种细胞器膜构成的生物膜系统则是细胞这个生命系统的子系统。因此，教师在复习该部分内容时，仍然要立足于训练学生的系统分析的方法和能力，使其深刻理解生物膜系统对于真核细胞生命活动的作用和意义。

问题：

①真核细胞的生物膜系统包含哪些基本组分？为什么把它们看作一个系统？

②双层核膜将细胞分成两大结构与功能区域——细胞质和细胞核，对细胞的生命活动有何意义？

③在细胞质内以膜的分化为基础形成了多种功能不同的细胞器，这与细胞生命活动的高效性和有序性有何关系？

④细胞膜是生物膜系统的重要组分，它是如何与周围环境进行物质交换和信息交流的？

笔者认为，重组知识内容，建立单元内或单元间知识之间的内在联系，是教师组织单元复习的一项重要任务。例如，"细胞膜的结构"与"物质的跨膜运输"，在版本教材中分属于不同单元，考试说明中也是分开表述的，但复习时就可以将二者有机整合。又如，进出细胞的物质借助载体蛋白的扩散，叫作协助扩散。那么，神经元在静息状态时 K^+ 外排和受到适宜刺激后 Na^+ 内流属于什么运输方式？显然，这一问题的设置旨在丰富、拓展协助扩散（易化扩散）的概念内涵和外延，体现知识的科学性。

（3）由特异性蛋白质分子构成的细胞骨架结构体系

细胞骨架系统是由一系列特异的结构蛋白质构成的网架系统，对于细胞形态与内部结构的排布起支架作用，同时与细胞内大分子的运输、细胞的运动与细胞器的位移、细胞信息的传递、基因表达、细胞的分裂与分化等重要的生命活动都有着密切的关系。由于考试说明对细胞骨架系统不做要求，复习时可简要处理即可，目的是让学生对真核细胞的结构体系形成完整的认识，并以此区别于原核细胞。

3. 细菌与线粒体、蓝藻与叶绿体的类比分析

原核细胞与真核细胞相比，结构简单、原始，没有生物膜系统和细胞骨架系统。人们对原核细胞的深入了解，主要依靠细菌与蓝藻的细胞生物学与分子生物学研究资料的积累。现存的资料可以证明真核细胞是由原核细胞进化而来，而且由于原核生物（主要是蓝藻）的繁衍，在地球表面积累了大量氧气，为真核细胞的起源与生存准备了条件。基于上述认识，教师在组织单元复习时，应该引导学生运用"进化的观点"重新审视两类细胞，既明辨其区别点，又找出其统一性。另外，蓝藻与叶绿体、细菌与线粒体有诸多相似之处，通过让学生两两对比观察，既可以巩固蓝藻、细菌、叶绿体、线粒体结构与功能的基础知识，又能够训练他们通过类比思维，构思假设的能力。生物学家正是根据细菌与线粒体的大小相似、两者的 DNA 都是环状的、且核糖体也是相似的、细菌没有线粒体、其呼吸酶位于细胞膜上等基本事实，设想真核细胞的线粒体是由侵入或被细胞吞入的某种细菌经过漫长的岁月演变而来（内共生假说）。同样，基于蓝藻与叶绿体含有光合色素、均能进行光合作用、都含有环状的 DNA 与核糖体等事实，设想真核细胞的叶绿体起源于被内吞的蓝藻。

问题：

①原核细胞与真核细胞结构有什么差异？两类细胞的统一性表现在哪些方面？

②蓝藻与叶绿体有何相似之处？你能根据二者的相似之处，推测叶绿体的起源吗？

③细菌与线粒体有何相似之处？细菌没有线粒体，但也能进行有氧呼吸，与有氧呼吸有关的酶定位于哪里？你能根据二者的相似之处，设想线粒体的起源吗？

上述问题促使学生以进化的观点重新审视两类细胞的差异性与统一性，极大地增进了学生的理解力。通过类比推理，设想线粒体与叶绿体的起源，既夯实了基础知识，又获得了解决问题的思路和方法。

二、"细胞呼吸"单元复习的教学分析与解疑

单元复习不同于新授课教学，应当追求知识的科学性、系统性和综合性，确定知识点的应用范围，关注知识在现实生活中的应用。单元复习还要强调问题的新颖性、层次性和针对性，它不是对所学知识重新过一遍，而应寻求新的复习视角，给旧知识注入新的活力，以激发学生参与复习的兴趣和热情。本文以"细胞呼吸"为例，主要探讨单元复习的教学策略。

（一）细胞呼吸在新陈代谢中的地位

细胞呼吸是一切活细胞进行的产能代谢，其中间产物还为细胞内其他化合物的合成提供重要原料。因此，细胞呼吸对于细胞的能量代谢和物质代谢都具有重要意义。现行必修教材将细胞呼吸置于"人和动物体三大营养物质的代谢"之后，割裂了细胞呼吸与其他代谢之间的内在联系。单元复习时，通过重整单元知识（见表 7 -5），不仅可以凸显细胞呼吸的基础地位，建立细胞呼吸与ATP、细胞呼吸与矿质元素的吸收、细胞呼吸与三大营养物质的代谢之间的联系，而且能够在细胞水平上集中分析细胞呼吸和光合作用这两个重要生理过程，并实现二者的综合。教学实践表明，这样安排单元课题，能够有效地达成知识的系统性和综合性。

表 7 -5

顺序	单元课题	
1	新陈代谢的概念、类型、酶、ATP	代谢水平
2	细胞呼吸	细胞水平
3	光合作用	细胞水平
4	水分代谢和矿质营养	个体水平
5	人和动物体三大营养物质的代谢	个体水平

（二）学科考试说明中对细胞呼吸的定位

正是由于细胞呼吸在生物的新陈代谢中占有重要地位，所以考试说明将细胞呼吸的类型、过程和意义列为综合运用水平（Ⅲ），即能够综合运用相关的知识、技能和研究方法，通过分析和综合、判断和推理等过程，正确解答实际问题。而要达到这个水平，教师在进行单元复习时应该以细胞呼吸的过程为核心，引导学生领悟细胞呼吸的意义，分析影响细胞呼吸强度的环境因素，从而架设

理论通向实践的桥梁。为此，可采用"问题驱动"式教学策略。

（三）问题驱动——对复习过程的组织

"问题解决"是学生学习生物学的首要动机，尤其对那些与现实生活、观察应用和社会问题密切联系的主题更感兴趣。细胞呼吸是一切活细胞进行的产能代谢活动，与人体健康、作物增产、蔬菜保鲜、微生物发酵等现实问题密切相关，极易激发学生的学习兴趣。但单元复习是在高二新授课的基础上进行的，这就对教师所设计的问题具有一定要求。首先，应该具有新颖性，才不至于使学生乏味，从而激发并保持参与复习的积极性；其次，问题应该具有层次性，才能使学生理清知识的层次，把握知识之间的内在联系；再者，问题应该具有针对性，才能击中学生的薄弱环节，帮助学生走出认识误区。

问题：

①稻田也需要定期排水，否则水稻幼根会变黑、腐烂；花盆里的土壤板结后，根系生长缓慢。试分析其原因。

[解析] 设置该问题，能够调动学生运用所学的细胞呼吸的原理进行全面分析，领悟细胞呼吸的意义以及细胞呼吸方式的改变对根细胞生命活动的影响——无氧呼吸产生的能量少；不能像有氧呼吸那样在线粒体基质中进行三羧酸循环产生很多中间产物，从而影响根细胞内氨基酸等重要化合物的合成；并且所产生的酒精对根细胞有毒害作用，从而影响根系的生长，严重时根系会变黑、腐烂。

②为什么无氧呼吸比有氧呼吸释放的能量少，请从细胞呼吸的过程分析说明。

[解析] 问题②是在问题①的基础上自然引发的，教师要引导学生比较有氧呼吸和无氧呼吸的过程（见图 7-14），着重从以下三个方面做出分析。

首先，从反应过程看，有氧呼吸三个阶段都能释放能量，产生 ATP。尤其是第三个阶段，当 [2H] 与 O_2 结合时能产生大量的 ATP；无氧呼吸两个阶段只有第一个阶段，即从葡萄糖分解为丙酮酸释放能量，产生 ATP，从丙酮酸还原成酒精或乳酸过程没有释放能量，不产生 ATP。

其次，从反应最终产物看，有氧呼吸的最终产物是 CO_2 和 H_2O；无氧呼吸的最终产物是简单的有机物，即酒精或乳酸，其中还有一部分能量储存在有机物中没有释放出来。

再者，从释放的能量数值看，同样是分解 1mol 的葡萄糖，经有氧呼吸释放 2870 kJ/mol，而经乳酸发酵释放 196.65 kJ/mol。

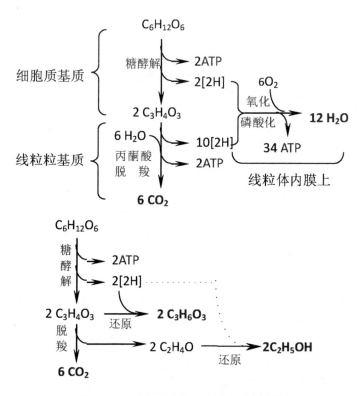

图 7-14 有氧呼吸与无氧呼吸过程比较

③农作物被水淹没，根细胞能进行短暂的无氧呼吸；人在剧烈运动时，骨骼肌细胞也能进行无氧呼吸。请从进化的角度分析说明其原因和意义。通过比较有氧呼吸与无氧呼吸的过程，你能发现由无氧呼吸进化成有氧呼吸的过程中所保留的"进化痕迹"吗？

[解析] 在进化过程中，有氧呼吸保留了无氧呼吸的第一阶段即从葡萄糖分解为丙酮酸的反应过程，当真核生物遇到无氧或缺氧的情况时，仍然可以进行短暂的无氧呼吸，以适应不良的环境条件。设置问题③，主要让学生从进化的角度领悟其中的原因和意义，促进学生对相关知识的深层理解。

④线粒体是进行有氧呼吸的主要场所。真核细胞有线粒体，但在缺氧或无氧的情况下可以进行短暂的无氧呼吸；原核细胞无线粒体，是否只能进行无氧呼吸？

[解析] 这是一个令学生普遍感到困惑的问题，多数学生认同"原核细胞无线粒体，只能进行无氧呼吸"的错误观点，反映了学生思维的机械性和封闭性。

教师可以列举好氧型细菌等事实加以佐证，并从进化的角度同时辅以板图（见图7-15）进行分析。生物进化是在生物与环境长期的相互作用中进行的。远古地球的大气缺氧，地球上最初出现的生物都是以无氧呼吸生活。随着海洋中营光合作用的生物如蓝藻的出现，使大气中的氧气增加，为生物进行有氧呼吸创造了条件，使需氧型生物的出现成为可能。由于有氧呼吸比无氧呼吸能量利用率高，因此，需氧型生物的出现使地球上的生命活动更趋活跃，生物进化的进程也随之加快。高等动植物正是在这个基础上发展起来的。细菌是原核生物的典型代表，其细胞膜的多功能性是区别于其他细胞膜一个十分显著的特点。如细胞膜内侧含有电子传递与氧化磷酸化的酶系，执行真核细胞线粒体的部分功能；细胞膜内侧含有一些酶与核糖体共同执行合成并向外分泌蛋白质的功能，细胞膜上还含有细胞色素酶与合成细胞壁成分的酶，相当于真核细胞内质网与高尔基体的部分功能。

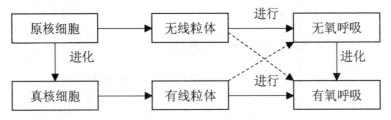

图7-15　细胞结构与细胞呼吸方式的关系

（注：实线箭头表示主要途径；虚线箭头表示次要途径）

　⑤当剧烈运动（如400m跑）后，你已不处于运动状态，为什么还会持续急促呼吸一段时间？

　[解析] 这是一个学生能有切身体验的问题，它能强力地激活学生的思维，从而强化有氧呼吸与无氧呼吸等相关知识之间的联系。人剧烈运动时，肌细胞处于相对缺氧状态，肌糖原被分解成了乳酸。后者逐渐释放到血液中，一部分与血浆中的碳酸氢钠发生反应，生成乳酸钠和碳酸，而碳酸分解成的二氧化碳会刺激控制呼吸活动的神经中枢，促使呼吸运动增强，增加通气量，从而将二氧化碳排出体外，同时吸入更多的氧气；另一部分乳酸由血液运到肝细胞，在肝细胞中转变成丙酮酸并进一步氧化分解。因此，在剧烈运动后要继续急促喘气，以补偿在运动时氧气的亏欠，即在偿还"氧债"，用于丙酮酸的氧化分解。

　⑥细胞在正常情况下主要利用糖类作为呼吸过程中能量的来源，但在特殊

情况下（如人和动物极度饥饿时）也可利用脂肪和蛋白质作为能源。那么，脂肪和蛋白质是怎样参与细胞呼吸的?

[**解析**] 葡萄糖是生命活动的重要能源物质，因此，通常以葡萄糖作为反应底物来分析细胞呼吸的过程。这样极易给学生一个错觉，似乎细胞呼吸只能利用葡萄糖，而不能分解其他的有机物，尽管教材中明确地写着"有氧呼吸是指细胞在氧的参与下，通过酶的催化作用，把糖类等有机物彻底氧化分解，产生出二氧化碳和水，同时释放出大量能量的过程"。因此，单元复习时应该将三大营养物质的代谢与细胞呼吸联系起来（见图7-16），让学生深刻理解细胞呼吸的概念及其在细胞代谢中的核心地位。

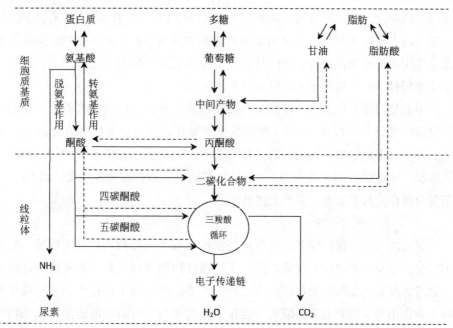

图7-16　细胞呼吸是能源物质氧化分解及其生物合成的枢纽

（注：实线表示能源物质的分解；虚线表示能源物质的合成）

⑦如何长期储存农作物的种子、蔬菜或水果? 请提出储存的基本措施及其依据。

[**解析**] 这个问题要求学生综合运用细胞呼吸原理及其影响因素，寻找储存条件。教师可引导学生讨论争辩，例如，是否把氧气浓度降得越低，呼吸作用速率就越低? 低温可以降低呼吸作用速率，是否可以在0℃以下储存蔬菜、水果? 种子含水量要低于一定标准才能入库? 为什么不同地区（如在长江下游地

区，小麦种子含水量 12.5% 以下，稻谷 14.5% 以下；在广东省，稻谷是 13.5% 以下）的安全水分标准不同？长期储存作物种子、蔬菜或水果，为什么还应注意防治害虫、消毒灭菌、保鲜保质等问题？最后引导学生归纳出储存环境的三点最基本要求，即低温、低湿、低氧。

三 "光合作用" 单元复习的教学分析与组织

单元复习的目标和任务是什么？这是高三教师必须明确的问题。单元复习应该追求知识的系统性、综合性和科学性。追求知识的系统性就是不仅要梳理复习内容所包含的各个知识点之间的关系，而且更要强调复习内容在单元知识体系中的地位、作用以及与单元其他内容之间的关联。追求知识的综合性要求建立复习内容与单元间、模块间相关知识之间的横向联系，关注知识在实践中的综合应用。追求知识的科学性则是通过呈现动态的生物科学发展图景，重在让学生领悟科学的本质在于不断地探索求真。

单元复习课不应是新授课内容的简单机械重复，而应该在摸清学生现有知识储备的基础上（教学起点），厘定学生在知识、能力、方法等方面的发展路向，并努力促成他们在知识上有增量、能力上有提高、方法上有领悟、情感上有体验。这是学生的"生长点"，也是教师的发力点。本章以"光合作用"一节复习课作为教学案例，实践上述思考。

（一）教学任务分析

通过高二新授课的学习，学生已经初步掌握了光反应与暗反应物质、能量的转变，以及二者之间的联系。但对于过程性知识背后的思想和方法缺乏深层次思考，没有真正领会光与暗反应之间的关系。学生尚未站在生态学的高度领悟光合作用的实质和意义，因而不能在细胞代谢与生态系统的能量流动和物质循环之间建立实质性联系。学生虽然知晓影响光合作用强度的环境因素及影响途径，但如何通过实验去探究，尤其是如何设置对照并利用对照组的数据去修正实验组的数据，将实验数据转变成坐标曲线等探究技能，仍缺乏必要的训练。单元复习时应瞄准上述薄弱环节，通过援引经典实验，挖掘其思想和方法，健全"光合作用"四个层面的知识（事实性、概念性、方法性、价值性），增进学生的理解力；通过增设探究性实验，训练学生对实验操作原理的分析能力，收集和处理数据的能力。

就知识教学而言，"光合作用"复习内容应包含过程、实质、意义、结构基础、影响因素等，其相互关系见图 7-17 所示。通过复习学生应该达到以下几个目标。

①清晰过程性知识。光反应与暗反应是相辅相成的。其中，光反应产生的 ATP、NADPH 由类囊体流向叶绿体基质，用于暗反应中 C_3 化合物的还原和 C_5 化合物的再生（C_5 化合物的再生只消耗 ATP，不消耗 NADPH），而非 CO_2 的固定；暗反应产生的 $NADP^+$、ADP、Pi 则不断地由叶绿体基质流向类囊体，参与光反应。

②把握本质性知识。光反应的实质在于将光能转变成化学能；暗反应的实质则是将 CO_2 同化成储能的糖类等有机物。

③应用规律性知识。影响光合作用的环境因素是理论联系实际的桥梁，属于知识的变化性应用。

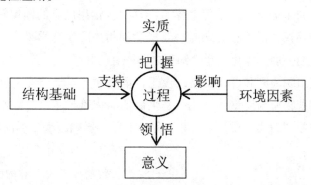

图 7-17 "光合作用" 知识内容之间的关系

（二）教学目标设定

基于上述对教学任务和知识内容的分析，制定如下三维教学目标。

①知识目标。概述光反应与暗反应物质与能量的转化以及二者之间的联系；阐明光与光反应、暗反应之间的关系；说明光反应与暗反应赖以发生的结构基础；解释光照强度、二氧化碳浓度、温度等环境因素对光合作用的影响途径及规律。

②能力目标。通过分析希尔反应、卡尔文循环等经典实验，训练学生分析问题的能力，领悟科学探究的思想与方法；通过分析"探究环境因素对光合速率的影响"的实验，训练学生收集和处理数据能力；运用环境因素影响光合速率的规律性知识，采取适当措施，提高农作物产量。

③情感目标。通过揭示光与暗反应之间的关系，领悟科学的本质在于理性求真。

其中，教学重点在于光反应与暗反应过程、物质与能量的转化以及二者之间的联系；光强、温度、二氧化碳浓度等环境因素对光合作用影响的途径及规律。教学难点在于光与暗反应之间的关系；真光合速率、净光合速率、呼吸速率三者之间的关系。

（三）教学过程组织

1. 教学基本思路

单元复习课的设计与新授课不同，应遵循"由整体到局部"的组织原则，即借助思维导图，先让学生明确复习内容及其相互关系（见图 7 – 17、图 7 – 19），再聚焦、细化局部内容，以产生"一览众山小"的教学效果。如果说新授课是"自下而上"地引导学生逐步建立核心概念的话，那么单元复习课则是围绕核心概念"自上而下"地展开教学，调动学生运用已有的知识解释、论证核心概念，或者寻找支撑核心概念的一般概念和相关的生物学事实，力求对原有知识进行必要的拓展、深化，建立知识之间固有的联系。

基于上述组织原则和设计思路的设想，本节课可围绕"光合作用通过光反应与暗反应实现物质与能量的转化，是生命活动物质与能量的根本来源"这一核心概念，按照"意义→实质→过程→结构基础→影响因素"循序组织教学。

问题：

①假若没有光合作用，地球上能否出现生机勃勃、多姿多彩的生命世界？

②叶绿体是怎样利用光能将 H_2O、CO_2 转变成储存能量的糖类等有机物的？画出光合作用过程图解，注意体现光反应与暗反应的联系，思考支持光反应与暗反应进行的结构基础。

③将光合作用划分为光反应和暗反应两个阶段的依据是什么？暗反应的途径是如何确定的？

[解析] 问题①旨在促使学生站在生态学的高度，建立光合作用与生态系统能量流动和物质循环之间的关系，领悟光合作用的深远意义，把握其本质特征。问题②意在驱动学生将动脑与动手结合起来，既能巩固过程性知识，又能把握结构与功能的关系。问题③则试图让学生思考概念性知识背后的思想与方法。

2. 经典实验分析

（1）希尔（R. Hill）反应

"希尔反应"以离体的叶绿体为研究对象，在光合作用的研究历史中占有重要地位，其意义有三点。首先，确证叶绿体是进行光合作用的基本单位。其次，初步说明光合作用产生的 O_2，不是来自 CO_2，而只可能来自 H_2O。再者，预示着光合作用可以分为两个阶段，即光诱导的电子传递及水的光解、CO_2 的还原和有机物的合成。在新授课教学中引入"希尔反应"，可以引导学生沿着科学家探索生物世界的道路，理解科学的本质和科学研究的方法，训练学生"分析实验结果，得出结论"的科学探究技能。在单元复习课中再次援引"希尔反应"这一经典实验，设问的角度应和新授课不同，可以从结论到结果进行逆向思维："你认为希尔反应能够为光合作用过程两个阶段的划分提供依据吗？"如果学生不能顺利作答，教师还可以补充后续实验（见图 7 – 18），引导学生分析并思考："暗反应真的不需要光吗？"从图 7 – 18 所示的实验结果可知，暗反应确实可以在黑暗条件下进行，正如人教版必修 1《分子与细胞》第 104 页所言："光合作用第二阶段中的化学反应，有没有光都可以进行，这个阶段叫作暗反应阶段。"可事实上，"暗反应在暗中只能进行极短的时间，而在有光的情况下能连续不断地进行，并且受到光的调节"。那么，光是怎样调节暗反应的？这种调节又有何意义呢？科学研究证实：光合作用中"光"的作用产生三种结果：第一，提供了还原力（ATP、NADPH），用来固定和还原 CO_2；第二，提供了多种酶的活化因子；第三，改变了叶绿体基质的微环境，提高了基质中的 pH，增加了 Mg^{2+} 浓度，从而增强了卡尔文循环中的酶活力。其中，第二、三种结果属于光对暗反应的调节因素。[①] 光合作用的全过程包括光能的吸收和传递的光物理反应、高能电子的产生及其在类囊体膜上传递的光化学反应和卡尔文循环的生物化学反应。其中，卡尔文循环为限速反应。因此，光使酶活化这种调节，可以保证卡尔文循环的运转速度，即在光下运转速度快，在暗中变慢，从而使得光反应与暗反应相互协调、相互适应（见图 7 – 19）。由此可见，暗反应是非常需要光的。

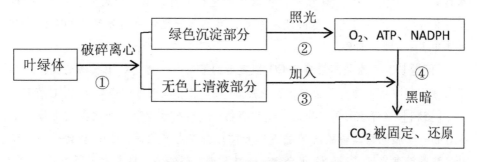

图 7 – 18　希尔反应的后续实验

---

① 吴光耀. 光合作用的"暗反应"真不需要光吗［J］. 生物学通报，1996，31（8）：6—7.

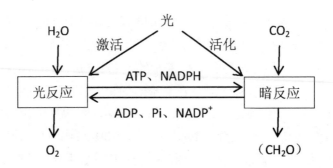

图 7 - 19　光合作用过程思维导图

揭示光与暗反应之间的关系，不仅有助于学生领悟科学是基于证据的思想、解释与辩解，而且对于快速、准确地解题也是大有裨益的。

[例题]（2014 年全国 1 卷第 2 题）正常生长的绿藻，照光培养一段时间后，用黑布迅速将培养瓶罩上，此后绿藻细胞的叶绿体内不可能发生的现象是(　　)

A. O_2 的产生停止　　　　　　　B. CO_2 的固定加快

C. ATP/ADP 比值下降　　　　　　D. NADPH/$NADP^+$ 比值下降

[分析] 黑暗条件下，光反应不能进行，O_2 产生停止；CO_2 的固定所需的羧化酶在暗中活性降低，因此 CO_2 的固定应减慢；ATP、NADPH 一方面因缺乏光照不再产生，另一方面二者因酶活性降低而消耗减少。故答案为 B。

（2）卡尔文循环

[资料] 1945 年卡尔文用 ^{14}C 标记的 $^{14}CO_2$，供小球藻进行光合作用，然后追踪检测其放射性。光照 60 秒后，提取产物进行分析，结果检测到多种带 ^{14}C 标记的化合物。然后将光照时间逐渐缩短，直到几分之一秒时发现，90% 的放射性集中 3 - 磷酸甘油酸。

[问题] 科学家是怎样确定 CO_2 固定后的第一个产物是 C_3 有机酸的呢？所采用的技术和方法对你有什么启发？光照 60 秒后，会有哪些化合物带有 ^{14}C 标记？

[资料] 当停止 CO_2 供应时，C_3 化合物——磷酸甘油酸的浓度急剧下降，C_5 化合物——核酮糖二磷酸的浓度急剧升高；当停止光照时，C_3 化合物——磷酸甘油酸的浓度急剧升高，C_5 化合物——核酮糖二磷酸的浓度急剧下降。

[问题] 根据所掌握的光合作用过程的知识，能否解释上述实验结果？在不清楚光合作用具体过程的情况下，卡尔文是怎样对上述实验结果做出分析和推测的呢？

3. 探究实验分析

学生容易找出影响光合作用强度的环境因素及影响途径。但是，如何衡量光合作用强度？如图 7 - 20 所示，在一定光强度、温度和 CO_2 浓度下，单位时间内收集到的气体量，代表真光合速率还是净光合速率？若测量单位时间内黑藻所吸收的 CO_2 量，应如何操作？由此引入下面的探究性实验的分析。

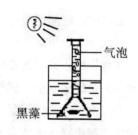
图 7 - 20 测量光合速率的
简易装置

（1）材料器具

2 枝 15cm 长的幼嫩的伊乐藻、精密 pH 试纸、2L 的烧杯、100ml 的烧杯、250ml 的烧瓶、2 支 25mm×200mm 试管、2 支喝饮料用的吸管、2 个 1ml 的移液管、温度计、100 瓦的聚光灯、蒸馏水、25℃和 10℃的自来水等。

（2）实验原理

通过测量伊乐藻从水中吸收 CO_2 量而间接确定光合速率。向水中通气，增加水中 CO_2 量。水吸收 CO_2，二者结合产生碳酸（$H_2O + CO_2 \leftrightarrow H_2CO_3$），这是一个可逆反应。随着伊乐藻将二氧化碳用于光合作用，水中的碳酸减少，pH升高。

（3）实验步骤

a：将 125ml 蒸馏水加入烧瓶，用吸管向水中吹气 2min；

b：取 2 枝伊乐藻，放在一支试管中（实验用试管）；

c：把吹入气体的水各注入两支试管的 3/4 处。

d：将试管直立放入 2L 的烧杯中，加入 25℃的自来水至烧杯的 2/3 处；

e：将温度计放入 2L 烧杯的水中，测量温度，并在整个实验过程中保持这个温度（用小烧杯向 2L 烧杯中加入冰水和/或去掉杯中的水）；

f：用精密 pH 试纸测定试管中水的 pH；

g：将 100 瓦的聚光灯放在距烧杯 30cm 处，照射 2 支试管；

h：记录 30min 内的 pH 和温度的变化。每 5min 记录一次读数[1]。

（4）思考与讨论

首先，思考。①阅读实验步骤 a~h，确认变量，即自变量是什么？因变量是什么？如何测量？无关变量主要是什么？如何控制？若要研究光强对光合速

---

[1] 美国 BSCS. 北京市高级中学实验课本生物科学第二册 [M]．北京：北京出版社，2000：433—436.

率的影响，应如何操作？②没有伊乐藻的试管是哪两种环境因素的对照？你如何利用没有伊乐藻的试管内的 pH 变化去修正实验试管中的数据？③试设计一张记录数据的表格，若要将记录的实验数据绘成坐标曲线图，在曲线的横轴和纵轴上各是什么变量？试预测 3 条曲线的变化趋势。

其次，讨论。问题①主要训练学生确认变量的能力。教学实践表明，部分学生不能正确地确认自变量。当聚光灯放在距烧杯 30cm 时，此时光强度一定，随着伊乐藻不断地吸收 CO_2，CO_2 浓度逐渐降低，光合速率变慢，pH 升高变缓，最后趋于平衡。因此，自变量应为 CO_2 浓度。当研究光强度对光合速率的影响时，可以改变光源与试管之间的距离，最初 10cm，然后 50cm 处照射，重复 a ~ h 步骤。问题②促使学生领悟对照的意义，学会利用对照组的数据去修正实验组的数据的方法。无伊乐藻的试管是温度和 pH 两种环境因素的对照，其中 pH 的任何升高或降低都应从有伊乐藻的结果中减去或加上。问题③则能有效地训练学生收集和处理数据，表达交流和预期结果等探究技能。如果学生能够正确地确认自变量、因变量和无关变量，理解对照的目的和意义，就能设计出如表 7-5 所示的数据记录表格。

表 7-5　实验数据记录表

读数	实验条件								
	30cm			10cm			50cm		
	pH1	pH2	℃	pH1	pH2	℃	pH1	pH2	℃
1									
2									
3									
4									
5									
6									

4. 知识综合运用

学习光合作用原理，是为了指导农业生产实践，增加农作物产量。现在许多增产措施，都是为了提高光合作用的强度。在传统的教学中，我们过于强调单一因素对光合作用强度的影响。事实上，光照强度、CO_2 浓度、温度 3 种环境因素相互作用，所以必须考虑它们的综合影响（见图 7-21）。任何一个因素，如果低于最适量，都可能限制反应速率。

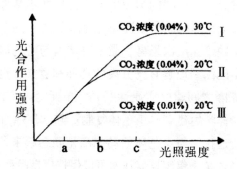

图7-21　环境因素对光合作用的综合影响

环境因素对光合作用的综合影响，一方面可以解释许多植物的分布情况，如为什么仙人掌不能在森林中生长，而在沙漠中常见的极端温度下，只要有少量水就可以生存？另一方面能够为增大光合作用强度，提高农作物产量，提供理论依据，进而采取可行性措施。

问题：

①比较曲线Ⅱ与Ⅲ的变化，限制光合作用强度的因子是什么？为什么炎热、多风的环境可能会减慢光合速率？如何在温室环境中调控这种因子，使光合速率最大化？

②比较曲线Ⅰ与Ⅱ的变化，限制光合作用强度的因子是什么？为什么继续增大这种因子，光合速率反而减慢？若遇到阴雨天，如何在温室中调控这种因子以确保所栽培蔬菜的产量？

四、"有丝分裂"单元复习的教学分析与组织

单元复习课应该强调问题的新颖性、层次性和针对性，努力增进学生对生物学的理解力。问题只有具有新颖性，才不至于使学生乏味，从而激发并保持其参与复习的热情；问题只有具有层次性，才能使学生理清知识的层次，把握知识之间的内在联系；问题只有具有针对性，才能击中学生的薄弱环节，帮助学生走出认识误区，并在原有基础上有所收获、有所提高。本书以"有丝分裂"一节单元复习课为案例，实践上述思考。

（一）教学内容分析

有丝分裂是无性繁殖（克隆）的细胞学基础，它能够将亲代细胞的遗传信

息精确地平均分配到两个子细胞中，因而在细胞的亲代与子代之间保持了遗传性状的稳定性。通过高二新授课的学习，学生已经初步掌握了有丝分裂过程各个时期的变化特点及染色体行为、数目变化规律，但对于染色体复制与 DNA 半保留复制之间的关系缺乏深层次思考，尚未将基因与染色体联系起来分析有丝分裂的过程，因而不能深刻理解有丝分裂的特征和意义，也就不能在有丝分裂与个体克隆、细胞克隆之间建立实质性联系。单元复习应瞄准上述薄弱环节，通过精心设计问题，让学生建立"染色体复制"与"DNA 半保留复制之间的内在联系，将基因的传递行为与染色体的动态变化联系起来，把握有丝分裂的特征和意义。通过解释"植物组织培养技术可以保持优良品种遗传特性""杂交瘤细胞经克隆化培养能够分泌单克隆抗体"的原因，领悟科学与技术之间的关系，达到学以致用的教学功效。按照考试说明（北京卷）的具体要求（见表 7-6），本单元的复习内容有：细胞周期的概念、有丝分裂过程中染色体、DNA、基因之间的变化关系和变化规律、有丝分裂的特征、意义和应用（应用范围包括植物组织培养和单克隆抗体的制备）、制作根尖细胞有丝分裂装片的实验技术。

表 7-6　考试说明（北京卷）具体要求

主题	内容		要求
分子与细胞	细胞增殖	1. 细胞周期 2. 有丝分裂的过程、特征、意义	Ⅰ Ⅱ

（二）教学目标确定

基于上述对学情和教学内容的分析，制定如下三维教学目标。

①知识目标。阐明有丝分裂过程中染色体平均分配的机制；解释染色体复制与 DNA 半保留复制之间的关系；从基因水平分析植物组织培养技术保持优良品种遗传特性和杂交瘤细胞经克隆化培养产生单克隆抗体的原因。

②能力目标。通过分析色差染色体形成的原因，训练获取信息和分析综合的能力；通过对植物组织培养过程中突变体的获得以及染色体数目变异的确认，训练综合运用能力。

③情感目标。认同"有丝分裂是个体克隆和细胞克隆的细胞学基础"，领悟科学与技术之间关系。

（三）教学过程组织

依据课程标准和考试说明的具体要求，围绕核心概念"自上而下"地展开教学过程。本节课的核心概念是有丝分裂是个体克隆和细胞克隆的细胞学基础，它能够将亲代细胞的遗传信息精确地平均分配到两个子细胞中。但是，学生掌握核心概念不是靠教师的机械灌输，而是一个在分析问题和解决问题的过程中主动建构的过程。认清这一点，可以为我们组织教学指明方向。那么，学生需要分析和解决什么样的问题呢？这需要教师摸清学生的知识储备，便于在已知和未知之间设计问题，从而为学生架设从已知通向未知的桥梁。在复习"有丝分裂"时，学生已有的知识储备：有丝分裂的过程、特征和意义、DNA 半保留复制、植物组织培养、单克隆抗体的制备等。但是学生尚未认识到，正是由于 DNA 分子的半保留复制才保证了染色体和基因的精确复制；随后，每条染色体着丝点分裂、染色体单体分开后移向细胞两极，使得每个子细胞具有相同的遗传信息。植物组织培养和单克隆抗体制备技术也正是利用了细胞有丝分裂的这一特征，分别实现了个体水平和细胞水平上的克隆。

1. 创设问题情景，驱动学生思维

中学学科教学能否取得成功的奥秘，在于教师是否教会学生学习和思维。而思维活动始于问题或疑惑，当我们向学生展示 1 组培苗的图片，并提出"为什么通过植物组织培养技术培养的花卉，无论是花型、花色还是花香几乎和亲本完全相同？"这一问题时，多数学生会不假思索地回答："因为组培过程属于无性繁殖。"当被追问"为什么无性繁殖会有这样的特点？"时，学生则陷入了沉思。然后，在教师不断地追问下，学生的思维活动便沿着"植物组织培养→无性繁殖→有丝分裂→染色体→DNA→基因→遗传信息"的路径运演，并从中领悟到，植物组织培养技术的理论基础之一，在于有丝分裂能够将亲代细胞的遗传信息精确地平均分配到两个子细胞中。

2. 注重问题层次，揭示知识联系

学生能否建立知识之间的固有联系，很大程度上取决于教师所设计的问题层次性。只有问题层次分明，才能引导学生由表及里、层层深入，逐步发现和揭示知识之间的联系（见图 7 – 22）。

问题：

①亲代细胞的染色体怎样被精确地分配到两个子代细胞中？

②间期呈染色质形态，而分裂期呈染色体形态有何生物学意义？

③染色质在 S 期是怎样被精确复制的？这与 DNA 半保留复制有何关系？

④经有丝分裂产生的子细胞所含的基因或遗传信息是否相同？为什么？尝试画出有丝分裂中期和后期两对等位基因的行为变化图并展示、交流，并解释

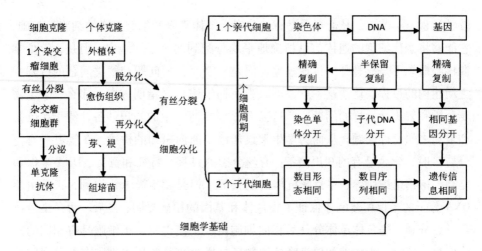

图 7-22 有丝分裂与个体克隆、细胞克隆之间的关系

"植物组织培养技术可以保持优良品种遗传特性""杂交瘤细胞经克隆化培养能够分泌单克隆抗体"的原因。

[解析] 问题①学生通过观察细胞周期中染色体的行为变化，便可归纳出"染色质在间期复制，染色单体在后期分开"的均分机制。此时，教师应因势利导，发起追问。

问题②能够促使学生深入分子水平，分析 G_1 期、S 期、G_2 期和 M 期所发生的一系列连续的生化事件，从而领悟到，螺旋化程度低的染色质形态适合 DNA 复制和基因转录，而螺旋化程度高的染色体形态则适合染色体的移动。

解决问题③，教师可向学生呈现色差染色体的图片和相关信息（BrdU 是一种嘧啶类似物，能替代胸腺嘧啶与腺嘌呤配对，掺入到新合成的 DNA 单链中。当用姬姆萨染料染色时，双链都含有 BrdU 的 DNA 分子着色浅，不含 BrdU 或只有一条链含 BrdU 的 DNA 分子着色深。将植物根尖分生组织放在含有 BrdU 的培养液中进行培养，待细胞处于第二个细胞周期时，取出根尖组织用姬姆萨染料染色，结果被染色的染色体出现色差），以图解的形式解释色差染色体形成原因，旨在训练他们获取信息和综合分析能力，建立起染色体复制与 DNA 半保留复制之间的关系。

问题④能够将学生对有丝分裂的认识推向基因水平，使其认同有丝分裂是个体克隆和细胞克隆的细胞学基础。

3. 解决真实问题，训练应用能力

有丝分裂产生的子代细胞与亲代细胞遗传信息一般是相同的，但在植物组织培养过程中，由于培养细胞一直处于不断的分生状态，因此容易受到培养条件和外界压力（如射线、化学物质等）的影响而产生突变。从这些产生突变的个体中可以筛选出对人们有用的突变体，进而培育成新品种。20 世纪 70 年代以来，世界各国的科学家用这种方法已经筛选出抗病、抗盐、高产的突变体。基于上述现实背景，教师可以设置一些真实性问题，让学生运用所学的相关知识和技能尝试解答，可以有效地训练和发展他们的综合运用能力。

问题：

①在组培过程中可能会发生基因突变吗？为什么？

②怎样利用植物组织培养技术获得抗盐碱的烟草？

③如果组培苗发生了染色体数目变异，你如何通过实验来确认？

［解析］ 问题①和问题②，旨在训练学生的辩证性思维，使其领悟有丝分裂不仅对于遗传而且对于变异同样具有重要意义。解答这两个问题，需要学生调取基因突变发生的原因、特点和选择培养基的作用等已有知识和技能，从而促进学生对相关知识的深化理解和综合运用。而问题③则需要学生遵循对照原则设计实验，并运用"制作根尖细胞有丝分裂装片实验技术"制作相应的装片，通过观察、比较才能解答。因此，解决真实性问题，不仅能够训练学生的综合运用能力，而且使其领悟生物科学的应用价值。

总之，单元复习课应该追求知识的科学性、系统性和综合性。科学的本质在于不断地探索和求真，我们呈现在学生面前的不应该是那种毫无生气的、僵死的知识堆积，而应当是一幅幅连续的、动态的生物科学发展的图景。科学是人们研究自然界形成的概念及其体系，其中有处于学科中心位置的核心概念。因此，我们要引领学生通过逻辑思维和理性思维建立概念之间的相互关系，以体现知识的系统性。科学、技术与社会是互动的，科学揭示规律和原理，构建科学概念，并且以技术为桥梁，走向应用。因此，我们不仅要揭示科学、技术与社会三者之间的关系，使学生明确某一生物学问题的解决，需要综合运用多方面的知识和技能，而且还要通过设置真实性问题，训练学生综合运用知识的能力。

五、"遗传的基本规律"单元复习的组织

高中生物学所讲述的遗传的基本规律包括基因的分离定律、自由组合定律、伴性遗传定律以及细胞质遗传的特点。其中，基因的分离定律、自由组合定律和伴性遗传定律揭示了细胞核遗传的一般规律，与细胞质遗传呈现并列平行关系。

单元复习不同于新授课教学，应当追求知识的科学性、系统性和综合性，确定知识点的应用范围，关注知识在现实生活中的应用。单元复习还要强调问题的新颖性、层次性和针对性，它不是对所学知识重新过一遍，而应寻求新的复习视角，给旧知识注入新的活力，以激发学生参与复习的兴趣和热情。本章以"遗传的基本规律"为例，主要探讨单元复习的教学策略。

（一）基因的分离定律与自由组合定律的综合

基因的分离定律和自由组合定律是孟德尔通过豌豆的杂交试验发现的，为了凸现"假设—演绎"科学方法的教育，高二新授课适合按照"发现过程"组织教学。高三单元复习课不宜再按照这种思路组织教学，否则，学生会因缺乏新异刺激而失去参与复习的热情。恰当的教学策略是创设问题情境，引导学生设计实验方案，以探究相关性状的遗传是否遵循孟德尔遗传定律，并对实验结果做出预期和分析，从而加对深孟德尔遗传定律的深入理解。

1. 设计实验方案，验证孟德尔遗传定律

[问题] 现有纯种的高茎、矮茎两个小麦品种，你能否通过实验来确定这对相对性状的显隐性关系，以及其遗传是否遵循基因的分离定律？要求做出假设、预期实验结果并做出相应的分析。

[解析] 学生要想顺利地解答这个问题，首先必须明确什么是基因的分离定律？其实质是什么？然后才能借鉴孟德尔试验方法来完成实验设计。以下是学生通过独立思考、讨论交流而设计的三种实验方案。

表7-7 实验方案与设计

方案1：①P：DD × dd→F_1Dd；②F_1Dd × F_1Dd→F_2DD、Dd、dd。	
做出假设	该对相对性状的遗传遵循基因的分离定律。
预期结果	F_1只表现为一种表现型；F_2会出现性状分离，分离比为3:1。
执行计划	①将2个纯合品种（P）同时种植，进行人工异花传粉，收获种子（F_1）；②将所收获的种子种植，让其自花传粉，收获种子（F_2）；③再将（F_2）种子种植，观察并统计植株的表现型。
分析数据	F_1所表现出来的性状为显性性状，未表现出的性状为隐性性状。因为F_2出现性状分离，分离比为3:1，表明F_1能产生D和d 2种配子，且比例为1:1。因此，假设成立。
深入探讨	F_2代出现3:1分离比需要满足哪些条件？
探讨结果	①F_1产生两种配子，比例为1:1；②雌雄配子结合的机会相等；③各种受精卵发育成活的机会均等；④F_2个体数量大；⑤完全显性。

续表

方案2：①P：DD×dd→F₁Dd；②F₁Dd×dd→F₁Dd、dd。	
做出假设	该对相对性状的遗传遵循基因的分离定律。
预期结果	F₁只表现为一种表现型，Ft出现高茎与矮茎2种表现型，且数量比例为1：1。
执行计划	①将2个品种（P）同时种植，进行人工异花传粉，收获种子（F₁）；②将所收获的种子（F₁）与隐性类型种子同时种植，进行人工异花传粉，收获种子（Ft）；③再将（Ft）种子种植，观察并统计植株的表现型。
分析数据	F₁所表现出来的性状为显性性状，未表现出的性状为隐性性状。Ft出现高茎与矮茎，比例为1：1，表明F₁能产生D和d2种配子，且比例为1：1。因此，假设成立。
深入探讨	做测交实验时，有无必要既做正交实验又做反交实验？
探讨结果	有必要。因为如果让F₁作父本，隐性类型作母本，测交结果只能证明所产生的雄配子的种类及比例。通过反交实验，即让F₁作母本，隐性类型作父本，证明的是F₁产生2种雌配子的种类及比例。这样通过正反交实验，才能证明F₁通过减数分裂产生的雌配子与雄配子的种类与比例是相同的，进而通过雌雄配子的随机结合形成3种不同基因型的F₂。

方案3：①P：DD×dd→F₁Dd；②取F₁Dd的花药进行离体培养，然后用秋水仙素处理得到的试管苗，观察表现型种类及数量比例。	
做出假设	该对相对性状的遗传遵循基因的分离定律。
预期结果	秋水仙素处理后会出现高茎与矮茎2种表现型，且数量比例为1：1。
分析数据	F₁所表现出来的性状为显性性状，未表现出的性状为隐性性状。秋水仙素处理后，出现高茎与矮茎2种幼苗，比例为1：1，表明F₁能产生D和d2种花粉粒，且比例为1：1。因此，假设成立。
深入探讨	可否免去"秋水仙素处理"这步操作，直接观察花药离体培养得到的试管苗的表现型？
探讨结果	不能。因为花药离体培养得到的试管苗属于单倍体，长得矮小、瘦弱，分辨不清高茎与矮茎。

[问题] 现有纯种的高茎抗病（DDTT）、矮茎不抗病（ddtt）的两个小麦品种，你能否通过实验来确定这两对相对性状的遗传是否遵循基因的自由组合定律？要求做出假设、预期实验结果并做出相应的分析。

[解析] 学生要想顺利地解答问题，同样首先必须明确什么是基因的自由组

合定律？其实质是什么？然后才能借鉴孟德尔试验方法以及解决上个问题所采取的三套方案进行实验设计。

表 7 – 8　实验设计

方案 1	①P: DDTT × ddtt→F_1 DdTt ；②F_1 DdTt 自花传粉
方案 2	①P: DDTT × ddtt→F_1 DdTt ；②F_1 DdTt × ddtt
方案 3	①P: DDTT × ddtt→F_1 DdTt ；②取 F_1 DdTt 花药离体培养，然后用秋水仙素处理

另外，为了让学生深入理解测交实验的原理以及自由组合定律的实质、研究对象，在分析方案"①P: DDTT × ddtt→F_1 DdTt ；②F_1 DdTt × ddtt"时，教师可设置问题"F_1 DdTt × ddtt，若测交后代为：高茎抗病：高茎不抗病：矮茎抗病：矮茎不抗病 = 42%：8%：8%：42%，这两对相对性状的遗传是否遵循基因的自由组合定律？"引导学生讨论争辩。

2. 设置问题情境，应用孟德尔遗传定律

孟德尔豌豆杂交试验以确凿的证据、缜密的推理，揭示了遗传因子分离与自由组合的传递规律，不仅冲破了"融合遗传"观点对人们思想的束缚，而且能够为遗传病的诊断、预防，杂交育种等社会现实问题的解决提供一般理论性指导。因此，教师组织单元复习应引导学生关注孟德尔遗传定律的应用。这样，一方面体验遗传定律的科学价值，另一方面能够活化理论知识，提高解决问题的能力。

问题：

①家族性高胆固醇血症是一种遗传病，有较高的早年患冠状动脉疾病（心梗或突发性心脏病）发病的风险。图 7 – 23 中，Ⅱ – 4 在 33 岁时被查出患有此病，父亲 52 岁时死于第二心梗、叔叔 46 岁时死于心梗，姐姐无心脏病，但为高胆固醇血症，三个孩子身体检查正常，但都有严重的高胆固醇血症。

a. 家族性高胆固家族性高胆固醇血症的致病基因是_____基因，在_____染色体上。

b. Ⅱ – 4 打算再生一个完全正常的孩子，要冒多大的风险？如果你是一位遗传咨询师，你怎样给这对夫妇提出合理化的建议？

②常见的猕猴都是棕色的。科研人员在丛林中发现一只罕见的白色雄性猕猴。

a. 你认为控制猕猴白毛的基因是显性基因还是隐性基因？请说明判断根据。

b. 若想利用这只白猴快速繁育出更多的白色猕猴，应如何设计育种方案？

③现有纯种的高茎抗病（DDTT）、矮茎不抗病（ddtt）的两个小麦品种，如

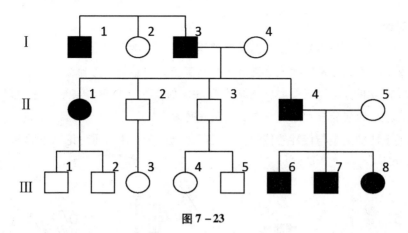

图 7 - 23

何培育出稳定遗传的矮茎抗病新品种？说明培育原理及具体操作步骤。

例题①是一个真实的案例，能够促使学生以一位遗传咨询师的身份，确定遗传方式，估算发病率，向咨询者提出合理化建议。例题②、③则让学生以育种工作者的身份，运用杂交、自交、测交、花药离体培养等多种育种方法，设计多种育种方案，并通过讨论、争辩，选出最佳方案，尤其是说明具体操作步骤，对学生是一种很好的思维训练。

（二）孟德尔遗传定律与伴性遗传定律的综合

美国的遗传学家摩尔根通过果蝇的杂交实验，不仅证实了孟德尔遗传定律的正确性，而且发现了伴性遗传现象。单元复习时，引入摩尔根的果蝇伴性遗传实验，通过设置问题，引导学生分析，能够加深对孟德尔定律和伴性遗传定律的理解，把握伴性遗传的特点并实现二者的综合。

1909 年，摩尔根在自己培养的黑腹果蝇群体中发现了一只白眼雄蝇，并用它做了一系列精巧设计的实验，如表 7 -9 所示。

表 7 -9

实验一	实验二	实验三
P：♀红眼 × ♂白眼 ↓ F₁：红眼雌、雄 1237 只 ↓⊕ F₂：红眼♀2459 只 红眼♂1011 只 白眼♂782 只	P：♀红眼 × ♂白眼 （来自实验一中F₁）↓ F₁：红眼♀129 只 红眼♂132 只 白眼♀88 只 白眼♂86 只	P♀白眼×♂红眼 （来自实验二中F₁）（另一纯种） ↓ F₁♀红眼 × ♂白眼 ↓ F₂红眼♀ 红眼♂ 白眼♀ 白眼♂ 1：1：1：1

讨论：

①孟德尔的分离定律能否圆满地解释实验一的结果？为什么？

②孟德尔的分离定律能否圆满地解释实验二的结果？为什么？

③能否根据上述三个实验确定白眼基因的座位？试解释实验一中白眼性状的隔代遗传和实验三中果蝇眼色的交叉遗传现象？

关于性别决定与伴性遗传的特点可以借助图 7-24 着重讨论以下问题。

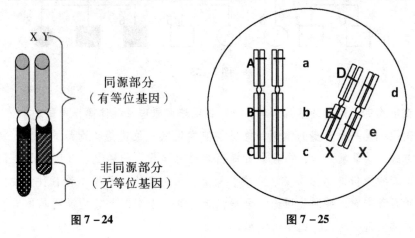

图 7-24   图 7-25

问题：

①X、Y 大小、形态不尽相同，为什么是一对同源染色体？

②位于 X 染色体非同源区段上的基因，其遗传特点是什么？

③位于 Y 染色体非同源区段上的基因，其遗传特点是什么？

④位于 X、Y 同源区段上的等位基因，其遗传性状是否与性别相关联？

事实上，常染色体遗传与伴性遗传均属于细胞核遗传，在配子生成过程中同时发生并受孟德尔遗传定律的支配。单元复习时，应结合图 7-25 将常染色体遗传与伴性遗传、孟德尔遗传定律与伴性遗传定律综合起来。

问题：

①图 7-25 中每对等位基因的遗传是否遵循基因的分离定律？

②A、a 与 C、c 这两对等位基因的遗传是否遵循基因的自由组合定律？

③若只研究 E、e 与 B、b 这两对等位基因，写出该生物所产生配子的基因型。

（二）细胞核遗传与细胞质遗传的比较与综合

细胞质遗传是现行高三生物选修课的一节内容，与高二所学细胞核遗传呈现并列平行关系。对该节内容的学习，能够拓展学生对基因的分布、存在形式、遗传特点等相关知识的认识，丰富和完善学生关于遗传模式的认知结构。因此，教学设计应该基于细胞核遗传、减数分裂、受精作用等学生已有的知识，以旧知识作为获取新知识的"先行组织者"，运用比较法探究细胞质遗传的特点（见表7－10）。当学生获取了细胞质遗传的两大特点后，应及时引导学生对真假母系遗传进行辨析，从而加深对母系遗传概念和形成原因的理解，并能运用正交与反交的实验方法，区分细胞核遗传与细胞质遗传。引导学生分析不同的遗传模式，解决核遗传与质遗传综合性问题。

1. 细胞质遗传与细胞核遗传的比较

细胞质遗传与细胞核遗传的比较结果如表7－10所示。

表7－10　细胞核遗传与细胞质遗传的比较

	遗传的物质基础	遗传特点
核遗传 核基因	来源：父本提供1/2；母本提供1/2 分布：在染色体上呈线性排列，存在等位基因 行为：细胞分裂时的随染色体均等分配；遵循孟德尔遗传定律 功能：控制大部分性状，起主导作用	后代性状呈现一定分离比 常染色体遗传，正反交结果相同； 伴X染色体遗传，正反交结果不同
质遗传 质基因	来源：几乎全部来自母本 分布：在叶绿体、线粒体等细胞质颗粒中，无等位基因 行为：细胞分裂时随机、不均等分配；不遵循孟德尔遗传定律 功能：控制某些性状，受核基因调节，半独立性	后代性状不呈现一定分离比 正反交结果不同，表现为母系遗传

母系遗传是指具有相对性状的亲本杂交，F_1总是表现出母本性状的遗传现象。多数学生对这一概念的理解要么浮于表层，不求甚解；要么被表层现象所迷惑，真假不辨。为此，教师应设计针对性问题，击中学生的薄弱环节，帮助学生走出认识误区。

问题：

①以紫茉莉花斑枝条作为母本，分别以紫茉莉白色、绿色、花斑枝条作为父本，F_1会产生3种不同的类型：白色、绿色、花斑。这种遗传现象是否符合母系遗传的规律？

②以纯种的红果番茄与黄果番茄相互传粉，所结果实颜色如表7－11所示。番茄果实颜色的遗传属于母系遗传吗？

表7－11

父本	母本	结果
红果植株	黄果植株	母本植株上所结果实均为黄果
黄果植株	红果植株	母本植株上所结果实均为红果

[解析] 问题①的遗传现象与母系遗传相比可以说是"貌离神合"。F_1只产生花斑植株似乎才符合母系遗传的概念，而事实上，F_1产生了白色、绿色、花斑三种表现型的植株，这时由于母本细胞质不均等、随机地分配，所产生的卵细胞有三种类型：只含叶绿体的、只含白色体的、同时含叶绿体和白色体的。上述三种类型的卵细胞受精后，无论父本是哪种枝条，所产生的后代就会出现三种类型。由此可见，F_1的表现型完全由母本决定的，本质上属于母系遗传。

问题②中的遗传现象与母系遗传相比可以说是"貌合神离"。教师可以提出以下问题启发学生思考：a. 母本植株上所结的果皮属于F_1代还是亲本（P）？b. 果皮是怎样发育来的？c. 果实中哪种结构属于F_1代？然后，引导学生做出如下分析：

P：♀红果植株×♂黄果植株　　　　　P：♀黄果植株×♂红果植株
　　　　↓　　　　　　　　　　　　　　　　↓
果实[红果皮（P）；胚（F_1）]　　　果实[黄果皮（P）；胚（F_1）]
　　↓萌发　　　　　　　　　　　　　　　↓萌发
　F_1植株　　　　　　　　　　　　　　F_1植株
　　↓自交　　　　　　　　　　　　　　　↓自交
果实[红果皮（F_1）；胚（F_2）]　　果实[红果皮（F_1）；胚（F_2）]
　　　正交　　　　　　　　　　　　　　　反交

若正交和反交F_1植株所结果实均为红色，则果实颜色的遗传属于细胞核遗传，红果为显性；若正交和反交F_1植株所结果实均为黄色，则果实颜色的遗传属于核遗传，黄果为显性；若正交F_1植株所结果实为红色，反交F_1植株所结果实为黄色，则果实颜色的遗传属于细胞质遗传。

2. 细胞质遗传与细胞核遗传的综合

细胞质基因与细胞核基因共同存在于同一个细胞中，因此，细胞质遗传与细胞核遗传会同时发生在同一个生物体身上。生物的遗传现象大致可分为以下三种情况：①绝大多数性状是由核基因直接控制的；②少数性状是由质基因直接控制的；③还有一些性状是由核基因和质基因共同控制的，表现为核质互作遗传，如水稻的雄性不育遗传。单元复习时，应让学生建立起生物遗传的综合图式（见图7-26），并能够运用相应的遗传规律解决核遗传与质遗传的综合性问题。例如，小偃麦早熟（A）对晚熟（a）是显性，决定抗寒与不抗寒的一对基因在叶绿体DNA上。现有抗寒晚熟与不抗寒早熟的两个纯合亲本，怎样培育出稳定遗传的抗寒早熟品种？

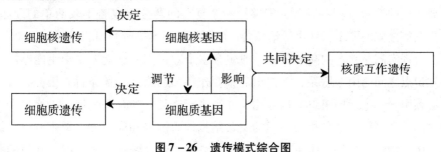

图7-26 遗传模式综合图

第四节 专题复习课的目标与策略

专题复习是继单元复习之后的第二个复习阶段。为切实提高专题复习的效益，必须明确专题复习的任务和目标，并采取一定的教学策略。

一、专题复习的基本任务

经过单元复习阶段，学生虽然具有了初步运用单元知识分析、解决现实问题的能力，但是面对跨单元知识的高度综合的题目仍然感到棘手和困惑。因此，专题复习的主要任务是在深化、夯实单元知识的基础上，引导学生对不同单元间的相关知识进行合理的链接、拓展和延伸，以建立应对学科内综合问题的认知网络，提升综合分析能力。现代高考强调以能力立意命题，注重考查学生应用所学知识分析、解决日常生活、医疗保健、环境保护、经济活动等现实问题的能力，以及"提出问题、做出假设；制定计划、预期结果；执行计划、搜集数据；分析数据、得出结论；交流评价、进行反思"的科学探究能力。因此，在专题复习阶段还必须采取一定的教学策略，有效地提高学生的综合应用能力和实验探究能力。

二、专题复习的教学策略

基于上述对专题复习阶段基本任务的定位分析，在实际教学中可采取以下教学策略。

（一）建立单元间命题网络，提升分析综合能力

所谓分析综合能力是指能够独立地对所遇到的问题进行具体分析，找出起重要作用的因素及相关条件，能够把一个复杂问题分解成若干较简单的问题，找出它们之间的联系，并灵活地综合运用所学知识解决所遇到的问题。

以现实问题立意的高考命题一般包含多个知识点，这就需要学生能够洞察各知识点之间的内在联系，并找出起重要作用的因素及相关条件。因此，教学中必须引导学生运用组织策略将相关知识进行链接、整合和拓展，以构建合理有序的关系网络，把握相关知识的交叉结点，为提取和应用知识奠定基础。纵观高中生物学教材编写体系和高考命题趋势，专题复习时应注意以下知识的联系和整合。

1. 细胞结构与细胞代谢

细胞代谢不同于试管内的生化过程表现在它可以在常温、常压下高效有序、自动控制地进行。这是由细胞的自身结构装置及其协调性所决定的，是长达数十亿年的进化产物，细胞结构完整性的任何破坏都会导致细胞代谢的有序性与自控性的失调。因此，可设置以下问题引导学生分析综合。

问题：

①分泌性蛋白的合成与分泌需要哪些细胞结构的参与？这与细胞结构的整体性有何关系？

②为什么说细胞核是细胞代谢的控制中心？

③光合作用能够在叶绿体中高效有序地进行，其结构基础是什么？线粒体的内膜形成嵴对细胞呼吸有何意义？

④为什么真核细胞比原核细胞的代谢效率高？试从结构上分析原因。

⑤生物膜系统与细胞代谢的有序性、高效性有何关系？

2. 细胞增殖、分化与个体发育

一切有机体的生长与发育都是以细胞的增殖与分化为基础的，细胞增殖导致细胞数量增多，细胞分化产生组织器官。因此，只有将细胞增殖与细胞分化置于生物个体发育的进程中去考察和认识才有实际意义。因此，可设置以下问

题引导学生分析综合。

问题：

①由受精卵经细胞分裂和细胞分化形成的各种体细胞中所含的基因是否相同？为什么？

②既然各种体细胞所含的基因相同，为什么构成不同组织的细胞在形态、结构和生理功能上发生了稳定性差异？

③已经分化的植物细胞为什么仍然具有遗传的全能性？这种全能性表现的必要条件是什么？

④癌细胞的产生与细胞增殖有何关系？细胞衰老是否意味着有机体的衰老？

3. 生物多样性的原因探析

生物多样性包括遗传多样性、物种多样性和生态系统多样性三个层次的内容。能够科学地解释生物多样性的成因，对于人们正确认识生物界，积极、自觉地保护生物多样性都具有十分重要的意义。因此，可引导学生综合运用遗传变异、生物进化和生态学知识解释生物多样性的原因，并建立生物多样性三个层次之间的内在联系（见图7－27）。

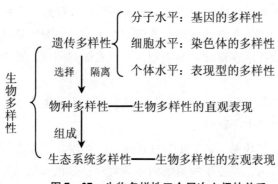

图7－27 生物多样性三个层次之间的关系

4. 反馈与生命系统的稳态

生命系统可以分成细胞、组织、器官、个体、种群、群落和生态系统等不同的层次，每一层次的生命系统都能够在与其所处环境的相互作用过程中，依靠自我调节机制保持各自结构和功能的相对稳定。在综合复习时通过引导学生对不同层次的生命系统稳态的调节机制进行比较，从而发现并深刻理解反馈作为各生命系统维持稳态的主要调节机制。

另外，光合作用、呼吸作用与生态系统的能量流动、物质循环，以及生殖发育与遗传变异、遗传变异与生物进化、生命中的能量、生命中的蛋白质等，都是单元间知识综合的典范。

（二）关注生物科学与社会，提高应用知识能力

新一轮"高考内容与形式的改革"，其命题更加注重能力性、应用性试题的考查，以更好地发挥高考的选拔新生和支持课程改革的功能。"注重与现实生活的联系"是《普通高中生物课程标准（实验）》所阐释的课程基本理念之一，即注重使学生在现实生活的背景中学习生物学，倡导学生在解决实际问题的过程中深入理解生物学的核心概念，并能运用生物学的原理和方法参与公众事务的讨论或做出相关的个人决策。在课程的知识目标中又提出"了解生物科学知识在生活、生产、科学技术发展和环境保护等方面的应用"。因此，专题复习应引导学生密切关注生物科学与社会的关系，提高其应用知识的能力。

首先，生物科学与健康。基因诊断和基因治疗；器官移植；细胞癌变及预防；免疫失调引起的疾病；人工授精、试管婴儿技术的原理；抗生素的合理使用；三大营养物质的代谢与人体健康；遗传病与优生。

其次，生物科学与农业。无土栽培的原理；水分代谢与合理灌溉；矿质营养与合理施肥；细胞呼吸与粮食、蔬菜、水果的储存；提高农作物光能利用率的途径和措施；生物固氮在农业生产中的应用；中耕松土与矿质代谢、氮素循环的关系；现代生物技术在育种中的应用；生态农业的原理；植物病虫害的防治原理和技术。

再者，生物科学与工业。发酵与食品生产；酶在工业生产中的应用；生物工程技术药物和疫苗的生产原理。

最后，生物科学与环保。识别生物性污染；生物净化的原理和方法；认同有利于环保的消费行为；关注生物资源的合理利用；绿色食品的生产；生物多样性及其保护。

（三）注重科学方法训练，培养实验探究能力

纵观近几年高考试题，逐步加大了对实验能力的考查力度。其中，最令师生困惑和棘手的是探究性实验题的解答。究其原因，一是学生缺乏探究性实验的实践经验，二是对科学探究一般程序的陌生。专题复习阶段，教师可选取一个典型的探究性实验，如探究低温对酶活性的影响，并在课前准备好用鲜肝提取液和定性滤纸制作的若干同样大小的过氧化氢酶滤纸片，在实验室中指导学生历经以下过程：

①鲜肝液煮熟后即不能催化 H_2O_2 的分解，据此可知高温使酶失去活性，从

而联想低温是否影响酶活性，并做出假设；

②设计一个探究温度影响 H_2O_2 酶活性的实验，方案中要设置对照，并预测实验可能出现的结果。设计并绘制数据记录表；

③按照确认的实验方案操作，观察过氧化氢酶滤纸片周围产生的氧气泡大小和数量，将实验结果记录在数据表格中；

④分析实验结果是否支持假设。

上述指导方案中教师没有包办学生的"想"和"做"，学生从"提出问题、做出假设；制定计划、预期结果；执行计划、搜集数据；分析数据、得出结论"等环节都具有高度的自主性，因此能有效地培养他们的实验探究能力。在学生实验探究过程中，教师应给予及时指导。如指导学生根据"如果……那么……"的句式，做出有关温度与酶活性的假设；指导学生确认实验变量、反应变量，如何通过设置对照来消除无关变量；指导学生如何根据所确认的实验变量和反应变量来设计数据记录表格等。这样，通过教师的指导，能够促使学生在"做"中领悟实验探究的一般程序及各环节的操作要领，从而有效地应对各类探究性实验题目。

三、培养综合分析能力的新视角

生物学教学应特别重视学生理解的"质"，而不仅仅在于关注学生占有信息的量。目前流行的将分散于不同章节的知识点进行抽取、梳理和进行相应练习的整合方法，并不能切实提高学生的综合分析能力，因为它关注的焦点仍然是信息的量，而不是理解的质。那么，在综合复习阶段怎样才能提升学生对生物学的理解力呢？笔者认为，只有让学生以现代生物科学的思想观念和方法统领各单元知识，使之形成包容性较强的上位观念或概念，才能真正提高学生的分析综合能力。

（一）细胞是一切生命活动的基本单位

现代生命科学主要是在分子水平、细胞水平、个体水平与群体水平等层次研究生命活动规律。其中，细胞水平的研究及其成果是其他水平研究的基础，因为有规律的生命活动必须以细胞作为基本单位才能实现和完成，正如著名生物学家威尔逊早在 1925 年提出的"一切生物学的关键问题必须在细胞中寻找"。

细胞是生物体新陈代谢的基本单位。生物体的新陈代谢是以细胞代谢为基础的，真核细胞的结构尤其是内膜系统的精细分化保障了细胞代谢高效、有序地进行。

细胞增殖是生长发育繁殖遗传的基础。多细胞生物体体积的增大，即生物体的生长，既靠细胞生长增大细胞体积，还要靠细胞分裂增加细胞的数量。事实上，不同动植物同类器官或组织细胞体积一般无明显差异，器官大小主要决定于细胞数量的多少。这是因为细胞体积越大，其相对表面积越小，细胞的物质运输效率就越低；另外，细胞核是细胞遗传和代谢的控制中心，一般说来，细胞中的 DNA 是不会随着细胞体积的扩大而增加的，也就是说，细胞核所控制的范围是有限的。生物体的个体发育是在细胞增殖的基础上通过细胞分化实现的，如果仅有细胞增殖而没有细胞分化，就不可能形成具有特定形态、结构和功能的组织和器官，生物体也就不可能正常发育。此外，细胞分化还能使得多细胞生物体中的细胞功能趋向专门化，从而提高各种生理功能的效率。原核生物、真核生物均以细胞分裂的方式进行繁殖，其中，无性生殖以有丝分裂或无丝分裂为基础，而有性生殖则需通过减数分裂产生配子，然后再通过雌雄配子融合成合子，由合子发育成新个体；非细胞结构的病毒其繁殖活动也必须在活细胞中才能进行。因此，细胞增殖不仅是生物体生长、发育的基础，也是一切生物体繁殖的基础。生物的遗传和变异总是与生物的生殖过程相伴随，并在个体发育过程中表现出来。

（二）基因的功能活动产生各种生命现象

正如过去对各种生命现象的奥秘都要从细胞的功能活动中寻求解答一样，目前对细胞的各种功能活动又要从基因的功能活动中寻求解答。即所有生命现象的机制，追根究底都会追溯到基因的结构和功能。正如美国的阿雅拉和基杰两位遗传学家在《现代遗传学》导言中所言："除非从遗传学角度看问题，否则就无法理解生物学。"因此，从基因的视角去理解各种生命现象，既能体现现代生物科学特点，又能实现细胞的结构与功能、个体发育、遗传变异等多个知识领域的整合。

基因是有遗传效应的 DNA 分子的片断，其中储存的遗传信息由四种脱氧核苷酸序列编码。基因有两项基本功能：一是通过复制向后代传递遗传信息，二是通过转录和翻译表达遗传信息。遗传信息就像细胞生命活动的"蓝图"，细胞依据这个"蓝图"，进行物质合成、能量交换和信息交流，完成生长、发育、衰老和凋亡。正是由于这张"蓝图"储藏在细胞核里，细胞核才具有控制细胞代谢的功能。基于这种认识，我们便容易理解以下关于细胞功能活动的问题：①细胞核与细胞质分工协作、互相依赖，细胞结构的整体性是进行一切生命活动的前提；②每一个细胞，不论是低等生物或高等生物的细胞、单细胞生物或多细胞生物的细胞、结构简单或结构复杂的细胞、未分化或已分化的细胞、性细胞或体细胞都包含着该物种所特有的全套遗传信息，都有发育成为完整个体所必需的全部基因，即具有遗传的全能性；③细胞增殖的实质在于亲代细胞向子代细胞传递遗传信息；④细胞分化的根本原因在于不同的基因按一定的时空程序进行选择性表达；⑤细胞癌变的原因在于环境中的致癌因子会损伤细胞中的DNA分子，使原癌基因和抑癌基因发生突变，导致正常细胞的生长和分裂失控而变成癌细胞。另外，我们还容易理解并接受细胞衰老的自由基理论（细胞氧化反应产生的自由基攻击DNA，引起基因突变）和细胞编程性死亡（由基因决定的细胞自动结束生命的过程）。

　　生物的个体发育过程，从个体水平来看，是基因型和环境条件共同决定表现型的过程；从细胞水平来看，表现为细胞的增殖和分化；从基因水平来看，则表现为基因的传递和表达。因此，从基因的视角看待个体发育进程，能够实现细胞、遗传变异等知识模块的交汇和整合，从而扩展学生的视野，提高其思维品质。

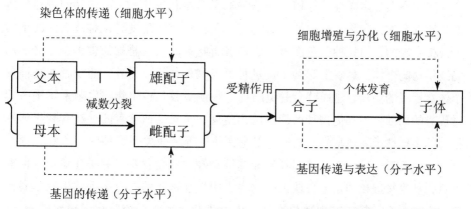

图 7 – 28

　　在个体水平上，遗传表现为子代性状与亲代性状相似的现象，变异则表现为子代与亲代以及子代与子代之间性状差异；在细胞水平上，就有性生殖而言，遗传主要表现为减数分裂过程中同源染色体分离、交换和非同源染色体的自由组合，使得所产生的配子中含有一套控制生长发育、遗传变异的完整的非同源染色体（染色体组或基因组）。变异则主要源自非同源染色体的自由组合和同源染色体的交叉互换而引起的配子中染色体组成多样性以及染色体的结构和数目变异；在分子水平上，遗传表现为基因的传递和表达，变异则来自基因突变和基因重组。

（三）以生物进化的观点统整单元知识

"现代的生物进化理论，为人们理解生命的历史、各种生物之间的关系以及生命依赖于物理环境提供了统一的准则，生物进化的概念提供了将大部分生物学知识构建成一个整体的框架。"

1. 生物多样性与进化

生物进化从现象上看表现为物种的形成和更迭，其实质却在于种群基因频率的定向改变。其中，突变和基因重组为生物进化提供可供选择的原材料，而自然选择则通过选择表现型而改变基因型的频率，导致基因频率定向改变，从而决定生物进化的方向。隔离是物种形成的必要环节，其实质在于断绝种群间的基因交流。其中，地理隔离影响自然选择，选择又使地理隔离所造成的各种群基因频率增加差异，而种群基因频率的逐渐积累就会导致生殖隔离，而一旦出现了生殖隔离，种群之间即使消除地理隔离也不会进行基因交流了。这样一个物种的不同种群就演变成了不同的物种，从而导致物种多样性，后者又进一步导致生态系统多样性。任何一个物种都不是单独进化的，而是共同进化。例如，捕食者的存在是否对被捕食者有害无利？从个体角度看，对被捕食的个体来说是有害的，但从种群角度看，捕食者所吃掉的大多是被捕食者中年老、病弱或年幼的个体，客观上起到了促进种群发展的作用。另外，捕食者往往捕食个体数量多的物种，这样就会避免出现一种或少数几种生物在生态系统中占绝对优势的局面，为其他物种的形成腾出空间，可见，捕食者的存在有利于增加物种的多样性。除捕食外，竞争、寄生、共生等种间关系及种内斗争和种内互助等种内关系，只要影响基因频率和基因型频率的变化都具有进化价值。由此可见，从生物进化的角度去认识生物界、用生物进化的观点去理解生物学各部分内容的联系，能够实现遗传变异、生物进化、生态系统等知识模块的整合，从而优化学生的认知结构，提升其分析综合能力。

2. 生物统一性与进化

生物界一方面具有丰富的多样性，另一方面又具有高度的统一性。相同物种的不同个体具有相同的形态结构和生理功能，相近物种的生物体具有相似的形态结构和功能（如人和大猩猩的骨骼十分相似），不同物种的个体尽管形态结构与生理功能有着明显的差异，但是组成它们的细胞结构却是相似的。例如，动物、植物、真菌是三类多细胞的真核生物，它们的营养方式、生物体结构和功能迥然不同，但它们都是由真核细胞构成的，其细胞结构十分相似。原核生物和真核生物之间的细胞结构虽然有着明显的差异，但是细胞结构的统一性却是显而易见的：①都以细胞膜作为物质、能量交换、信息交流的屏障；②都以核糖体作为蛋白质合成的场所；③都以 DNA 和 RNA 作为遗传信息复制与转录的载体；④都以细胞分裂的方式进行繁殖。因此，在复习细胞的结构与功能时，教师要善于运用进化的观点和动态的观点，引导学生更多地思考真核细胞与原核细胞结构具有统一性和差异性的原因，而不是仅仅停留在找出二者差异的水平上。另外，甚至还可以延伸到分子水平去探讨生物的统一性，即无论在真核细胞还是原核细胞中，DNA、RNA、蛋白质等生物大分子的组成、结构、功能是相同的，除了极少数的生物外，所有生物共用一套遗传密码。正是这种分子水平的高度统一性，才使得转基因技术成为可能。细胞结构体现了生物的统一性，细胞代谢也是如此。细胞呼吸是细胞代谢的核心，在细胞质基质中由葡萄糖分解为丙酮酸是有氧呼吸和无氧呼吸共同发生的过程，从进化的角度看，这恰是由无氧呼吸进化为有氧呼吸所留下来的进化痕迹，即进化是一种扬弃。总之，正是由于整个生物界有一个共同由来，才使得生物在身体结构、细胞水平、分子水平存在着高度的统一性。

（四）以系统分析的思想审视生命世界

奥地利的生物学家、心理学家贝塔郎菲创立了一般系统论，主张机体是一个具有复杂结构的系统，生命是生命系统活动的整体表现，而且整体不是部分的线性叠加，是非线性的动力系统。[①] 系统分析作为一种科学的思维方法，着眼于整体，从组成系统的各要素之间的关联性、结构性以及系统与环境之间的开放性，寻求解决问题的方法和途径。系统分析应遵循整体性、关联性、结构性、开放性等基本原则，先进行静态分析，以界定系统的组成要素和系统所处的环境、边界，建立各要素间的内在联系，并从整体上把握各要素间的关联方式；再进行动态分析，以搞清系统与其所处的环境之间的物质、能量、信息交换，系统内部的调控机制以及系统的状态。

1. 静态分析——洞悉系统各组分之间的内在联系

生命系统具有不同的结构层次，包括从生物圈到各种生态系统；从大大小小的群体到每个独特的个体；个体水平以下是组成个体的器官、组织，直至细胞。静态分析的主要任务是界定系统的组成要素和系统所处的环境，建立各要素间的内在联系，并从整体上把握各要素间的关联方式。细胞作为最基本的生

---

① 朱正威. 我和中学生物科学教育 [M]. 北京：北京教育出版社，2000：40—42.

命系统，其组成要素是细胞膜、细胞质和细胞核，其所处的环境为细胞外液即内环境。其中，细胞膜作为系统的边界不仅能够将细胞与外界环境分割开，保持细胞内部环境的相对稳定，还能够通过它的选择透性有效地控制物质进出细胞，并通过膜上的糖蛋白分子进行细胞间的信息交流；细胞质作为系统的重要组分，细胞质基质和各种细胞器的精细分化，体现出系统内的分工协作，保障了细胞物质代谢和能量代谢高效有序地进行；细胞核由于所储存的基因的功能活动而成为系统的控制中心。细胞膜、细胞质和细胞核三者相互依赖、紧密联系，其中任何一个组分缺失或功能受损，都将影响整个细胞的生命活动。类似的分析同样可以在种群、群落和生态系统层次上进行。假若将个体看作一个生命系统，那么，在神经系统、内分泌系统和免疫系统的调节下，以循环系统为枢纽，呼吸系统、消化系统、泌尿系统等系统相互协调、密切配合，共同完成整个机体的生命活动，维持体内细胞生活的内环境成分相对稳定，从而维持细胞正常的生命活动。可见，各个不同层次的生命系统是层层相依，紧密联系的。假若将种群作为一个生命系统，同种个体之间可以相互交配而交流基因，从而使得种群成为生物进化和繁殖的基本单位，同种的个体之间又由于种内关系紧密联系在一起，使种群表现出种群密度、年龄组成、性别比例、出生率和死亡率等不同于个体的特征。假若将群落看作一个生命系统，那么每个种群就成为系统的组分，各个种群之间由于种间关系而形成一个有机整体，从而表现出一定的空间结构和水平结构。假若将生态系统看作一个生命系统，那么生物群落和无机环境就是这个系统的组分，二者通过能量流动和物质循环相互作用而成为一个完整的自然系统。总之，从细胞到个体，从个体到种群，从种群到群落，无不揭示一个原理即系统的各组分紧密联系构成一个有机整体，但整体不是部分叠加，而是"整体大于部分之和"。

　　2. 动态分析——把握系统内部的调控机制及状态

　　　　所有生命系统都存在于一定的环境中，并与环境之间不断地进行着物质、能量交换和信息交流（见图7-29）。

　　　　动态分析就是要分析系统与其所处的环境之间的物质、能量、信息交换，系统内部的调控机制以及系统的状态。细胞代谢表现为一系列的酶促反应，当反应产物过多时，这些产物就会与酶分子的某些部位结合，引起酶分子构象发生变化，使其不再与底物结合，从而抑制酶促反应的进行；而当产物减少时，这种抑制就会解除，酶的活性得以恢复，如微生物酶活性的调节就是如此。个体水平上的代谢调控也是采用这种负反馈调节，如激素分泌的多级、反馈调节，

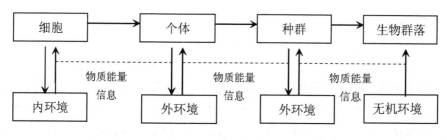

图 7 – 29

水盐平衡调节，血糖平衡调节，体温平衡调节等。种群数量保持相对稳定，取决于种群这个系统内部自主性的反馈调节以及与该种群有密切联系的其他种群的反馈调节。当种群密度增大时，种内斗争加剧，同时以该种群为食的其他种群由于食物丰富而大量繁殖，从而使种群密度降低；相反，当种群密度较低时，同种个体由于食物、空间等生活条件充足而大量繁殖，同时捕食者由于食物短缺而繁殖能力降低，从而使种群密度升高。生态系统稳定性的维持，主要依靠系统内部的自动调节能力，而这种自动调节能力源自系统的完善的营养结构——食物链和食物网。总之，各个层次的生命系统都具有开放性、自主性、稳态等基本属性，生命系统稳态的维持无一例外地依靠系统内部的反馈调节机制。

四、细胞代谢——提高光合产量的途径之一

（一）指导思想与理论依据

细胞代谢是细胞的重要功能，光合作用是自然界最根本的物质代谢和能量代谢，光合作用为植物的生长发育提供物质和能量，与生态系统的物质循环和能量流动、人类生产生活和生物的进化密切相关。在北京卷高考题中，曾多次呈现以光合作用为背景的选择题和非选择题，这是对学生生命观念、科学思维、科学探究、社会责任方面的核心素养的考查，同时也对高考要求的理解能力、应用能力、思辨能力考查有较多涉及。综上所述，设计本节复习课，目的是落实和一定程度上提高学生的学科核心素养，提高理解、应用和思辨能力。

（二）教学背景分析

1. 学生情况分析

经过高二新授课的学习，并且在高三复习了光合作用的机理、影响因素、光合作用与细胞呼吸的关系以及应用，学生对光合作用基础知识能够进行辨认、比较和在一定程度上解读，能在较熟悉的情境中运用生物学知识得出结果或给

出答案，依据生物学知识解释导致生物学现象或实验结果的原因。但是学生在新情景下对某个生命现象进行归因能力还有待加强，同时综合运用生物学知识或通过对信息进行分析综合，得出结果和结论，阐明思维过程的能力需要提高；提出假设和设计实验的能力更需加强。以上的学生能力的培养不是一节课能够达到的目标，是贯穿于高三复习全程的学习目标，因此教师努力结合更多书本中未涉及的新情境，学生既能在情境中体验科学的魅力和锻炼能力，同时也建构起已有知识和新知识的桥梁，落实和一定程度上提高学科核心素养。

2. 教学内容分析

光合作用是最基本的物质代谢和能量代谢，对于农作物产量提高、人类生产生活有着重要的意义。本节课是在复习了光合作用机理、影响因素、光合作用和细胞呼吸的关系的基础上，设计的一节拓展课。本节课从实验结果出发，引导学生解释出现实验现象的原因，从而引出玉米为什么在二氧化碳浓度较低的环境中，还有较大的光合产量，引发探究兴趣；引导学生对玉米特殊的固定二氧化碳过程及花环型结构的分析，推理玉米光合作用的途径的模型，推测与其光合速率较高具有的关系，培养学生的科学思维；分析转基因实验，对已有的研究成果进行分析综合，结合所学知识做出假设，设计简单的实验方案，提高学生科学探究能力。其中，包括分析玉米在干旱、高光强和高温条件下会表现出高于水稻的产量，分析原因过程中渗透进化与适应的观点；分析玉米能够在低二氧化碳环境中抑制光呼吸，与其叶片的花环型结构和相关物质密切相关，渗透结构与功能观，学生能够用生命观念认识生物具有多样性、独特性和复杂性。通过以"玉米"为背景的主线，进行材料分析，实验分析和综合论证，发展学生的理解、应用和思辨能力；同时立足于生命观念，设计锻炼学生科学思维、科学探究能力的问题解决式情境，并与生产实践有密切联系，引导学生承担社会责任，落实对核心素养的培养。

（三）教学目标设定

首先，通过对玉米的代谢途径和叶片结构分析，构建玉米固定二氧化碳的特殊途径的模型，提高应用能力，发展科学思维。

其次，通过对转基因实验的假设、设计简单的方案、实验结果分析，得出结论，提高应用和思辨能力，发展科学探究能力。

再者，通过对玉米的高光合速率和高产量与是应对其生活环境的结果分析；对玉米光合产量较高与结构和物质的联系等内容的分析，渗透生命观念。

最后，认识到粮食生产关系国计民生，承担必要的社会责任。

（四）教学过程组织

1．创设情景，提出问题

比较某一地区夏季晴朗的中午水稻和玉米光合速率的差异，解释原因，并复习光合作用的过程。

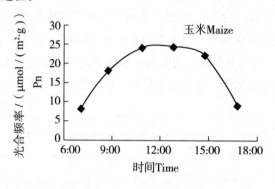

图 7－30

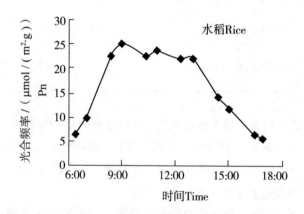

图 7－31　光合速率的日变化规律

2．分析数据，引入新情境

通过数据分析，得出玉米适应生活在强光、高温、干旱地区，引入问题，为什么在这些条件下，玉米产量不仅没有下降，反而高于水稻。让学生对图中信息进行描述，并进行简单推测，以训练学生的理解能力，发展科学思维。

3．建构玉米固定二氧化碳的模型

资料：科学家们也用同位素标记法去研究玉米，出乎意料的是首先出现的放射性化合物是 C_4，然后 C_4 会从叶肉细胞叶绿体进入维管束鞘细胞叶绿体中，随后放射性出现在了 C_3（丙酮酸）中，后来又出现在 C_3（3－磷酸甘油酸）中，直至出现在淀粉中。

学生根据上述资料可以推测出 CO_2 能够在叶肉细胞叶绿体中，先合成 C_4，然后以 C_4 的形式进入维管束鞘细胞的叶绿体中，分解成 C_3 和 CO_2，CO_2 再被固定进行暗反应，C_3 再回到叶肉细胞进行再次固定 CO_2。

教师分析玉米体内特殊的维管束鞘细胞，叶肉细胞组成的花环型结构，并对玉米叶肉细胞的叶绿体与维管束鞘细胞的叶绿体的酶类进行分析。结果发现，固定 CO_2 形成 C_4 的酶分布在叶肉细胞叶绿体中，固定 CO_2 形成 C_3 的酶分布在维管束鞘细胞的叶绿体内。结合以上材料，让学生分析表 7 – 12 中内容。

表 7 – 12

特征	水稻	玉米
叶片结构	叶肉细胞排列疏松，含有完整的叶绿体，维管束鞘细胞没有叶绿体，无"花环型"结构	部分叶肉细胞紧密排列在维管束鞘细胞外侧，形成"花环型结构"
叶肉细胞	合成大量淀粉	几乎不合成淀粉
维管束鞘细胞	不发达，无叶绿体	发达，叶绿体内几乎没有基粒，合成大量淀粉

通过填写表格内容，学生领悟到先在叶肉细胞固定 CO_2 形成 C_4，后来又在维管束鞘细胞中分解 C_4，释放的 CO_2 浓度较高，被固定成 C_3，进行暗反应，提高了产量。花环型结构中的细胞从不同空间完成了各自的代谢过程，分工明确，相互协作，使得高光强等条件下光合产量高。

设置上述学习活动，旨在引导学生从分子水平和细胞水平分析玉米体内特殊的光合作用路径，并领悟结构决定功能的生命观念。

4. 设计实验方案

科学家研究发现，玉米体内将 CO_2 固定形成 C_4 时的关键酶是 PEPC，我们如何证明 PEPC 是否在增强玉米光合速率中发挥了作用？请简述实验的设计思路。让学生自行分析和设计，以训练获取信息和科学探究能力。

5. 分析数据，获取结论

L – Asp 是玉米的 PEPC 活性的抑制剂，研究发现将 L – Asp 施用到玉米叶片上，出现如下实验结果。

实验结果说明 PEPC 能够显著提高玉米的光合速率，是影响其光合作用的关键酶。

　　资料：研究者测得玉米细胞中含有活性和数量都强于水稻的高活性的 PEPC，将 PEPC 基因导入水稻体内并高效表达，结果转基因水稻的光合速率显著增加。

　　问题：为什么仅仅导入一个 PEPC 基因，水稻的单株产量就提高了 14%～22%？

　　学生通过分析发现，转基因水稻光合速率增加的原因不是通过气孔导度增加使进入叶片细胞内的 CO_2 量增加，而是由于导入了 PEPC 基因，能在强光下有效地利用低浓度的 CO_2。

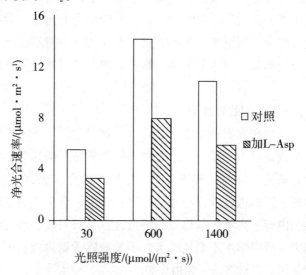

图 7 - 32　**L - Asp 对不同光强下光合速率的影响**

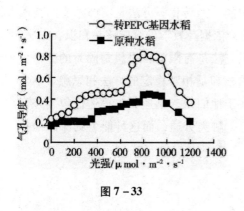

图 7 - 33

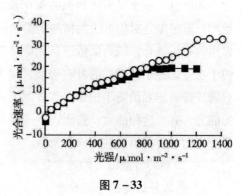

图 7 - 33

五、"遗传分析"专题复习

"遗传与变异"是高中生物学的核心内容，也是高考命题的焦点之一。高三教师在组织"遗传分析"专题复习时，通常是选择一些典型试题，让学生演练来归纳解题的思路和技巧。由于遗传问题本身的复杂性，遗传研究的多层次性，以及不同的研究层次有不同的研究内容和研究方法，因此当学生解答新情景中的遗传问题时仍然迷雾蒙蒙，不得要领，甚至先前总结的解题思路和技巧反而成为思维定式。笔者在一次市级研究课活动中，把科学研究案例引入到专题复习中来，将学生置于新颖的研究情景中，扮演研究者的角色，尝试提出富有研究价值的问题，综合运用所学知识和方法，设计实验方案解决问题，以实现知识的活化、能力的提高、思维的磨炼、智慧的增长、情感的共鸣，收到了良好的教学效果。

（一）科学研究案例的教育价值

本书所指的科学研究案例是指发表在《中国科学》《遗传》等核心期刊中的研究文章，抑或是硕士、博士学位论文。科学研究案例具有真实性、新颖性等特点，蕴含着研究者深厚的知识储备、独特的研究方法、深邃的学科思想。因此，将科学研究案例进行教育心理学加工，使之符合学生的认知水平，并与高中生物学主干内容、高考命题趋势和特点进行有效对接，就能够充分发挥其独特的教学魅力，吸引学生不断地思考，不断地感受到挑战；彰显其蕴藏的教育价值，活化知识、把握方法、领悟思想。

知识、方法与思想是互为表里的关系。其中，知识是方法和思想的基础，方法和思想反过来又促进知识的深化及向能力的转化。方法是实施思想的技术手段，思想则是对应方法的精神实质和理论依据。教学内容应该是知识、方法、思想的有机整合，因为虽然题目无限，但方法是有限的，思想是固有的。题目的千变万化在于其多彩的外在包装，而内核却是相对稳定的方法和思想。学生对题目普遍感到怕新不怕难，究其原因在于他们缺乏迅速剥去描述性包装外壳的能力，有了这种能力，就能够举一反三，触类旁通，而这种能力则深深地扎根于人们对学科思想的谙熟和领悟。

（二）遗传专题复习的教学分析

1. 遗传分析题的考查要求

纵观高考生物全国卷及北京卷"遗传分析题"，多是选取新颖、真实的遗传研究案例作为命题背景，主要考查考生对"基因与染色体之间的关系""基因与性状之间关系""基因随染色体通过配子传递过程（包括减数分裂、基因重组、遗传定律等）"的理解，以及"突变（包括基因突变和染色体畸变）通过基因表达而形成一定的遗传学效应"的认识。因此，"遗传与变异"专题复习，应聚焦上述考点，通过援引适切的遗传研究案例，引领学生从突变体入手，将遗传分析从个体水平逐步推进到分子水平。

2. 学生思维定式及局限性

学生虽然做了大量的遗传题，但对于遗传学的研究层次、研究方法和研究内容仍然认识模糊，尚未形成一条清晰的"群体/个体→细胞→分子"认识路径。平时训练很少涉及基因定位的方法，而基因定位是遗传研究的必要环节。他们的思维较为封闭单一，还不能科学地把握基因、环境与性状之间的复杂关系，如"多因一效"等；不能深入到分子水平来探讨基因与性状之间的关系中，确定等位基因的显隐性；"一个基因，一条多肽链"的概念根深蒂固，有时会羁绊思维；不能将经典遗传学的实验方法与基因工程等现代生物技术相结合进行综合运用。因此，"遗传与变异"专题复习应瞄准上述薄弱环节发力。

3. 教学内容及教学任务分析

教材"遗传"部分是按照科学发展的历史进程来编写的，从孟德尔发现遗传定律到摩尔根对"遗传的染色体学说"的证实，再到沃森和克里克建立 DNA 双螺旋结构以及遗传信息传递和表达原理的揭示。这样，既展示科学的过程和方法，又体现个体水平、细胞水平、分子水平的遗传学知识的内在逻辑关系。

基于上述对高考的考查要求、学生思维局限性和教学内容的分析，本节"遗传分析"课的主要教学任务是：

①形成从突变体入手研究遗传的思路和方法；

②活化"基因主要通过控制酶的合成来控制生物性状"的重要概念；

③训练理性思维：重视实证、逻辑推理、假设演绎、科学解释和科学论证。

（三）以科学研究案例组织教学

如何在一节课中既要夯实、活化遗传学的重要概念，又能顾全遗传研究的各个层次，是选择研究案例，安排教学环节，设计问题系列时需要考虑的问题。笔者检索到发表在《中国科学 C 辑：生命科学》中的"Henna 基因突变是导致北京紫眼果蝇眼部蝶呤含量减少的重要原因"一文，先反复研读以把握研究目的、思路和方法，后经过加工、改造和重组，安排以下六个环节组织教学。

1. 研究突变性状的遗传特征

以孟德尔、摩尔根的重大发现启迪学生，提问："欲研究性状遗传规律，或确定基因的位置和功能，为什么通常要从突变体入手呢？"中国农大的科研人员从北京野生型果蝇中分离出来紫眼突变体（PPT 呈现图片和果蝇蝶呤检测数据：紫眼果蝇眼部蝶呤不足野生型的 30%），如果你是研究者，你会首先研究哪些问题呢？传统教学很少关注学生问题意识的培养，问题几乎被教师所包办。事实上，学生学习的主体性包括主动性、独立性和创造性三个层面。其中，主动性是主体作用发挥的基础，心理需求是学生主体参与教学的内在机制。教学设计必须基于学生的心理需求，唤起他们的问题意识，才能有力地促进学生主动学习。但是，学生的主动性除了依靠学习兴趣的激发之外，还必须依靠学习过程的成功体验和学习能力的增强来保持，而只有学生具备了学习的独立性，才会有成功的体验，主动性也才能长久保持。因此，独立性是主体性的核心层面，课堂教学必须精心设计自主学习活动，以促进学生的独立性学习。下面三个问题是笔者根据真实研究设计的，旨在调动学生综合运用杂交、自交、测交、正交与反交等经典遗传学的实验方法，设计实验方案，独立解决新情景中问题的能力。

问题：

①如何确定紫眼与红眼的显隐性？

②控制眼色的基因在常染色体上还是在 X 染色体上？

③紫眼是否为单基因突变？

教学实践表明，学生能够灵活运用杂交、自交、正交与反交等实验方法解决前两个问题，并能基于假设做出预期。但是，对于第三个问题则表现出迷茫：何谓单基因突变？此时，教师向学生讲清："单基因突变是只涉及一对等位基因的突变"，再呈现如表 7 - 13 所示的研究结果。这样，一方面便于学生将预期结果与实验结果进行比较，另一方面可以基于实验结果判断紫眼否为单基因突变。为了诊断学生对分离定律实质和基因突变概念的理解水平，训练科学论证能力，教师应对学生的判断进行问题追问，即为什么 F_2 代呈现 3：1 分离比，就说明紫眼为单基因突变呢？学生陷入了沉思之中，然后通过讨论、交流，完成了论证过程（见图 7 - 35）。

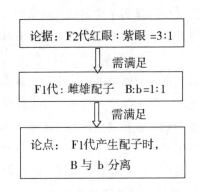

图 7 - 35　论证过程：论据、论证与论点

表 7 – 13　北京紫眼与野生型杂交 F_2 代结果

	红眼	紫眼	总数
观察值	499	141	640
期望值	480	160	640

（注：F_1 代均为红眼，且正反交结果一致；单位为只）

2. 定位突变基因所在的染色体

一旦确定了北京紫眼突变是受单基因控制的常染色体隐性突变，接下来就要精确定位突变基因所在的染色体。基因定位虽是遗传研究的重要环节，但却超出了高中生物学的教学要求。中国农业大学的研究人员是利用双平衡致死体系雄蝇与北京紫眼处女果蝇杂交，根据 F_1 代眼色和刚毛等表型计数结果进行分析定位的，其所涉及的"双平衡致死体系"信息繁多、技术复杂。那么，"基因定位"到底有何教育价值？笔者认为，应向"技术""工具"注入思想的营养，以滋养学生的心智。首先，向学生说明研究者的工作思路。由于果蝇的Ⅳ号染色体非常短小，连锁的基因很少，于是，研究者推测突变基因很可能在Ⅱ号或Ⅲ号上。其次，引导学生思考。研究者为什么选择"双平衡致死体系"？其上的标记基因的作用是什么？为什么要在Ⅲ号染色体上加上一个与眼色标记有关的隐性基因 $Hn^{\backslash[p\backslash]}$？$Hn^{\backslash[p\backslash]}$ 是 Henna 基因的突变体，北京紫眼与其杂交后代均为紫眼，那么北京紫眼基因 b 与 $Hn^{\backslash[p\backslash]}$ 之间是什么关系？为了训练学生"假说—演绎"的科学方法，同时也为了将复杂问题简单化，教师应对学生的分析思路予以指导（见图 7 – 36）。假设北京紫眼基因位于Ⅱ号染色体上，那么杂交后代的眼色与翅脉异常、翻翅性状分离还是连锁？假设北京紫眼基因位于Ⅲ号染色体上，那么杂交后代的眼色与短刚毛、平衡棒顿园性状如何关联？画出遗

假设 1：紫眼基因在Ⅱ号染色体上　　　假设 2：紫眼基因在Ⅲ号染色体上

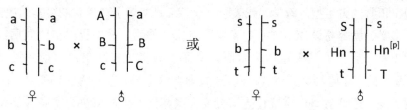

图 7 – 36　北京紫眼处女果蝇与双平衡致死系雄果蝇杂交

（注：A：翅脉异常；C：翻翅；S：短刚毛；T：平衡棒顿园）

传图解并预期结果。最后，出示如表 7 – 14 所示数据，将预期结果与实验结果比较，从而将北京紫眼突变基因定位在Ⅲ号染色体上。

表 7 – 14　与双平衡致死系杂交 F$_1$ 代眼色和刚毛表型计数结果

	红眼短刚毛		紫眼正常刚毛		总数
	♀	♂	♀	♂	
观察值	39	30	30	31	130
期望值	32. 5	32. 5	32. 5	32. 5	130

（注：所有正常刚毛、平衡棒钝圆的个体的眼色均为紫眼；所有的短刚毛、平衡棒正常的个体的眼色均为红眼。单位为只）

3. 确定突变基因与 Henna 基因的关系

既然已经确定北京紫眼突变基因（b）位于Ⅲ号染色体上，那么它与先前发现的 Henna 基因隐性突变体（Hn^{r3}紫眼，来自日本京都果蝇中心，突变基因在Ⅲ号染色体上）是不同基因的突变还是同一基因的突变？该问题指向"性状的多基因决定"，即"多因一效"，意在打破"一个性状只由一个基因决定"的思维定式，因此对学生来说极具挑战性。"一对等位基因决定一对相对性状"是写在教科书里的重要概念。事实上，影响每一性状的基因数目往往很多，只是在其他基因都相同的情况下，两个个体间某一性状的差异可由一对基因的差异决定。因此，具有同一突变表型的个体，其突变可能位于决定同一进程的不同基因上，也可能是同一基因的不同突变。如何来区分这两种可能性呢？如果这种突变是隐性的即假设这种突变导致了某一基因功能的丧失，那么"互补实验"可以检测这些突变是在同一基因上还是在不同的基因上。具体来说，让一个隐性突变纯合体与另一个隐性突变纯合体交配，如果两个突变在同一个基因上，子代将会表现出突变的表型。反之，如果突变位于不同的基因上，那么子代则会表现出正常的野生型。教学实践表明，学生一旦明确了"性状的多基因决定"的科学事实，就容易设计出"互补实验"方案。然后，教师提供实验数据：在计数的 264 个后代中其眼色均为紫眼，从而引导学生推断出：北京紫眼也是 Henna 基因的一个隐性突变体（Hn^{bp}）。教师继续引导学生思考：Hn^{bp}是一个新发生的突变，还是与 Hn^{r3}突变位点、突变方式相同？你的解决方案是什么？如果突变位点及方式不同，两种突变基因的碱基序列是否相同？所转录的 mRNA 碱基序列是否相同？如何检测这种不同？上述提示能够从知识、方法、思想三个层面优化学生解决问题的思维方式。最后教师呈现 PCR 扩增、电泳、测序的结果（见图 7 – 37），并说明 Hn^{r3} 是在 mRNA 前体的第三个外显子中保留了 42 个 nt 的插入；而 Hn^{bp} 在 HnRA 的第二个外显子和 HnRB 的第一个外显子中插入了 45nt。学生据此判断 Hn^{bp} 是 Henna 基因的新的突变体。

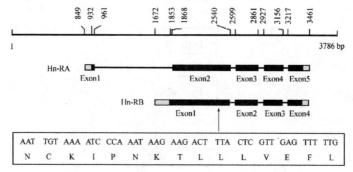

图 7 – 37　Henna 基因结构简图（参考 GenBank）

（注：灰色部分是基因的非翻译区，黑色部分是蛋白编码区，细线是基因的内含子区，方框中给出了北京紫眼 **RNA** 中检测到的 **45nt** 插入的序列及其所编码的氨基酸，箭头是插入位点）

4. 探讨突变基因的遗传学效应

由图 7 – 38 可知，Henna 基因能够表达出 Hn – PA 和 Hn – PB 两种蛋白质，并且两种蛋白质均具有苯丙氨酸羟化酶的活性，其氨基酸序列高度一致，只是前者比后者在 N 端多了 5 个氨基酸，这与"一个基因，一条多肽链"原有知识形成了认知冲突。此时，教师要审时度势，"不愤不启"，以造成学生的"由悱而发"。于是，有的学生大胆推测，由 Pre – mRNA 到成熟 mRNA 的过程可能会对外显子和内含子进行选择性剪接，以生成不同的 mRNA，进而指导合成不同的蛋白质。

Henna 基因编码 Hn – PA 和 Hn – PB 两种蛋白质均具有苯丙氨酸羟化酶的活性，为什么 Hn^{bp} 所编码的上述两种蛋白质的苯丙氨酸羟化酶活性却显著降低？这一问题可以有效地训练学生的科学解释能力，即综合运用基因突变、基因表达以及蛋白质的结构与功能等知识对上述问题做出合理解释。

5. 推测 Henna 基因与果蝇蝶呤关系

实证：

①在野生型果蝇蝶呤合成的高峰期，苯丙氨酸羟化酶表达也出现高峰；在 Henna 突变体中，观察到苯丙氨酸羟化酶含量与果蝇蝶呤含量同时降低。

②二氢生物蝶呤是果蝇蝶呤的重要前体之一。体外实验说明纯化后的哺乳动物的苯丙氨酸羟化酶具有四氢生物蝶呤氧化活性，在一定条件下可以释放侧

链形成二氢生物蝶呤。

提供上述科学事实，是为了训练学生获取信息，推测果蝇蝶呤与二氢生物蝶呤、四氢生物蝶岭、苯丙氨酸羟化酶、Henna 基因之间的关系（如图 7-38 所示）。

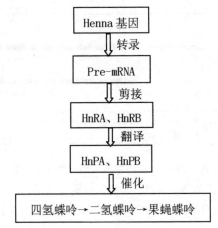

图 7-38　Henna 基因与果蝇蝶呤之间的关系

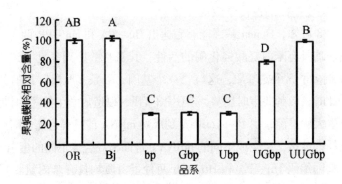

图 7-39　Hn^{bp} 转基因系的果蝇蝶呤相对含量测定结果

（注：OR：野生型；Bj：北京野生型；bp：北京紫眼；UGbp：单拷贝转基因系；UUGbp：双拷贝转基因系；Gbp：只导入了转录激活子，未导入 Henna 基因；Ubp：只导入了 Henna 基因，未导入转录激活子）

6. 运用转基因技术检验推测

如何通过转基因技术检验上述推测？目的基因是什么？受体细胞选什么？个体水平和分子水平的观测指标分别是什么？如图 7-39 所示，检测结果是否支持推测？如何解释双拷贝转基因系蝶岭恢复至 98%，显著高于单拷贝转基因系的79%，这对基因治疗有何启迪？试论证：Henna基因突变是导致北京紫眼果蝇眼部蝶呤含量减少的重要原因。

转基因技术实质上是外源基因的"插足异地"表达。学生能够正确选择野生型红眼基因作为外源基因，以紫眼果蝇的受精卵作为受体细胞，但选取了苯丙氨酸羟化酶的活性而不是果蝇蝶呤的含量作为分子水平的检测指标。因此，需要教师及时指导，提问："苯丙氨酸羟化酶活性容易检测吗？可否检测果蝇蝶呤的含量？"对于如图7-39所示的实验结果学生能够根据对照原则做出科学解释，并确定该结果支持"Henna基因表达的苯丙氨酸羟化酶催化果蝇蝶呤的合成"这一推测。但在论证"Henna基因突变是导致北京紫眼果蝇眼部蝶呤含量减少的重要原因"时，却回答"紫眼是因为眼部果蝇蝶呤合成受阻"，表明其思维不够连贯流畅。此时，教师要发起追问："为什么蝶呤合成受阻？为什么苯丙氨酸羟化酶活性降低？"最终让学生沿着如图7-38所示的逻辑链条展开科学论证，从而活化"基因主要通过控制酶的合成来控制生物性状"的重要概念。

（四）教学评价与课后反思

1. 评价与质疑

（1）评价

首先，根据科学研究案例设计教学，能够把学生带入科学研究故事中，使其快乐地、努力地参与到课堂教学中去，不断地思考、不断地接受挑战，学习的主动性、独立性和创造性等主体性品质得以充分发挥。

其次，根据科学研究案例设计教学，能够有效地训练学生的科学探究能力，即提出可以探究的问题；做出假设与预期；设计可行的实验方案；实施实验方案，收集证据；利用数学方法处理、解释数据；根据证据做出合理判断等。能够聚焦理性思维训练，即基于证据进行逻辑推理、假设演绎、科学解释和科学论证。

（2）质疑

首先，这是研究者的研究思路还是授课教师的思路？笔者认为，中学教师很少经历科学研究，但这不妨碍他们通过专业阅读、浸润在研究情境中来学习研究思路与方法，并对此进行教育心理学加工，使之符合学生的认知水平。

其次，临近高考，高三教师没有必要设置新的情境来训练学生，应该回归教材基础知识，温习已做过的模拟试题。对于这种质疑的声音，笔者认同北京市教科院基教研中心乔文军老师的观点，学习就是学习者与新情境持续不断的对话过程。如果说新授课教学是学生与教科书等课程资源的对话，那么临近高考的复习课教学应当让学生与新的研究情境展开对话。这样，等到高考时学生才能够从容地与一份基于真实、新颖的研究案例编制的试卷进行对话。

2. 反思与感悟

当一位学生质疑提出："既然Ⅲ号染色体上的 p 基因就可以将北京紫眼基因 b 定位在Ⅲ号染色体上，那还要 S（短刚毛基因）和 T（平衡棒顿园基因）干什么？"可以做如下解释。一是 S+/+T 作为平衡致死体系，利用到位的交换抑制效应，可以保存带有的致死基因（在此起标记作用）；二是有了短刚毛和平衡棒顿园这些标记基因会使得证据更加充分，定位也就更加精准。由此看来，教学的确是一门遗憾的艺术，但怎样减少遗憾，提高临场应变能力，增强教学智慧呢？这需要扎实的专业知识和对遗传研究的谙熟，还要洞察学生的真实想法。正如华东师大叶澜教授所言，"孩子表现出来的并不完善，但他有他的美，美就美在他的幼拙"；"教师要站在孩子的立场上想问题，再帮助他们在学习中提高"；"学生在课堂的不同表现，是课堂的生成性资源。因此，教师要有捕捉课堂信息的能力，注意倾听和引导，以实现推波助澜，促成动态生成"。

六、免疫调节专题复习

生物学科命题以考查考生的生物科学素养为总体目标，注重理论联系实际，将生物学问题与现实生活和生产实践相联系；着重考查考生对所学生物学基础知识的理解，强调对实验与探究能力、新知识的获取和信息处理能力以及分析解决问题能力的考查。笔者认为，学习的检验，在于理解；理解的检验，在于应用。而理解与应用，又是一个交叉互动的过程。因此，在专题复习中，不仅要增进学生的理解力，而且更要关注知识的实际应用。本书以"特异性免疫"为教学案例，首先，以构建知识网络的方式，引导学生回顾特异性免疫过程，辨析 B 细胞和 T 细胞在"识别""激活""作用"上的异同点，以获得坚实的知识基础；然后，援引"三联抗体治愈埃博拉病毒感染"和"细胞免疫疗法治疗白血病"两个科研实例，训练学生运用特异性免疫知识分析解决问题的能力和实验探究能力。

（一）构建知识网络

学生能否综合、灵活地运用所学知识解决新情景中的问题，在很大程度上取决于他们是否把握了知识的结构性和层次性。知识的结构性反映了知识点之间的横向联系，知识的层次性则显示出某一知识点纵向深入的脉络。因此，在专题复习中，构建知识网络是一种常见的、富有成效的复习方式。但需要明确的是，构建知识网络只是一种手段，而不是最终目的，因为"构建"是为了"应用"，因而不能将整节课都用于网络的构建。

1. 自主构建，摸清学情

为了充分调研学生的思维迷惑点和知识盲点，提高复习课的针对性和有效性，笔者让学生在课前自主构建特异性免疫过程网络图。结果表明，多数学生能记得特异性免疫包括细胞免疫和体液免疫；细胞免疫的主体是 T 细胞，作用对象是潜藏在细胞内的病原体；体液免疫的主体是 B 细胞，作用对象是在体液中游离的病原体，但记不清两种免疫方式具体的激活过程，不知道有些抗原可以直接激活 B 细胞；在病原体、抗原、受体、结合位点等术语的使用上有些混淆。

2. 加强辨析，突出重点

基于前期调研，在课堂"构建网络"环节，重点辨析了抗原与病原体，B细胞受体与结合位点等术语，比较了 B 细胞和 T 细胞对抗原的识别方式和激活条件的异同。具体教学过程如下。

首先，给出一张"半成品"的网络图（见图 7 - 40），只留下"识别、激活"这个环节。教师没有带领学生将所有的环节逐一在黑板上绘制，一方面是考虑到学生的已有基础比较好，并非一无所知，简单的重复不能提供学生新的知识反倒会使之产生倦怠情绪；另一方面是考虑到面面俱到反倒会掩盖关键点，只有适当取舍才能突出重点，增强印象，加深理解。

其次，展示一张 B 细胞通过细胞表面受体与病原体表面抗原结合的图片（见图 7 - 41），让学生观察、辨析"病原体""抗原""抗原结合位点"三者之间的异同及其相互关系，思考 B 细胞特异性识别抗原的结构基础。

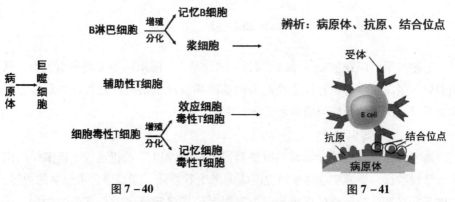

图 7 - 40　　　　　　　　　　图 7 - 41

再次，展示一张巨噬细胞向 T 细胞呈递抗原 - MHC 复合体的图片（见图 7

-42），让学生思考问题：巨噬细胞的非特异性吞噬对于启动特异性免疫应答有何作用？T 细胞特异性识别抗原与 B 细胞相比有何不同？

最后，将"半成品"的网络图补充完全，并在箭头处加上合适的动词，这样就勾画出一张比较完整的特异性免疫过程网络图（见图 7-43）。

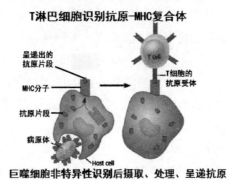

图 7-42

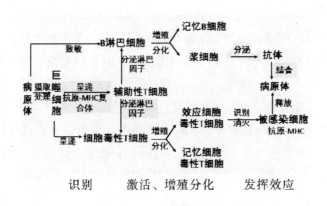

图 7-43

上述教学组织在免疫过程的"识别""激活""作用"等关键环节发力，从而引导学生深入理解特异性免疫的结构基础和信息识别交流过程，为后续分析解决科研实例中的免疫问题奠定了坚实基础。

（二）应用知识网络

高考命题通常是结合学科前沿最新研究成果，以形式新颖、丰富多样的图表来呈现数据，把真实的科学研究凝练为考生看得懂、理得清、学得会的内容，并以巧妙、科学的逻辑呈现出来，为不同考生搭建起展示学科素养的舞台。因此，在一轮复习中，教师应提供合适的研究素材，让学生将知识网络与具体研究实例结合起来，真正做到学以致用。

1. 在分析实例中活化和完善知识网络

例题：最初发病的埃博拉河流附近的小村庄里300多人，200多人几天内死亡。但一位美国医生肯特在生命垂危之际使用了一种正在研发，至今尚未上市的一种新药，却神奇地痊愈了，而这种新药就是应用了人类自我强大的特异性免疫能力。

这是一个应用体液免疫治疗传染病的实例，笔者设计系列问题引导学生思考。

问题1：为什么埃博拉病毒感染者经常没有出现有效的免疫应答就出血身亡？

学生回答上述问题自然会调动免疫调节的知识网络，但需要证据的支撑，因此教师应及时提供"研究资料1：研究发现病毒入侵后，首先攻击吞噬细胞"。

这样，学生可以进行如下科学推理：吞噬细胞受损（证据），特异性免疫也会严重受损（理论），故感染者就不会出现有效的免疫而出血身亡（推论）。

问题2：虽然感染后的死亡率很高，但还是有人可以侥幸康复，这是为什么？

教师提供"研究资料2：研究发现康复病人体内有抗体"。

学生运用研究资料2提供的证据和体液免疫应答的理论知识进行科学推理，即康复病人的体液免疫发挥功能，可以产生抗体。但随后又陷入了认知冲突。一般认为B细胞的激活两个条件第一个是抗原的致敏，第二个是巨噬细胞等抗原呈递细胞将抗原－MHC复合体呈递给辅助性T细胞，然后活化的辅助性T细胞提供表面信号（CD40L）并释放淋巴因子传递给B细胞，在双重信号的刺激下，B细胞被激活进而增殖分化。可是埃博拉病毒感染者体内，吞噬细胞受损，第二个信号难以产生。

问题3：B细胞是怎样被激活的呢？为什么康复者可以产生抗体呢？

教师提供"研究资料3：研究发现多糖类抗原可以直接激活B细胞，增殖分化产生抗体。埃博拉病毒表面有糖蛋白，有多糖类抗原"。

这样，在问题3的驱动下，结合研究资料3提供的信息，学生进一步完善知识网络（见图7-44），在病原体和B细胞之间再加一个箭头：多糖类抗原可以直接激活B细胞。

2. 在分析实例中形成解决问题的思路

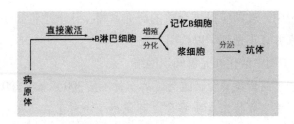

图 7 - 44

　　既然某些康复病人的体液免疫功能足够强大，能够产生特异性抗体对抗埃博拉病毒，那下一步的治疗思路是什么呢？学生自然联想到制备抗体！此时教师认同学生解决问题的思路，并给出科学家的研究结果。

　　例题： 为了寻找治疗 EV 病的有效方法，某科学家团队进行了系列研究。

　　（1）某病人多年前感染 EV 并已康复。EV 表面的糖蛋白（EV - GP）作为 ＿＿抗原＿＿ 刺激机体产生特异性免疫反应。在其血液中可检测到 ＿抗体＿ 分子。

　　科学家采集了多年前感染 EV 并已康复的病人血液，从病人血液中分离 B 细胞用以制备单克隆抗体（单抗）。

　　科学家制备筛选出了多种单克隆抗体。并将多种单抗分别与病毒混合，检测病毒对宿主细胞的感染率（见图 7 - 45）。

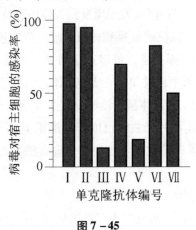

图 7 - 45

　　观察数据发现，同样都是抗体，但不同抗体与病毒结合后，病毒对宿主细胞的感染率不同，这是为什么？为了帮助学生分析，可将此问题分解成以下若干个小问题，引导学生逐步思考解决。

　　问题 1： 将多种单抗分别与病毒混合，检测病毒对宿主细胞的感染率。病毒对宿主细胞的感染率代表什么？

　　学生思考表述，感染率越低，代表这种抗体抑制病毒感染宿主细胞的作用越强。

　　问题2：为什么这些抗体都能与病毒的同一抗原结合，但抑制效果不同呢？

　　教师帮助学生理解，突破难点。结合之前的术语辨析，不同抗体与同一抗原的不同位点结合，结合位点不同，对病毒侵染的抑制效果不同。就好比警察抓小偷，抓衣角和抓手、抓脖子的效果肯定有显著区别。

　　问题3：图中显示有两个抗体的效果较好，如何发挥最大的作用呢？

　　学生思考表述，"两个警察"齐上阵！

　　问题4："两个警察"都抓同一只手和分别抓两只手制服效果一样吗？

　　学生共同期望，2个抗体的结合位点若不同就好了！

　　问题5：怎么知道两个抗体的位点是否一样？

　　在学生的期待中，教师给出科学家的实验流程图（见图7-46）和实验设计方案（见表7-15）。设计系列问题引导学生分析实验原理和实验设计（见表7-16）。

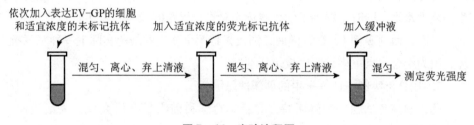

依次加入表达EV-GP的细胞和适宜浓度的未标记抗体　　加入适宜浓度的荧光标记抗体　　加入缓冲液

混匀、离心、弃上清液　　混匀、离心、弃上清液　　混匀→测定荧光强度

图7-46　实验流程图

表7-15　实验设计方案

组别　　抗体	未标记抗体	荧光标记抗体
对照组1	无关抗体	III
对照组2	III	III
实验组	V	III

表 7 - 16

序号	问题	学生表述
1	表达 EV - GP 的细胞和适宜浓度的抗体混合、离心后，沉淀中有什么？上清中有什么？	学生思考表述：如果抗体可以和 GP 结合，则会与表达 EV - GP 的细胞一起沉淀下来，如果不能和 GP 结合，则会在上清中。
2	2 个对照组的实验现象是什么？	学生思考表述：对照组 1 因为无关抗体不与 Gp 蛋白结合，再加入荧光标记的抗体 III 时，抗体 III 与 Gp 蛋白结合，荧光值较高；对照组 2 未标记的抗体 III 结合后，荧光标记的相同抗体不能再结合，荧光值较低。
3	实验组的预期结果是什么？	学生思考表述：若抗体 V 与 III 的结合位点不同，则实验组荧光值应该与对照组 1 接近，且明显高于对照组 2；若抗体 V 与 III 的结合位点相同，则实验组荧光值应该与对照组 2 接近，且明显低于对照组 1。

这是 2016 年北京卷第 29 题，原题是考查考生的实验设计能力，笔者改为给出设计方案，让学生分析实验设计目的并预期实验结果，更贴合一轮复习时学生的能力水平，同时也锻炼了学生解读实验设计思路的能力和表述能力。

最后，回到实例 1，解开谜底，那位肯特医生使用的新药实际上一种三联抗体，因为结合位点更多，所以效果特别好。

3. 在分析实例中训练学生的创新性思维

北京卷高考试题一个鲜明特点是：结合学科前沿最新研究成果灵活设问，具有较强的综合性和开放性，需要考生综合运用所学知识，进行独立思考，有时需要创造性地分析和作答。基于高考命题这一特点，我们平时教学就不能止步于书本知识的勾勾画画、死记硬背，而是要选用体现学科前沿发展的研究实例，让学生摆脱教材和固有解题思路的束缚去思考解答。选用有创新性的研究实例，可以挑战学生的思维，加深对知识网络的理解。在特异性免疫的复习中，我们选用了 T 细胞免疫疗法治疗白血病这一创新性试验。

例题：有一位名叫艾米丽的小孩 B 细胞癌变，变成了不能产生抗体只能恶性增殖的癌细胞，而且该癌细胞 MHC 表达被抑制。各种传统疗法都无法治疗小女孩儿，无奈之下她试用了一种新的免疫疗法，神奇地痊愈了，从 2010 年至今，6 年了，艾米丽体内癌细胞彻底清除！

问题 1：这种癌细胞为什么可怕？

该实例可以有效地锻炼学生获取信息能力，找到问题的关键点。因 B 细胞癌变不能产生抗体，而导致 B 细胞原本参与的体液免疫丧失；细胞毒性 T 细胞只能识别细胞膜表面嵌有抗原－MHC 复合体的癌细胞，所以对该癌变的 B 细胞束手无策。

问题 2：有警察，有坏蛋，警察不认识坏蛋。怎么办？

学生思考作答，培训警察，改造 T 细胞。教师肯定学生的想法，并出示科学家的 T 细胞免疫疗法简图（见图 7－47）。

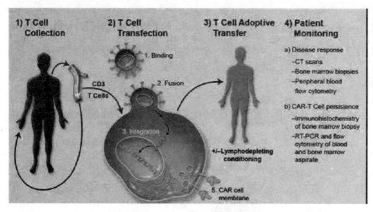

图 7－47　7 细胞免疫疗法简图

问题 3：怎么改造 T 细胞？

学生要回答这个问题，需要回顾 T 细胞识别和激活的条件。T 细胞激活需要双重信号，一个识别巨噬细胞呈递的抗原－MHC 复合体；接收到辅助性 T 细胞分泌的淋巴因子。

问题 4：怎么才能让细胞毒性 T 直接识别抗原，而且只要一识别就能激活起效，而不需要双重信号的激活？

教师引导学生思考，1 个蛋白做两件事，结构决定功能，要把 2 个结构域连接在一起（嵌合受体）。抗体的可变区能和抗原直接结合，T 细胞激活的区域在胞内，中间还需要 1 个跨膜区就可以把两者整合到一起，1 个全新蛋白诞生（见图 7－48）。

蛋白结构域拼接是非常具有创新性的想法，不能苛求学生在短暂的时间自己想出来，但是通过展示科学家的思路，可以让学生欣赏和体会科学创新的魅力。最后解开谜底，出示给 T 细胞按上嵌合受体的示意图（图 7－49），请学生利用已学的蛋白质工程的知识，对照实验原理示意图，表述后续步骤。

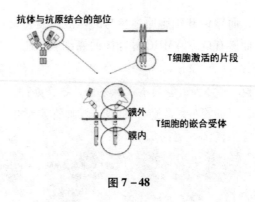

图 7 – 48

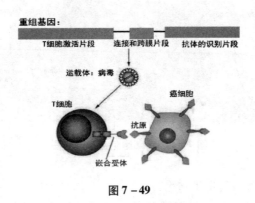

图 7 – 49

（三）教学反思

生物科学是一门以实验为基础的自然科学。高考试题充分关注生物学的自然学科本质，考查考生对生物学研究中科学思想和一般方法，以及对概念之间关系的理解，推动学习方式的转变，为学生的终生学习、为培养和选拔创新型人才做示范和引领。作为高三生物教师，要通过备课和教学实施，把这一理念转化为教学行动，努力尝试更有利于学生思维培养的专题复习方式，以促进学生思维和学习方式的改变。

本节课内容安排充实，节奏紧凑，学生沉浸在引人入胜的科研故事中，感到正在学着有用的知识。他们喜欢老师给更多更有创新性的科研实例，以增加理论联系实际的机会。同时启示教师，高三专题复习课同新授课一样可以给学生新鲜感，可以激发学习热情和兴趣，只要让学生感觉所学知识是有用的，能力是在阶梯性上升的。

总之，高三专题复习课教学是极富创造性和挑战性的工作，教师要关注学科前沿进展和社会热点问题，并将此融入教学设计之中，从而体现出生物学的科学价值和社会价值，以生物科学研究进展激励学生，以生物学独有的学科魅力吸引学生，以教师的教学智慧点燃学生。